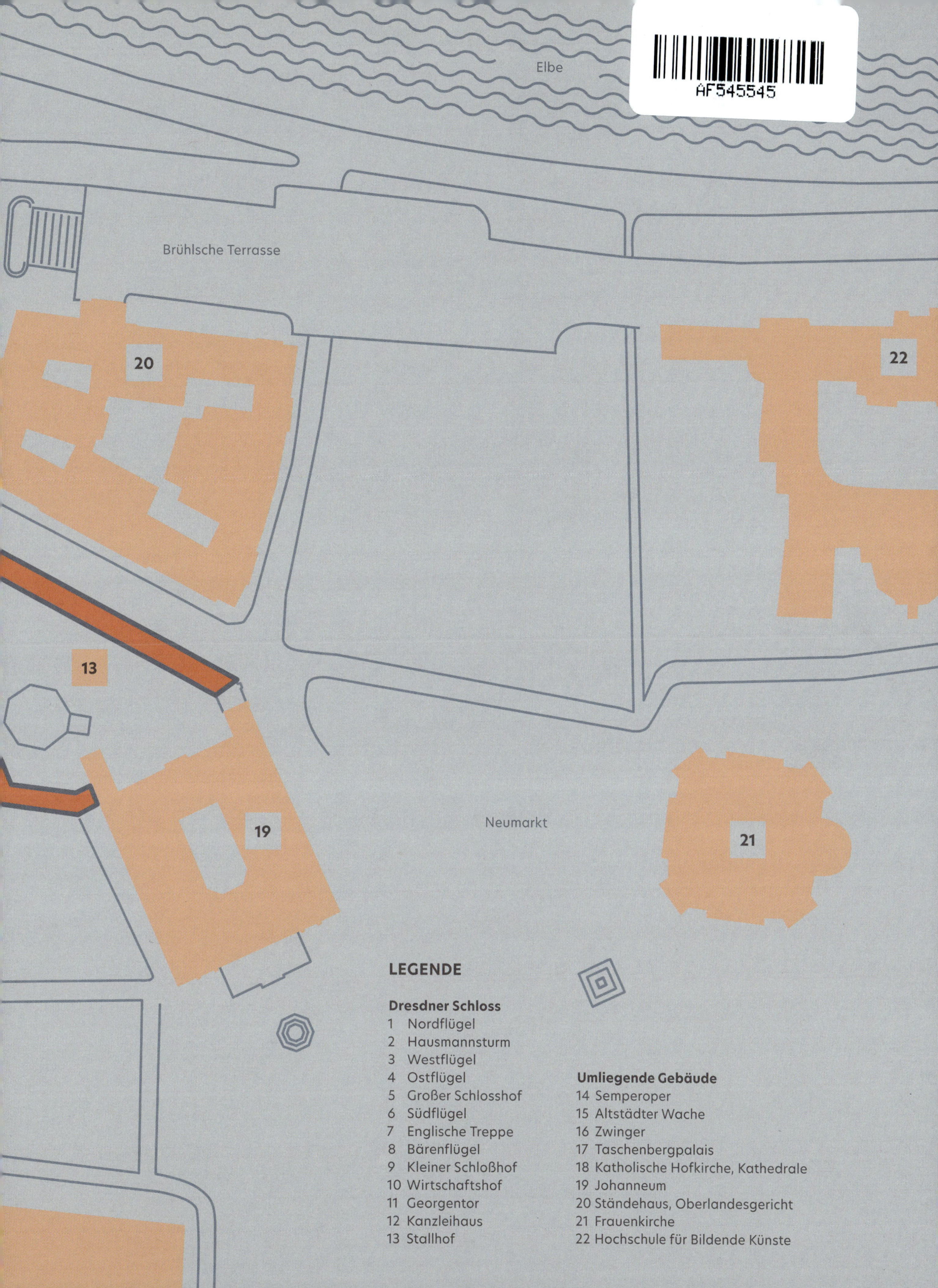

AF545545
Elbe
Brühlsche Terrasse
20
22
13
19
Neumarkt
21
LEGENDE
Dresdner Schloss
1 Nordflügel
2 Hausmannsturm
3 Westflügel
4 Ostflügel
5 Großer Schlosshof
6 Südflügel
7 Englische Treppe
8 Bärenflügel
9 Kleiner Schloßhof
10 Wirtschaftshof
11 Georgentor
12 Kanzleihaus
13 Stallhof
Umliegende Gebäude
14 Semperoper
15 Altstädter Wache
16 Zwinger
17 Taschenbergpalais
18 Katholische Hofkirche, Kathedrale
19 Johanneum
20 Ständehaus, Oberlandesgericht
21 Frauenkirche
22 Hochschule für Bildende Künste

Eckhard Bahr

DAS DRESDNER SCHLOSS UND SEINE SCHÄTZE

Eckhard Bahr

DAS DRESDNER SCHLOSS UND SEINE SCHÄTZE

GESCHICHTE . ARCHITEKTUR . MEISTERWERKE

E. A. SEEMANN

V FÜRSTENGALERIE, RENAISSANCEFLÜGEL, GEORGENBAU, RIESENSAAL UND LANGER GANG

VI PARADERÄUME, TÜRCKISCHE CAMMER UND KUPFERSTICH-KABINETT

ANHANG

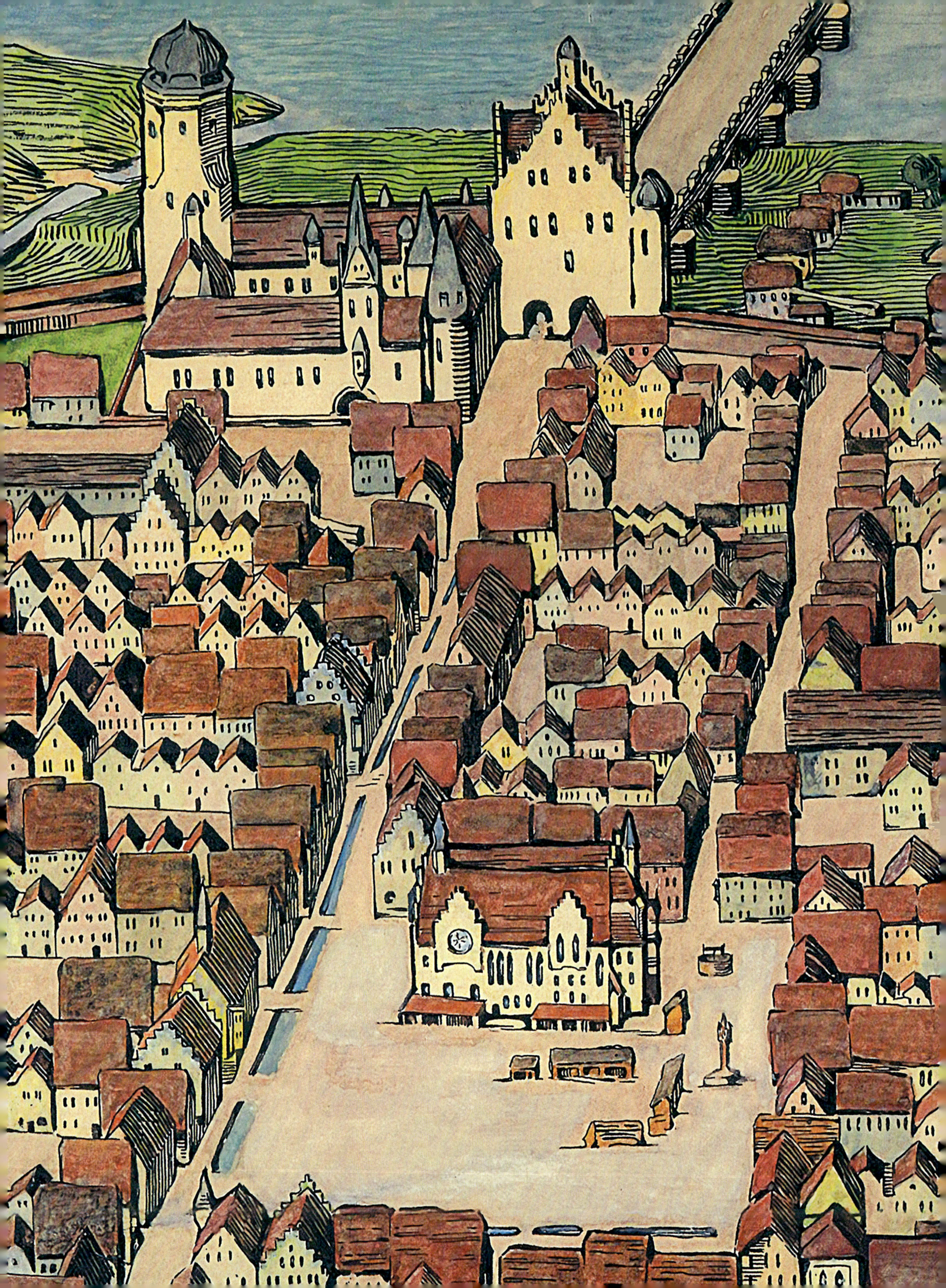

VON DER BURG ZUM SCHLOSS VON HEUTE

Das Schloss hat eine magische Lage inmitten barocker Bauten, Gärten, an einer malerischen Brücke am Flussbogen, umgeben von alten Festungswerken und Terrassen. Eine wahre Schatzkammer, die mit ihren Exponaten Geschichten erzählt, die sich in einem guten Dutzend Erlebniswelten ihrer Ausstellungen Kapitel für Kapitel in immer neuen Facetten öffnet.

Einer der schönsten Renaissancehöfe Europas wartet mit faszinierenden Bildwelten auf, mit Kulissen von Ritterturnieren, deren Protagonisten man ebenso kennenlernt wie ihre Prunkwaffen und Rüstungen, ihre höfische Kleidung und die Lebenswelt bis ins private Umfeld. Es folgen Spezialsammlungen wie die eigentlichen Schatzkammern Historisches und Neues Grünes Gewölbe, das Münzkabinett, das Kupferstich-Kabinett mit seinen grafischen Schätzen ... Die Paradeetage entführt in die Welt einer barocken höfischen Gesellschaft, die eine königlich-kaiserliche Hochzeit feierte. Exotische Eindrücke der Türckischen Cammer, Gewölbe einer einzigartigen Schlosskapelle des 16. Jahrhunderts, barock anmutende Treppenhallen, geheime Brückenwege und unterirdische Gewölbe, lauschige Innenhöfe und Gartenreviere – ein Schloss, das einen Kosmos birgt, der jeden in seinen Bann zieht.

Das Dresdner Schloss, einst nahezu von Gräben und Sümpfen inselgleich umgeben, entwuchs geradezu der alten Brücke vor seinen Toren, einem mittelalterlichen Prestigebau römisch-deutscher Kaiserträume. Schloss und Brücke sind in Dresden so eng miteinander verbunden wie kaum an einem anderen Ort. Fürsten und Könige bewohnten das ausgebaute Torhaus, den „Georgenbau", direkt über den romanischen Gewölben der ersten steinernen Elbbrücke.

Unüberwindbar war der Fluss für die frühen Kaufleute gewesen, wenn gewaltige Wassermassen zu Tal strömten, die das kleine slawische Fischerdorf *Drazdane* wortwörtlich zum Platz der Sumpfwaldbewohner machten – so die eingängigste Übersetzung des altslawischen Ortsnamens. Dann galt es zu warten, Waren umzuverteilen, zu beten, ehe man weiterzog.

Schloss und Festung Dresden, baulich wie historisch mit der Brücke verwoben ←

→ Fünf Befestigungstürme und mindestens zwei burgartige Bauwerke, Brückenkastell und Palas, wies der burggräfliche Hof zu Beginn des 13. Jahrhunderts auf. Modell von Reinhard Spehr

→ **Schloss von Osten her**, 15. Jahrhundert. Die Gotische Halle blieb erhalten

→ **Schloss nach dem Umbau ab 1468** mit Erweiterung um ein Stockwerk für den Damentrakt

Links der Elbe, auf heute Altstädter, damals „der neuen Stadt Seite“, siedelten sich ab Mitte des 12. Jahrhunderts vor allem fränkische Kaufleute an. Ihre slawischen Kollegen gleich daneben, unweit der heutigen Frauenkirche, wo die Wege aus Prag und Nürnberg zusammentrafen. Es waren nur wenige Hütten, Kapellen und ein Wegekreuz. Gegenüber, auf der anderen Seite des Stroms, lag in Sichtweite das slawische Fischer- und Sumpfleutedorf Altendresden, später Neue Königsstadt bei Dresden, kurz Neustadt, genannt.

Nicht weit von der Frauenkirche, am Hang zum Fluss, stand der älteste – hölzerne – Befestigungsturm Dresdens, der alte *Neidhart von Nisan*, wo Flöße, Schiffe und Boote anlandeten. *Nisan* (böhmisch *Niederland)* war Streitpunkt zwischen seinen slawischen Herrschern und deutschen Königen und Kaisern, zu denen später auch böhmische Könige zählten: Wenn Europa von je her miteinander verschlungen und verwoben ist, dann besonders zwischen Prag, Berlin, Leipzig und Schlesien.

Zu Beginn des 10. Jahrhunderts entstand stromab bei Meißen unter Heinrich I. eine erste Burg als Brückenkopf deutscher Ritter im slawisch besiedelten Land. Diese Burg übernahmen bald die Wettiner, die späteren Meißener Markgrafen, die ihr Augenmerk aber zugleich auf Dresden richteten. Doch dort saßen die Dohnins.

Etwas weiter westlich, bei Christiansdorf, dem späteren Freiberg, hatten Kaufleute aus Goslar 1168 erstes Silber gefunden. Ein „Silberrausch“ begann. Das „Große Berggeschrey“, vergleichbar dem Goldrausch in Alaska im 19. Jahrhundert. Das brachte zusätzlichen Verkehr. Da man die Brücke von Dresden verlässlich nutzen konnte, führten viele Wege über die immer komfortabler ausgebaute, schließlich größte und längste Steinbrücke nördlich der Alpen. Von hier aus verzweigten sich wichtige Verkehrsrouten via Bautzen und Görlitz nach Breslau, ins Riesengebirge, weiter nach Krakau und Kiew in die Rus, abzweigend auch nach Warschau, an die Ostsee, wo geheimnisvoller Bernstein gefunden wurde, und bis ins ferne Nowgorod, wo der gefragte Kürsch, winterwarme Flughörnchenfelle, herkam. Verbindungen, die wir in mancher Geschichte der heute hier ausgestellten Kunstwerke wiederfinden.

Im Ostflügel des Dresdner Schlosses, nördlich des Löwenportals, entdeckten Archäologen den ältesten Teil der ersten steinernen Burg: Reste eines 10 × 19 Meter messenden unterkellerten Steinbaus, gefügtes Mauerwerk mit einem Tonnengewölbe und edlen Kapitellansätzen. Reinhard Spehr, Archäologe und Schlossforscher während der ersten Schritte des Wiederaufbaus ab Mitte der 1980er-Jahre, konnte anhand von Untersuchungen des gefundenen Bauholzes die ersten Bauaktivitäten in die Jahre ab 1170 datieren. Er wies nach, dass das Dresdner Schloss zwei Wurzeln hatte: einen burggräflichen Bau am Kopf der Elbbrücke und den markgräflichen Hof daneben am Taschenberg.

Ursprung war eine in ganz Europa außergewöhnliche Anlage mit Torburg zwischen Straße und Brücke sowie rechteckigem Burghof mit vier quadratischen Ecktürmen und einem Zwischenturm an der Westseite. Die befestigten Türme erinnern an Römerkastelle, auch wenn die Römer nie über Regensburg hinauskamen. Aber ihre Bautradition floss in böhmische und österreichisch-burgundische Konventionen des Burgenbaus ein, die an dieser Stelle die Elbe erreichten.

Taschenberg

Der Ortsname Taschenberg kommt von der kleinen Bergtasche, wie die spornartige Bodenwelle von Slawen wie Deutschen bezeichnet wurde, die die Kaitz- oder Katzbachmündung vom Weißeritzdelta trennte – später beim Bau des Taschenbergpalais und des Dresdner Zwingers weitgehend eingeebnet. Doch für wissende Augen noch immer erkennbar.

Gern erzählt man, dass Kaiser Friedrich Barbarossa hier gewesen sei und höchst persönlich Aufträge zu Ausbau von Brücke und Burg erteilt habe. Wohlgefühlt hätte er sich: Die spätromanische Kemenate unter dem Großen Schlosshof gehörte damals zu den wertvollsten Profanbauten Europas.

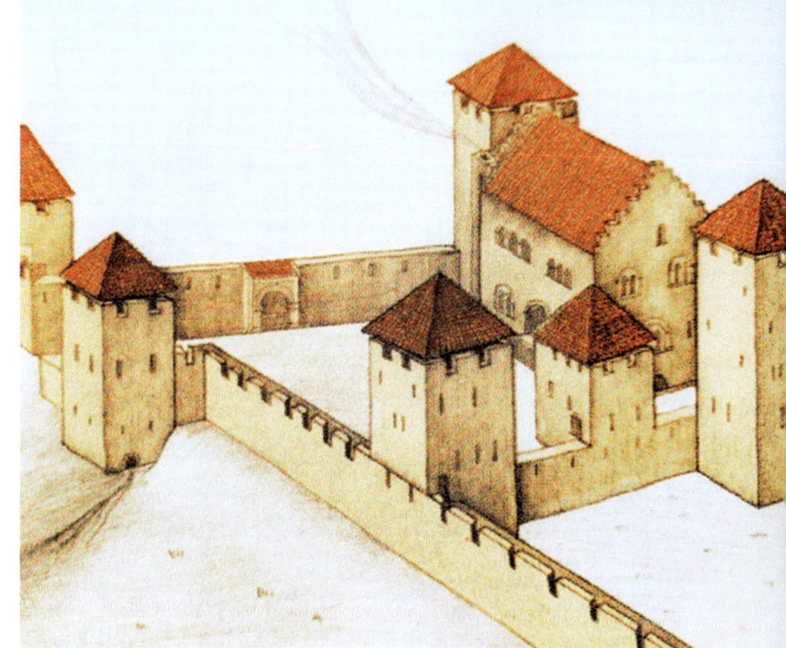

Auf dem Areal des heutigen großen Schlosshofs ergruben Spehr und seine Kollegen dieses „Kastell“ auf fast quadratischem Grundriss von 40 x 35 Metern mit Mauerresten eines Wohnturms. Keller, Wasserleitung und vier Pfostengruben einer Holzfeste des Vorgängerbaus sind nachgewiesen. Ein Kellergeschoss mit auf Wandpfeilern ruhendem gegliederten Kreuzgratgewölbe und starken Gurtbögen ist vollständig erhalten – integriert in die unterste Ebene des auf romanischer Gründung gebauten Nord- und Ostflügels.

Ab 1268 residierte Heinrich der Erlauchte, Minnesänger auf Markgrafenstuhl, als erster Wettiner in eigener Curia (befestigter Platz mit eigener Rechtsprechung) auf dem Dresdner Schlosshügel – räumlich getrennt von den Dohnaischen Burggrafen. Ein entsprechender Adelssitz wurde am Taschenberg mit einer Grundfläche von 34 mal 15,5 Metern gefunden. Bald mussten sich die Dohnins mit weniger Platz bescheiden. In grausamer Fehde – begonnen „beim Danz im Schloss“ – wurden sie von Markgraf Wilhelm dem Einäugigen vertrieben: Platz für die Wettiner am Taschenberg!

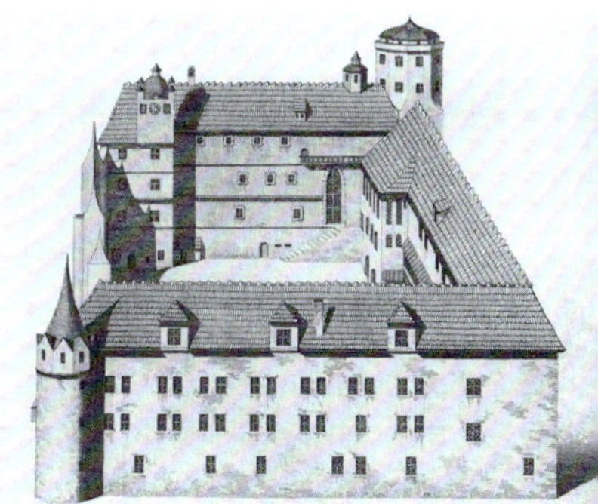

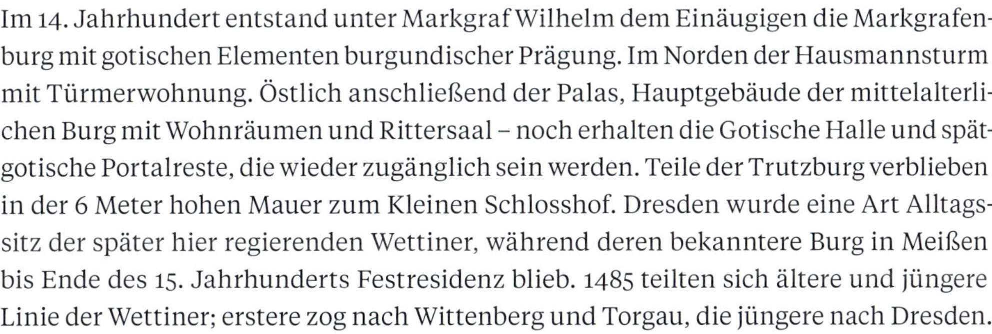

Im 14. Jahrhundert entstand unter Markgraf Wilhelm dem Einäugigen die Markgrafenburg mit gotischen Elementen burgundischer Prägung. Im Norden der Hausmannsturm mit Türmerwohnung. Östlich anschließend der Palas, Hauptgebäude der mittelalterlichen Burg mit Wohnräumen und Rittersaal – noch erhalten die Gotische Halle und spätgotische Portalreste, die wieder zugänglich sein werden. Teile der Trutzburg verblieben in der 6 Meter hohen Mauer zum Kleinen Schlosshof. Dresden wurde eine Art Alltagssitz der später hier regierenden Wettiner, während deren bekanntere Burg in Meißen bis Ende des 15. Jahrhunderts Festresidenz blieb. 1485 teilten sich ältere und jüngere Linie der Wettiner; erstere zog nach Wittenberg und Torgau, die jüngere nach Dresden.

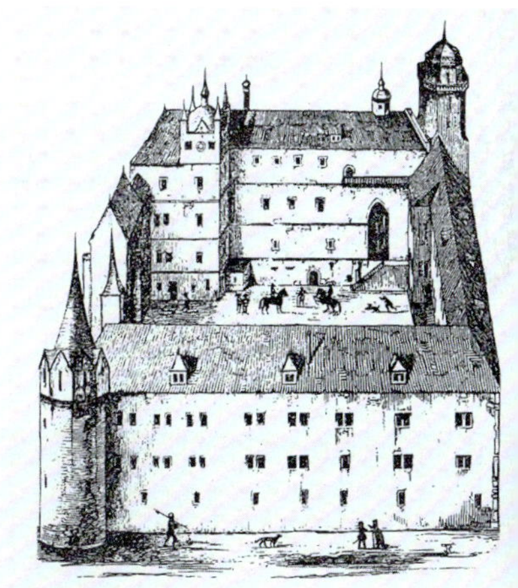

1468–80 wuchs die Vierflügelanlage der romanisch-frühgotischen Burg aus dem 13. Jahrhundert um eine Kapelle, der zweigeschossige Palas aus der Zeit um 1400 um ein Stockwerk für den Damentrakt und einen östlichen Erweiterungsbau für den Fürsten – dokumentiert in einem Holzmodell um 1530.

Im Westflügel entstand damals neben der Betstube die Schlossküche; gegenüber im Osten ein neuer dreigeschossiger Flügel mit Hofkemenate und weiteren Küchenräumen im Erdgeschoss, Wohnzimmern im ersten Obergeschoss und einem großen „Dantzaal“ im zweiten. Zugänglich war die Schlossanlage durch ein wohldimensioniertes Torhaus von Süden her, nachdem man die Stadtfestung von der Elbbrücke aus betreten und den burgartigen Schlossbau schon halb umrundet hatte – wenn man nicht durch die befestigte Bürgerstadt kam. Sicher ist sicher.

Zur Brücke hin war seit alters her noch eine Torburg zu überwinden, die im 16. Jahrhundert zum Georgenbau wohnlich ausgebaut wurde. Sie trägt wie die Burg Meißen die Handschrift des Baumeisters Arnold von Westfalen. Nach der Leipziger Teilung Sachsens 1485 nahm Albrecht der Beherzte – und mit ihm die jüngere Linie des Hauses Wettin – dauerhaft Residenz in Dresden. Zeitlebens war er ein Kämpfer, ob auf Kreuzfahrt nach Jerusalem oder als Feldherr gegen Karl den Kühnen von Burgund. Mit Sidonie

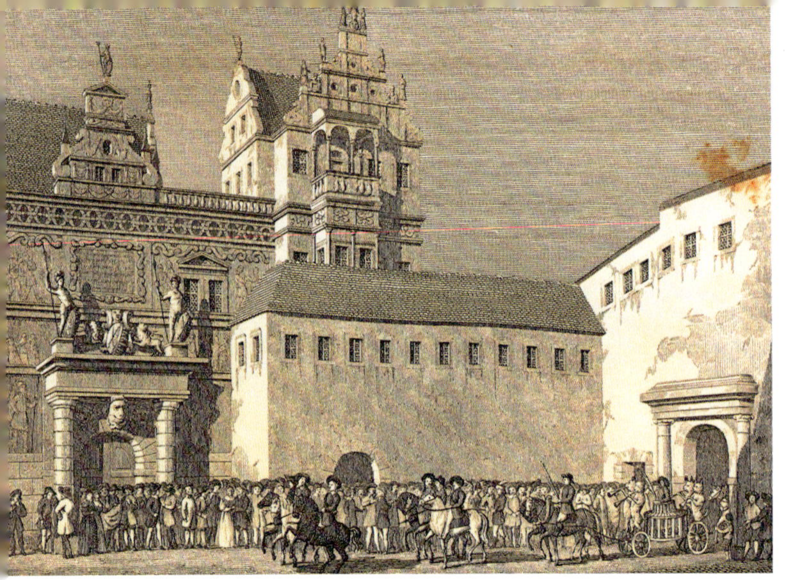

von Podiebrad, Tochter des späteren Königs von Böhmen, die er als Zehnjährige ehelichte, hatte er drei Söhne. Der erste wurde Hochmeister des Deutschen Ordens, trat in Vaters Reisefußstapfen. Der zweite und der dritte aber kümmerten sich endlich ums Schloss – besonders Jiři, Georg der Bärtige genannt.

Er ließ jenen prächtigen Torbau erschaffen, mit dem die Renaissance im Schloss Einzug hielt, den Georgenbau. Ein 30 Meter hohes „Torschloss“ mit Wohnräumen, die heute wieder zu besichtigen sind. Er ließ die alte Markgrafenburg aufbrechen und die kleinen Räume neu zuschneiden.

Aufbruch und Rückkehr der Hofjagden und anderer offizieller Ausritte im Stallhof mit Jagd- und Elbtor, darüber der Lange Gang mit erstaunlicher Ähnlichkeit zum Vasari-Korridor der Medici in Florenz

Unter Georg schuf der Bildhauer Christoph Walther I. 1534 das berühmte Totentanzrelief, das heute in der Dreikönigskirche auf der gegenüberliegenden Flussseite bewahrt wird. Der Sohn des Bildhauers, Hans Walther II., war bald darauf Schöpfer des *Moritzmonuments*, dessen Original im Renaissanceflügel des Schlosses gezeigt wird. Zugleich gestaltete er gemeinsam mit italienischen Künstlern den Großen Schlosshof aus und schuf wesentliche Elemente der Schlosskapelle.

→ Über und über mit Sgraffiti verziert war das schmucke **Renaissanceschloss der Wettiner** Mitte des 16. Jahrhunderts, das Caspar Voigt von Wierandt für Kurfürst Moritz aufzog

Hinter dem Langen Gang, der das Schloss über den Georgenbau mit den Stallgebäuden verband, entstand ein neuer Hof, der Stallhof. Er wird abgeschlossen durch das Kanzleihaus – Sitz der Burgverwaltung und der ersten Hofbuchdruckerei, heute des Bistums von Dresden-Meißen.

Um diese Zeit erfolgte auch der Festungsausbau unter Caspar Voigt von Wierandt, der Stadtmauer, Brücke und Schloss zu einer kompakten Einheit verband. Unter Kurfürst Moritz widerfuhr dem Schloss 1547–53 seine Verwandlung in eine prächtige vierflügelige Renaissanceanlage. Am Dach wurden symmetrisch angeordnete Zwerchhäuser mit zweistöckigen Fenstergiebeln eingefügt – volutengeschmückt. Die Treppentürme mit ihren – am Verlauf ihrer Fenster noch heute erkennbar – eingebauten Wendeltreppen waren bis ins 17. Jahrhundert von außen einziger Zugang zu den verschiedenen Flügeln und stellten die Verbindung zwischen den Geschossen her. Diese Funktion verloren sie erst mit dem Bau von Innentreppen. In Dresden wurde die Englische Treppe im Ostflügel unter Johann Georg IV. Hauptzugang. Die Wendelsteine, erstmals in Meißen – dem ersten deutschen Schloss überhaupt – in nördlichen Landen eingezogen, verblieben bis heute als prägendes, inzwischen hauptsächlich dekoratives Bauelement.

Moritzmonument – Übergabe des Kurschwerts von Kurfürst Moritz nach seinem Tod in der Schlacht bei Sievershausen 1553 an seinen Bruder August, im Hintergrund links die Witwe Agnes von Hessen, rechts Kurfürstin Anna von Dänemark, Augusts Gemahlin

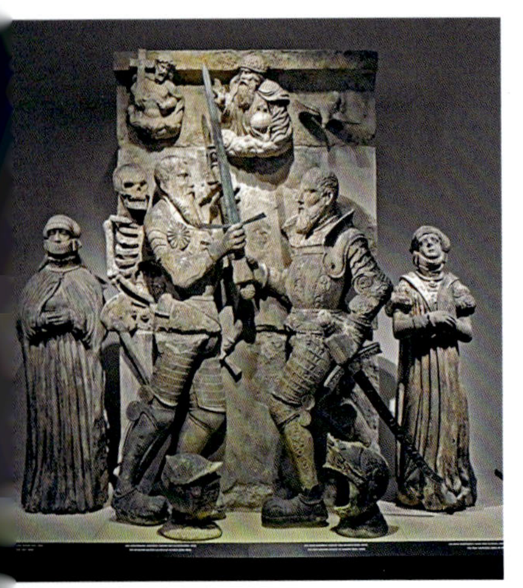

Kurfürst Moritz ließ – ebenfalls erstmals nördlich der Alpen – Hofareale, Schlosskapelle und große Teile des auf doppelte Größe gewachsenen Schlosses mit Sgraffito-Dekorationen italienischer Meister versehen, die auf sein Betreiben nach Dresden gekommen waren. Einzigartig das Portal der Schlosskapelle mit seinem plastischen Schmuck und der geschnitzten Holztür – im Zusammenspiel italienischer und deutscher Künstler entstanden.

Unter Kurfürst Moritz und dessen nach ihm regierenden Bruder Kurfürst August erhielt das Schloss in den folgenden Jahren seine prägende, bis heute gültige Renaissancestruktur. Die neue Regelmäßigkeit der Architektur und die aufregende künstlerische Ausgestaltung machten die Dresdner Residenz zum modernsten und zeitweise prächtigsten Schloss im deutschen Reich.

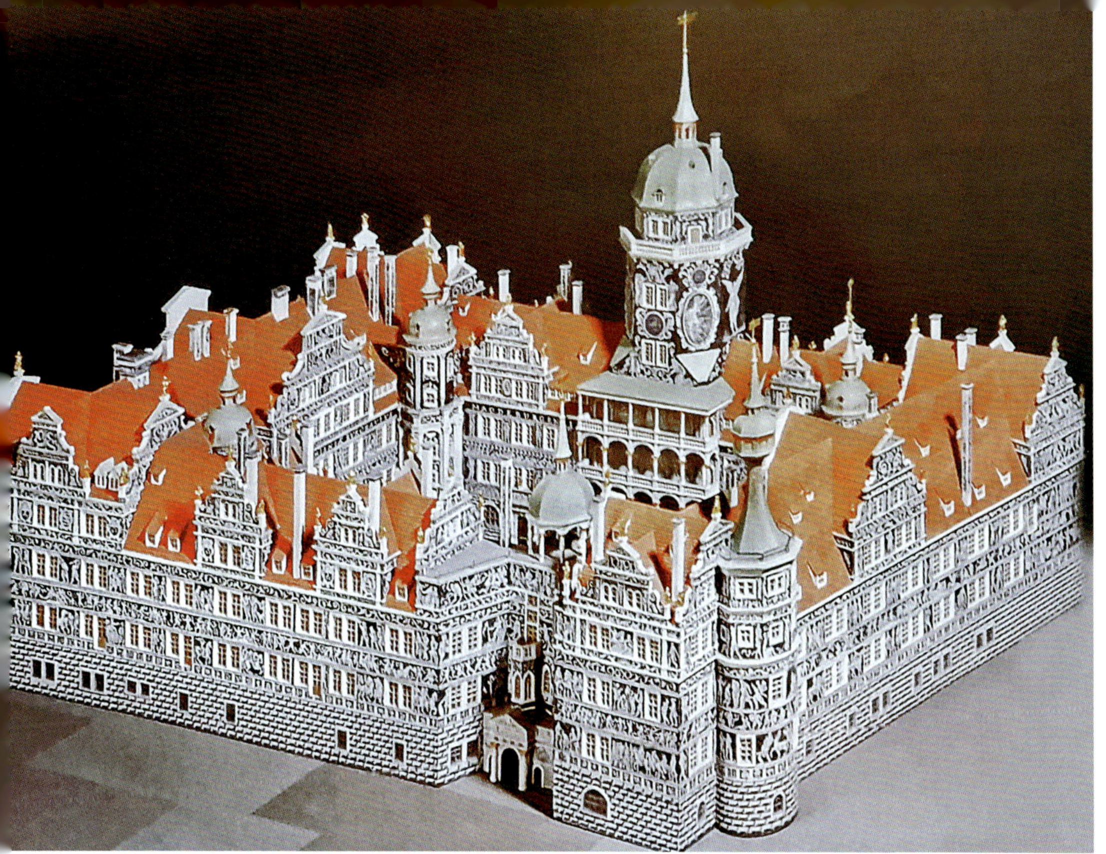

Der Stallhof und der Kleine Schlosshof nahmen erst unter Kurfürst Christian zum Ende des 16. Jahrhunderts Gestalt an. Hier, besonders am neuen Torhaus an der Schlossstraße, wirkte Paul Buchner aus Nürnberg, der auch als Festungsbaumeister Wierandts und Lynars Werk fortsetzte. Gleichzeitig nahm der Hausmannsturm, noch in gotischer Zeit begründet, Renaissanceformen an. Er wurde im 17. Jahrhundert unter Johann Georg II., dem Großvater Augusts des Starken, barock abgeschlossen. Nach dem wohl durch Blitzschlag verursachten großen Schlossbrand von 1701 brachte man nach Wiederaufbau, Modernisierung und Umgestaltung des Schlosses zwei Generationen später einen der ersten Blitzableiter Deutschlands auf dem Hausmannsturm an, der damit über 100 Meter Höhe erreichte und auch später zu königlichen Zeiten von keinem Turm Dresdens, auch nicht vom Rathausturm, überboten werden durfte.

Als 1719 die Jahrhunderthochzeit des Kronprinzen Friedrich August mit der Habsburger Kaisertochter Maria Josepha anstand, gingen Matthäus Daniel Pöppelmann und Baron Raymond Le Plat unter der Oberaufsicht Graf Wackerbarths an Bau und Neuausgestaltung der Paraderäume im zweiten Obergeschoss. Dort sind sie seit dem 300. Jubiläum des Fests 2019 wieder zu bewundern. Ebenso das Turmgemach mit dem Porzellankabinett.

Kurz darauf – nicht ohne Zutun des architekturbegabten August des Starken selbst – entstand im Erdgeschoss des Westflügels das Historische Grüne Gewölbe. Die Kunst- und Wunderkammer des sächsischen Kurfürsten umfasst neun aufeinander bezogene und sich in ihren Wirkungen steigernde Räume. Die mit feinem Stuck in einem hochspannenden Bildprogramm dekorierte Gewölbearchitektur behielt man bei. Die teils grün ausgelegten Dekorationselemente der Renaissance führten zum Namen. August dem Starken ging es vor allem um Repräsentation. Daher verfolgte er die Idee, seine Schätze – ähnlich den technischen Wunderwerken im Mathematisch-Physikalischen Salon des Zwingers – allgemein zugänglich zu machen. Und wurde mithin zum Vater einer ersten Museumskonzeption.

Elbflorenz

Der Beiname „Elbflorenz" für Renaissance-Dresden wird meist Johann Gottfried Herder zugeschrieben. Tatsächlich nannte er die Stadt „deutsches Florenz", knüpfte dabei aber an ältere Beinamen an. Auf der Suche nach dem Ursprung des Dresdner Ehrennamens gelangen wir ins 16. Jahrhundert: 1577 schrieb Giovanni Dolfino – Nuntius am päpstlichen Hof – an August von Sachsen, Dresden käme der Rang einer altera Florentia zu. In der Tat waren es seit Mitte des 16. Jahrhunderts oberitalienische und florentinische Meister, die vor allem im Baubereich in Dresden wirkten und seine „italienische Manier" prägten. Rocco Guerrino di Linari, 1569–77 Baumeister des Kurfürsten August, war es, der die Festungswerke nach „italienischer Manier" verbesserte. Unter Kurfürst Christian I. wurden Turnier- und Festtheater am Dresdner Hof als sogenannte Florentinische Spektakel kultureller Standard. Eine beeindruckende Bühnenmaschinerie war ohne italienische Fachleute nicht zu bewegen – wie Jahrhunderte später der deutsche Ingenieur in Italien der Inbegriff organisierter Zuverlässigkeit und moderner Mechanisierung wurde, so waren es damals in Dresden „die Florentiner". Kurfürst Moritz von Sachsen bat 1549 in Trient den Kardinal „um musici" für seine „Cantorei", aber auch Baufachleute waren ihm recht. So kamen die Gebrüder di Tola, Gabriele, Benedetto und Quirini, Cerbonio und Mattia Besozzi sowie Antonio Scandello nach Dresden. Italienisches Know-how für Dresden, Braindrain des 16. Jahrhunderts! Zahlreiche Italiener glänzten in der Folge in herausgehobenen Positionen.

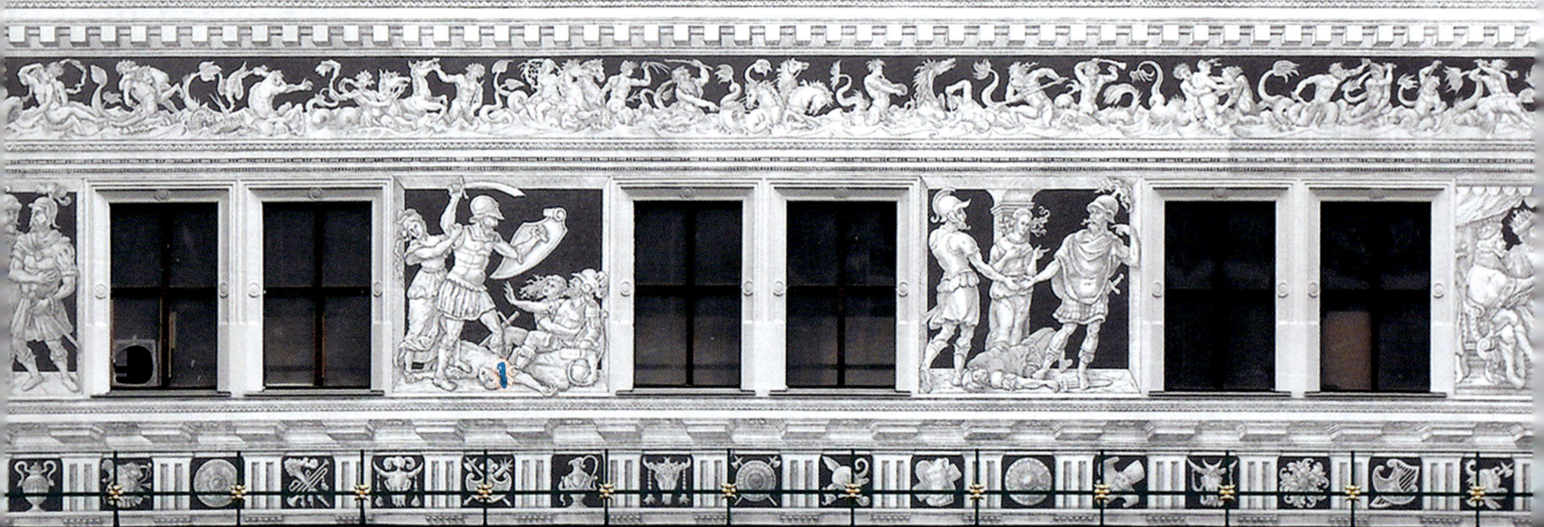
RECONSTRVCTVS EST MCMLXXXVI • MMXIII
DVX SAXONIÆ SACRI ROMANI

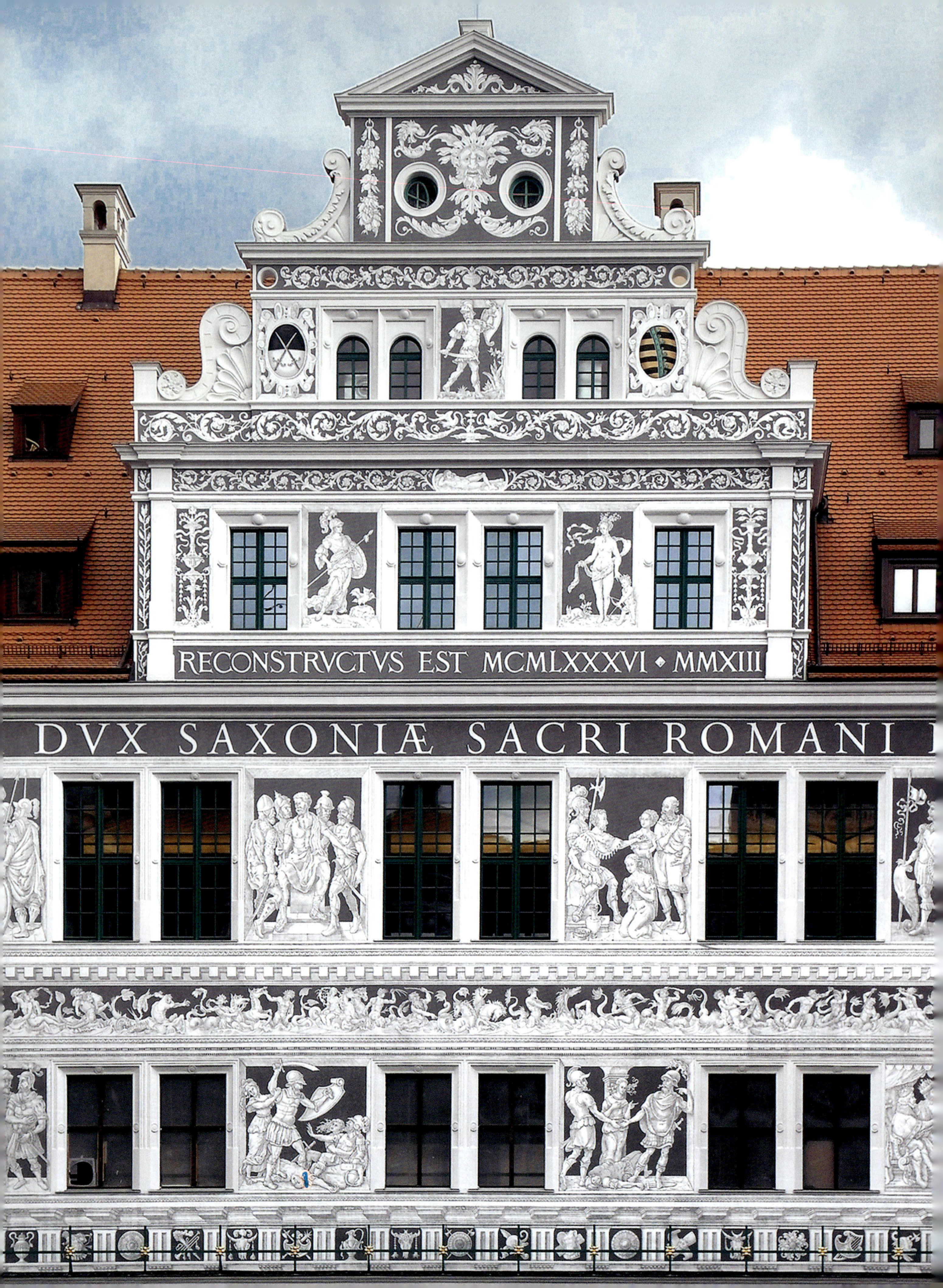

Nach den Schlesischen Kriegen, besonders dem Siebenjährigen Krieg, als Dresden durch preußisches Bombardement schweren baulichen Schaden nahm, kehrte Ruhe ins Baugeschehen des Dresdner Schlosses ein. Erst als der Biedermeier Einzug hielt, begannen wieder umfangreiche Bauarbeiten am Schlosskomplex – in den 1830er-Jahren wurde der Georgenbau aufgestockt und eine Generation darauf der Kleine Ballsaal 1866–68 dort eingerichtet, wo man ihn seit 2019 wieder in voller Schönheit bewundern kann. Nicht weit davon schließt sich der Lange Gang an, Ahnengalerie und Gewehrsammlung Augusts des Starken, als Verbindung zum Johanneum – auch er originalgetreu wieder hergestellt mit prächtigen Kassettendecken der Renaissancezeit.

1889 stand das 800-jährige dynastische Jubiläum der Wettiner ins Haus. Die verwitterte Kalkfarbenmalerei auf der Außenwand des Stallhofes sollte durch einen von Wilhelm Walther neu entworfenen Festzug des Herrschergeschlechts ersetzt werden. Das monumentale Meisterwerk „entblätterte" sich jedoch schon bald nach der Feier und wurde Anfang des 20. Jahrhunderts durch 23000 hartgebrannte Fliesen aus der Meißner Porzellanmanufaktur ersetzt. Diese Neudekoration war nur ein Teil der anlässlich des Jubiläums weit über ein Jahrzehnt andauernden Arbeiten, im Zuge derer die Architekten Gustav Dunger und Gustav Frölich im Süden des Schlosses einen ganzen weiteren Flügel konzipierten – in neuen Renaissanceformen der Dresdner Tradition angepasst. Auch das Georgentor wurde noch einmal umgestaltet – sein Begründer erhielt ein Reiterstandbild im Giebel. Im zweiten Obergeschoss wurde das erste Schlossmuseum eröffnet.

Dann kam die wohl bitterste Stunde auch des Dresdner Schlosses – es teilte das Schicksal der in mehreren Luftangriffen schwer zerstörten Stadt und brannte in der Nacht vom 13. zum 14. Februar 1945 bis auf seine Grundmauern nieder. Nur die fünf zur Straße hin gelegenen Säle des Grünen Gewölbes und einige Räume hinter der Loggia am Kleinen Schlosshof blieben weitgehend unversehrt, ebenso die bei 1380 Grad gebrannten Fliesen des Fürstenzuges. Selbst das Zinn schmolz von den Schlossdächern. Der Hausmannsturm ragte als Stumpf anklagend in den Himmel.

Die neuen Machthaber nach dem Krieg, in deren Bild ein Schloss nicht recht passte, hätten es wohl wie so manche Dresdner Kirche am liebsten abgerissen. Aber Dresdner Bürger und Denkmalsschützer konnten die Ruinen mit viel Fantasie bewahren – beispielsweise indem sie eine Champignonzucht in seinen Gewölben einrichteten und immer neue Nutzungskonzepte ersannen.

Endlich, Mitte der 1980er-Jahre wurde der Wiederaufbau begonnen, der jedoch erst nach der friedlichen Revolution in Dresden und dem Fall der Mauer unter neuen politischen und wirtschaftlichen Verhältnissen Fahrt aufnahm. Die neue Turmbekrönung sollte zum ersten Jubiläum des Tags der Deutschen Einheit am 3. Oktober 1991 aufgesetzt werden. Wegen eines aufziehenden Sturms musste man schneller sein als der Wind – die 21 Tonnen schwere und 30 Meter hohe Fracht wurde zwei Tage früher, dafür erst im dritten Versuch, erfolgreich platziert.

2004 zog das glorreiche Grüne Gewölbe, die Kunst- und Wunderkammer der sächsischen Fürsten, wieder ein ins angestammte Domizil. Hof für Hof, Etage für Etage des Dresdner Schlosses wurden wieder zugänglich gemacht und neu belebt.

Mit dem Historischen Grünen Gewölbe traten 2006 die einst von August dem Starken als Kunstkammermuseum intendierten Zimmerfluchten im Erdgeschoss des Westflügels wieder originalgetreu ins Licht der Öffentlichkeit. Seit 2010 lädt die Türckische Cammer in den Nordflügel ein. Damit hatte auch der Wiedereinzug der Rüstkammer

Blitzableiter am Dresdner Schloss

Der erste deutsche Blitzableiter wurde 1769 auf der Hamburger Hauptkirche St. Jakobi angebracht. Auch in Sachsen war Oberrengersdorf in der Oberlausitz noch etwas schneller als die Residenz. Erfunden hatte den Blitzableiter Benjamin Franklin, einer der Gründungsväter der Vereinigten Staaten von Amerika und Mitautor der amerikanischen Verfassung. Der Sohn eines Kerzenmachers aus Boston, eines von 14 Geschwisterkindern, ließ 1752, als Blitze noch als Gotteszeichen galten und niemand von deren elektrischer Ladung wusste, einen Drachen steigen mit einem lachenden Mund aus Metall – sein Hausschlüssel war am unteren Ende der Schnur befestigt. Tatsächlich zog am 15. Juni 1752 ein Gewitter herauf. Der Blitz schlug Feuer im Drachenmund, dessen Funken Dutzende Meter tiefer aus dem Schlüssel sprangen – wahrlich ein feuerspeiender Drache! Franklin hatte Glück und überlebte sein Experiment. Er konnte nun Blitze aus hohen Gebäuden in die Erde ableiten, wo sie keine Brände verursachten. Als Gesandter Amerikas in Frankreich berichtete er König Ludwig XV. von seiner Entdeckung, die sich bald über die Fürstenhöfe ausbreitete, auch – wohl unter Zutun des Bauernastronomen Georg Palitzsch – in das blitzgeschädigte Dresdner Schloss, wo man nach Franklins Credo handelte: Eine Unze Vorbeugung ist so viel wert wie ein Pfund Heilung.

Paradebeispiel sächsischer Renaissance – ←
Großer Schlosshof mit Sgraffito-Dekoration

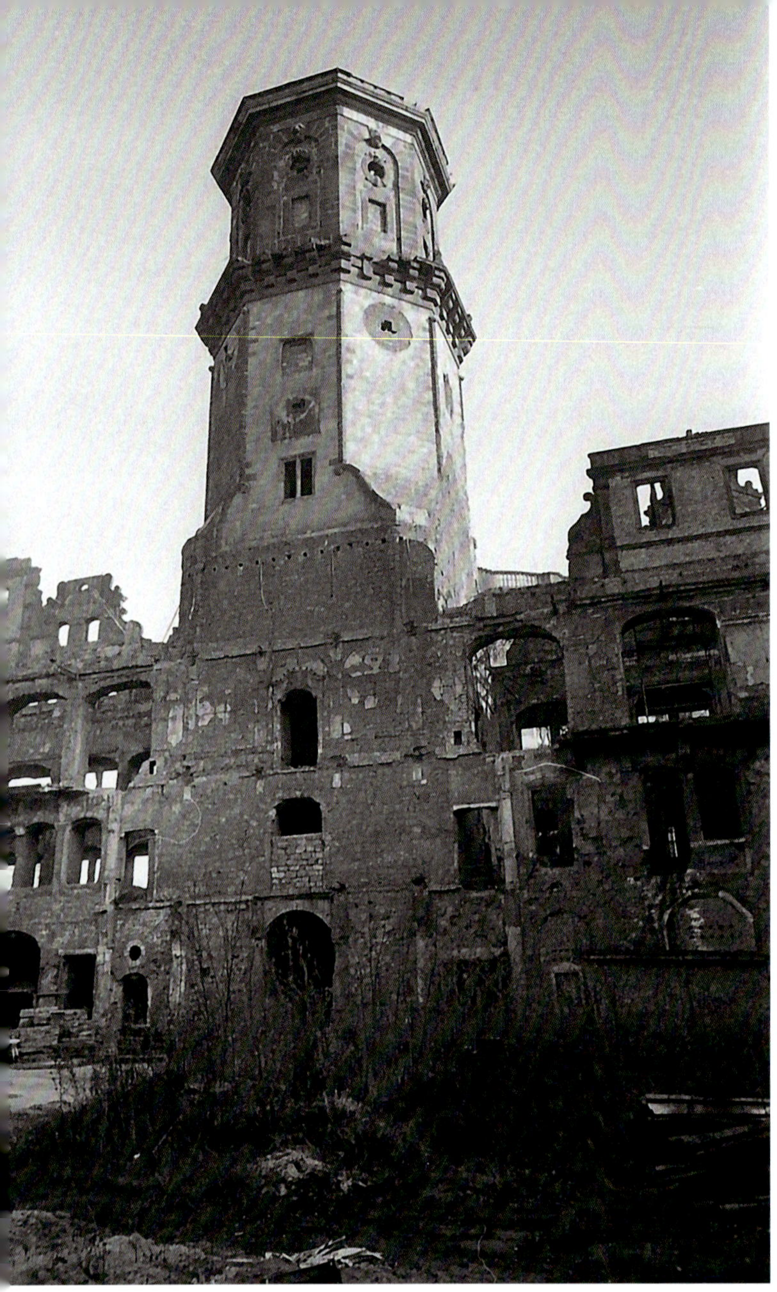

Eine bittere Stunde Dresdens – der **Hausmannsturm** ragte als Stumpf anklagend in den Himmel

ins Schloss begonnen, deren spektakuläre Exponate sich heute in unterschiedlichen Ausstellungsteilen befinden.

In die Sammlungen gelangt man seit 2009 über den von Peter Kulka mit einem transparenten Rauten-Membrandach überkuppelten wiederhergestellten Kleinen Schlosshof. Von dort führt die originalgetreu restaurierte Englische Treppe hinauf in den Renaissanceflügel und die Fürstengalerie, aber auch zum Riesensaal. Noch höher, über 327 Stufen, geht es aus dem Großen Schlosshof auf die Aussichtsplattform des Hausmannsturms in fast 40 Metern Höhe. 2013 konnte die Schlosskapelle als Hauptwirkungsstätte von Heinrich Schütz im Rohbau und mit dem spektakulär neu inszenierten Schlingrippengewölbe enthüllt werden.

Das Münzkabinett, der Kleine Ballsaal und der Silberwaffensaal sind im zweiten Obergeschoss des Georgenbaus wieder zugänglich. Von dort aus – wie auch eine Treppe tiefer – geht es in den Langen Gang mit der Gewehrsammlung Augusts des Starken. Der Riesensaal – gleich nebenan – inszeniert Prunkwaffen, Turnierzeuge und -gruppen. Das Renaissancezeitalter offenbart sich ab dem Gardesaal des ersten Obergeschosses. Hier beginnt der „Weg zur Kurfürstenmacht". Im Zentrum der Präsentation das Kurschwert, umgeben von Turnier-, Prunk- und Feldwaffen der Rüstkammer. Im Markgrafenflügel ist „Kurfürstliche Garderobe" angesagt. Sakrale Renaissancekunst, höfische Spiele und beeindruckende Möbel zeigt die Ausstellung „Weltsicht und Wissen um 1600" im ersten Geschoss des Georgenbaus.

Anlässlich des 300. Jubiläums der Jahrhunderthochzeit von Kurprinz Friedrich August mit der Habsburger Kaisertochter Maria-Josepha wurden 2019 die Paraderäume wieder eingeweiht. Durch den Trakt des im Rohbauzustand mit Resten der Stuckaturen gesicherten Großen Ballsaals erreicht man das Turmzimmer mit Teilen des ehemaligen Porzellankabinetts Augusts des Starken. Das Eckparadezimmer eröffnet den Weg durch die Königlichen Paraderäume mit Audienzsaal und Schlafgemach. Bilderkabinette zeigen unter anderem das Krönungsornat Augusts des Starken und seine Krone.

In welcher Weise man auch seine Schwerpunkte bei der Entdeckung des Dresdner Schlosses setzt – immer beeindrucken die im Großen Schlosshof wiederhergestellten Sgraffito-Dekorationen und Fresken des 16. Jahrhunderts mit ihrem originellen und einzigartigen Bildprogramm. Mit ihrer Rekonstruktion geht der Wiederaufbau sogar auf eine Zeit weit vor der Kriegszerstörung des Schlosses zurück und lässt über Jahrhunderte vergessene Dekorationsformen wieder lebendig werden.

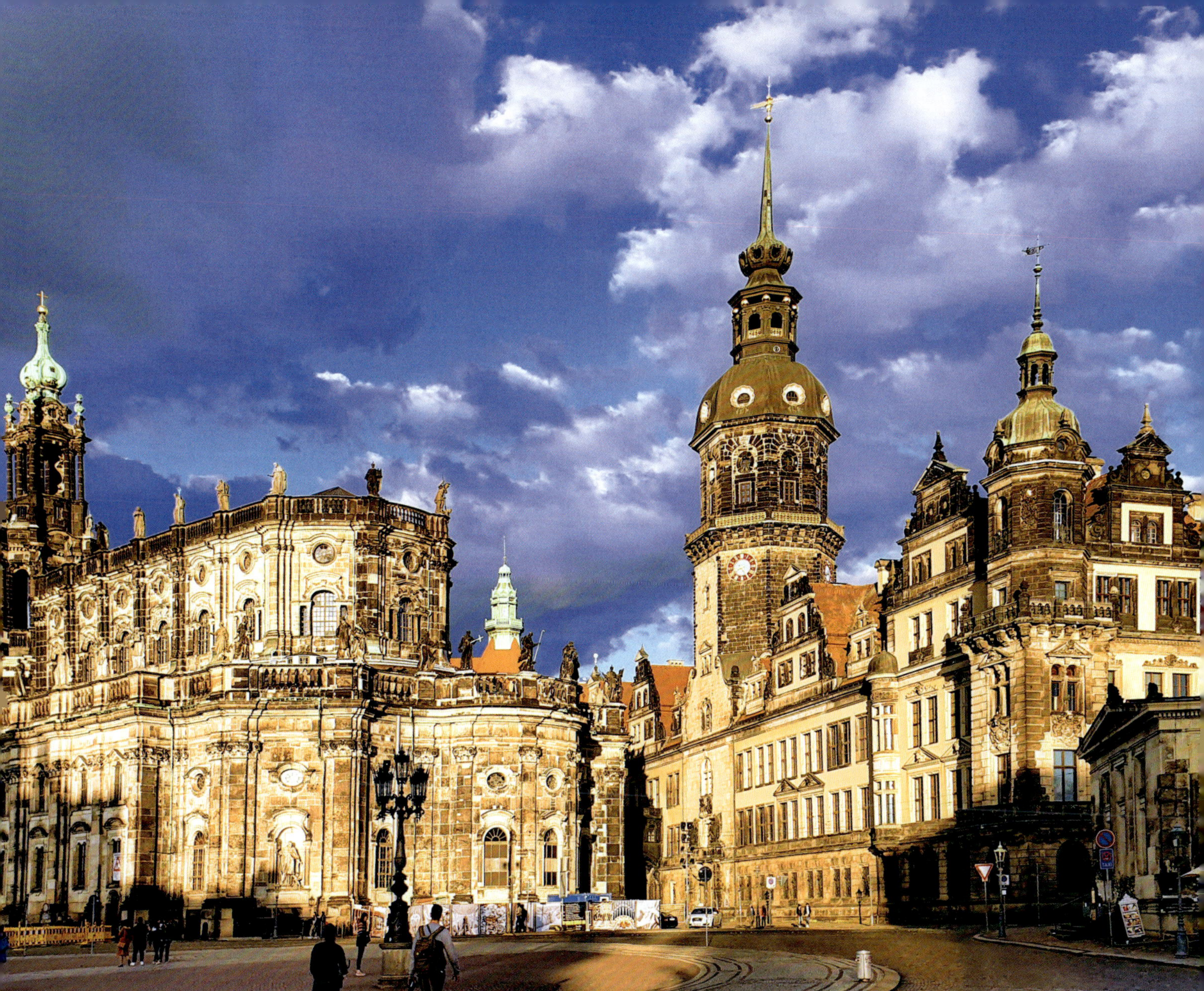

Wenn die letzten Handgriffe vollendet sind, wird das Dresdner Schloss wieder aus allen vier Himmelsrichtungen zugänglich sein, auch wenn man nur ins Schlosscafé flanieren oder die berühmte Schlossbuchhandlung König besuchen möchte. In die Gotische Halle des Ostflügels wird eine Ausstellung zur Geschichte der Residenz sächsischer Kurfürsten und Könige einziehen, in den Nordflügel ein Restaurant. Um 400 Millionen Euro werden dann für Wiederaufbau und Wiederherstellung ausgegeben sein – in jedem Fall gut angelegtes Geld. Folgen Sie uns nun durch die Gärten, Höfe und Ausstellungen – ein Kaleidoskop höfischer Architektur, Kunst und Weltsicht öffnet sich.

Das **Dresdner Schloss** im frühen Abendlicht mit Hofkirche und Hausmannsturm samt Blitzableiter, in der Mitte der Turm des Georgenbaus

II

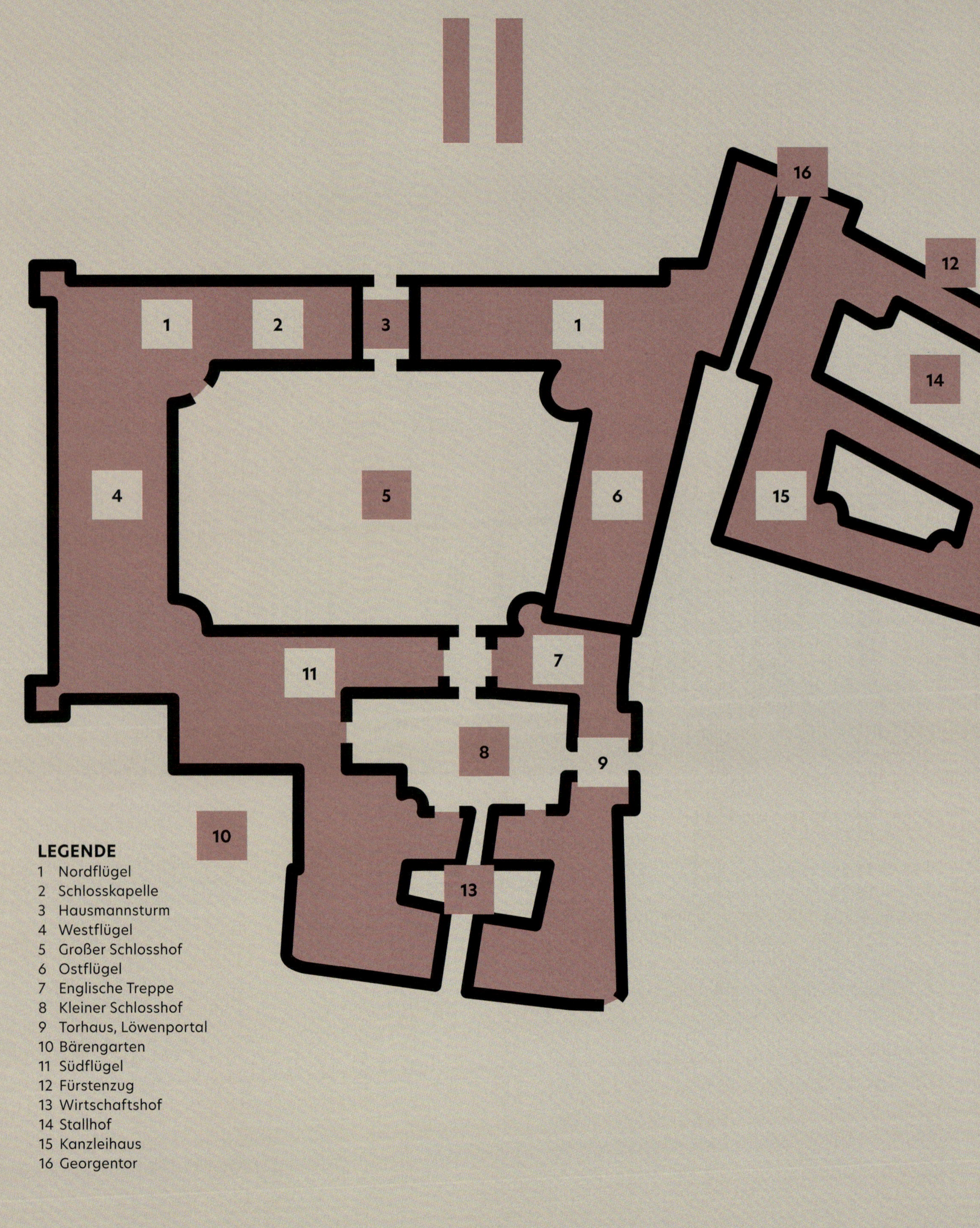

1
2
3
1
16
12
14
4
5
6
15
7
11
8
9
10
13
LEGENDE
1 Nordflügel
2 Schlosskapelle
3 Hausmannsturm
4 Westflügel
5 Großer Schlosshof
6 Ostflügel
7 Englische Treppe
8 Kleiner Schlosshof
9 Torhaus, Löwenportal
10 Bärengarten
11 Südflügel
12 Fürstenzug
13 Wirtschaftshof
14 Stallhof
15 Kanzleihaus
16 Georgentor

DIE GÄRTEN, HÖFE, PORTALE, TÜRME UND TREPPEN

Bärengarten und Badestube, der Kleine Schlosshof

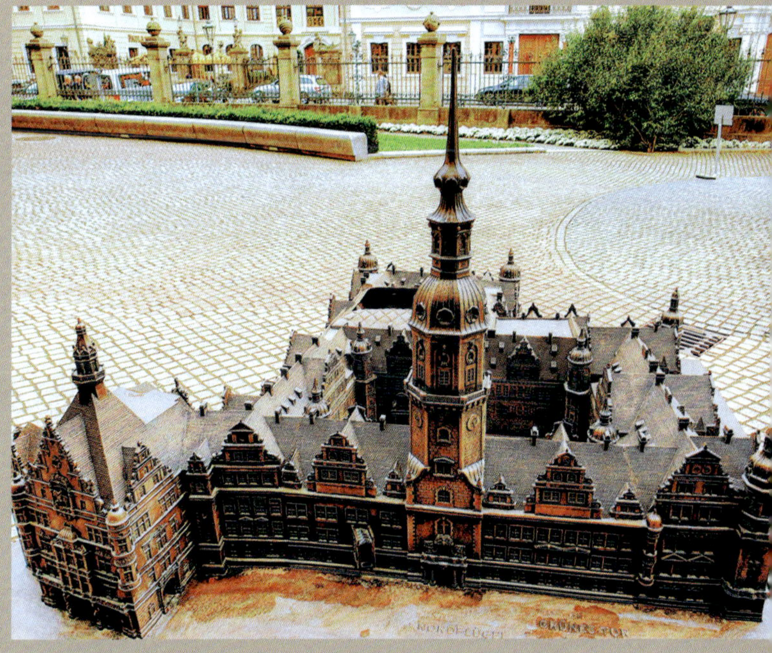

Schlossmodell im Bärengarten – bitte anfassen!

Die Schlösser der Welt haben höchst unterschiedliche Gestalt – so ähnlich sie in ihrer Bestimmung gewesen sein mögen. Der Louvre wird von der Seine geschützt – und schien doch Ludwig dem XIV. so unsicher, dass er sich in Versailles völlig neu etablierte. Château de Chillon im Genfer See liegt ebenso wie Schwerin auf einer Insel – nur um zwei der vielen „Märchenschlösser" zu erwähnen, die unseren „Traum vom Schloss" verkörpern. Das Dresdner Schloss, obwohl einst auch von Gräben und Sümpfen fast inselgleich umgeben, hat es schwerer, sich auf den ersten Blick als solches zu präsentieren.

Ein Weg, sich dem Schloss zu nähern, führt von der Augustusbrücke durch das Georgentor, die Schlossstraße und das Löwenportal in den Kleinen Schlosshof. Man kann aber auch von der Brücke über den Schlossplatz unter dem Verbindungsgang von Schloss und Hofkirche durch das „Grüne Tor", das frühbarocke Nordportal unter dem Hausmannsturm, in den Großen Schlosshof gelangen. Oder man findet, von der Stadt kommend, am Eckturm Schlossstraße/Taschenberg bei „art & info" Ansprechpartner für alle Fragen rund um das Schloss und die Kunstsammlungen. Von dort ist es durch das Portal am Taschenberg nicht weit in den Kleinen Schlosshof. Am bekanntesten, und besonders im Frühjahr am schönsten, ist der Spaziergang durch den Bärengarten vom Dresdner Zwinger, der Alten Wache und dem Taschenbergpalais ins Schloss. Dort bemerkt man den leichten Anstieg zum *Taschenberg*, auf dem einst die ersten Burggebäude entstanden.

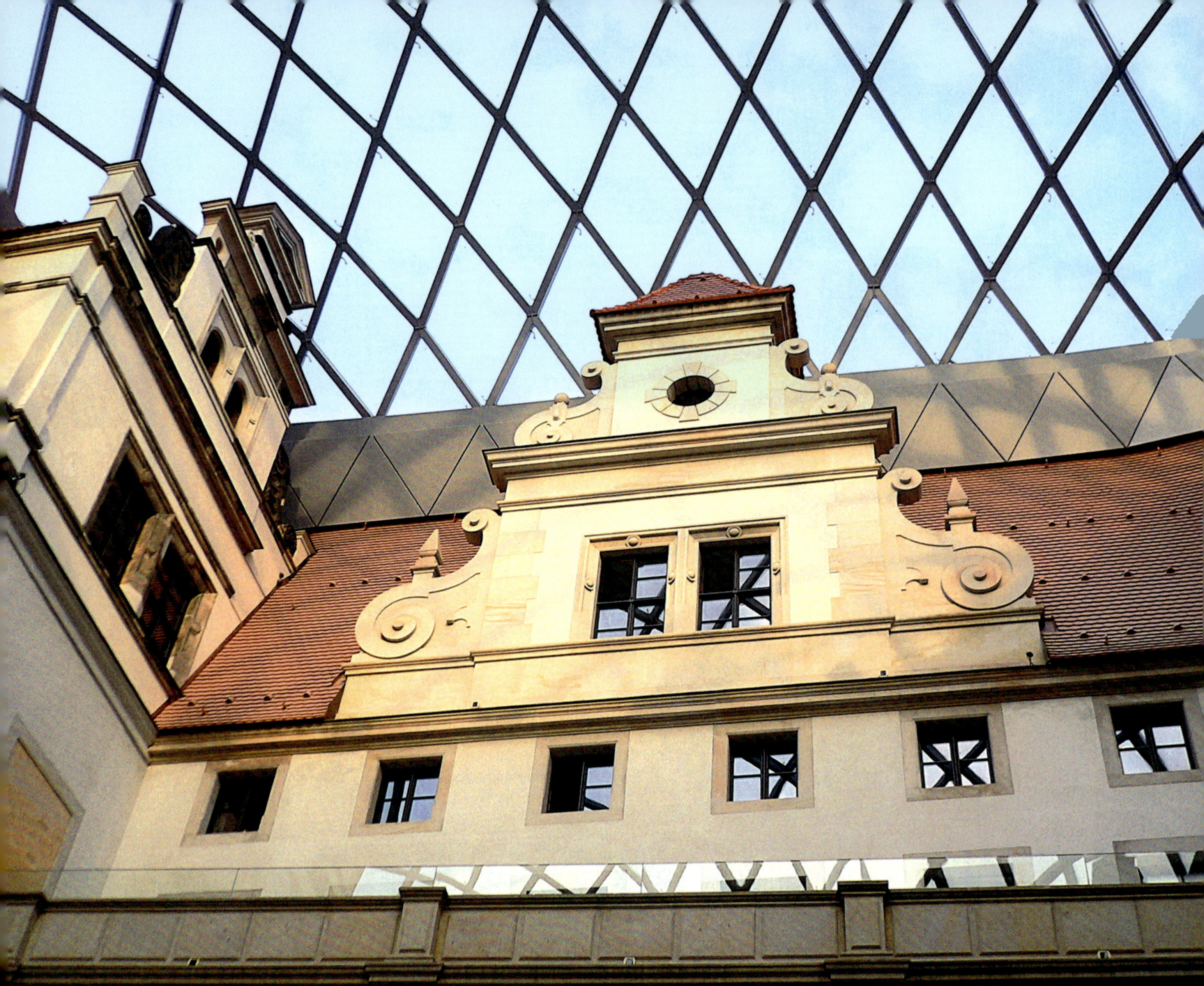

Kleiner Schlosshof mit Peter Kulkas nach oben strebendem Membrandach

Am Schloss, wo ein Modell Überblick über den komplexen Bau verschafft, sitzt man im Sommer gemütlich im Café, das einen der besten Espressi der Stadt serviert. In der gut sortierten Kunstbuchhandlung König gibt es vom Fachbuch bis zur Postkarte und geschmackvollen Souvenirs alles rund ums Schloss. Untergebracht ist die Buchhandlung im ehemaligen Küchengewölbe. Davor vermitteln Schwarzweißfotografien einen Eindruck von Kriegszerstörung und Wiederaufbau des Schlosses. Links gelangt man durch eine Tür zum alten Schlossbrunnen.

Bedingt durch den hohen Grundwasserspiegel des Flusses reicht die Brunnenröhre aus dem späten 16. Jahrhundert nur 8 Meter in die Tiefe. Errichtet wurde der Brunnen aus hochwertig verarbeiteten Werksteinen, an denen noch einzelne Steinmetzzeichen erkennbar sind. Der Brunnenrand ist modern ergänzt. Zu jener Zeit entstand auch gleich darüber die Badestube der Kurfürstin. An deren Südfassade sieht man ein Sgraffitofragment, das als Vorlage für die Sgraffiti im Großen Schlosshof diente.

Wenn man links weiter zu den Lifts geht, erblickt man feinsinnig restaurierte Säulen und Gewölbeelemente, die zum Teil zur ehemaligen Hofapotheke aus der späten Renaissancezeit gehörten – hier eingefügt in den modernen Innenausbau. Direkt rechts gelangt man in den Kleinen Schlosshof, wo man Kassen und Infotresen findet, vor allem aber zum transparenten Membrandach aufblickt.

Peter Kulkas selbsttragende Kuppelschale ist mit 256 unter Druck gehaltenen Folienkissen bespannt. Wie er es selbst zur Einweihung 2009 ausdrückte, „mit nach oben strebenden Eigenschaften eines Zeppelins". Wölbungshöhe 9 Meter. Im Volksmund: Kaugummiblase. Wo im Renaissancehof einst Kurfürst Christian Bänkelsängern lauschte und Hoftaschenspieler auftraten, ist nicht nur ein attraktives Foyer, sondern auch eine geniale Eventlocation entstanden. Zur Eröffnung war internationale Politprominenz zugegen.

Die Schlossportale schuf 1682 Johann Georg Starcke, Baumeister sowohl der Alten Börse in Leipzig als auch des Palais im Großen Garten zu Dresden. Deutlich später, nämlich 1904 zu Ehren des damals verstorbenen Königs Georg von Sachsen, kam der *Georgsbrunnen* des Leipziger, später in Rom lebenden Bildhauers Artur Volkmann in den Kleinen Schlosshof. Der Wasserspeier in Gestalt eines Drachenkopfes ist dem Jugendstil zuzurechnen. Das Georgsrelief darüber ist aus weißem italienischen Marmor. Eine Inschrift weist Georg als „Schutzpatron der Reiter" aus.

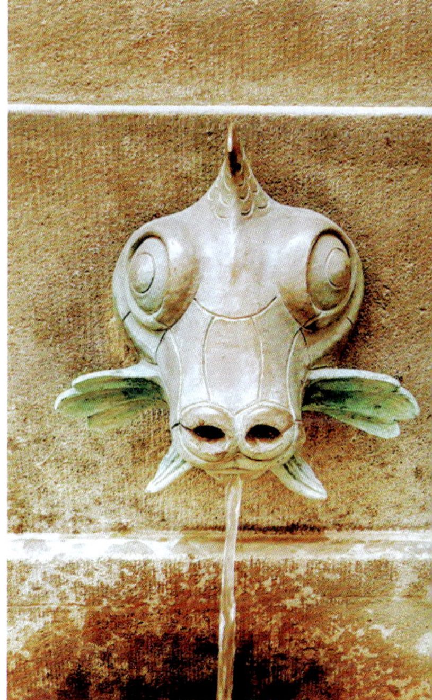

Georgsbrunnen Artur Volkmanns mit Wasserspeier in Gestalt eines Drachenkopfes

Wenn man vom Kleinen in den Großen Schlosshof wechselt, fällt rechts der Blick auf die stilvolle Englische Treppe. Wie die Tore zum und im Kleinen Schlosshof wurde sie von Johann Georg Starcke entworfen. Ihren Namen erhielt sie am 26. Januar 1693, als der Abgesandte König Wilhelms III. von England Johann Georg IV. den Hosenbandorden überreichte: The Most Noble Order of the Garter. Per Schiff kam die englische Thronabordnung von Hamburg nach Dresden und zog, wie 26 Jahre später Maria Josepha zur „kaiserlichen Hochzeit", per Kutsche in den Schlosshof ein, um dann über die *Große Stiege*, wie sie damals noch genannt wurde, hinauf in den *Riesensaal* zu defilieren. Dort wurde der Orden „nach großem Spalier" überreicht. Johann Georg war schon auf seiner Prinzenreise in England gewesen und hatte später an einem kaiserlichen Feldzug gegen Frankreich teilgenommen, was England freute. Johann Georg IV. hatte nicht lange etwas von seinem Orden; er verstarb nur wenige Monate nach der Verleihung.

Unter der Regentschaft seines jüngeren Bruders Augusts des Starken brannte die Englische Treppe wie der größte Teil des Schlosses 1701 nieder. Teile der Kamine aus rotem Kalkstein, die man etliche Jahre nach dem Wiederaufbau zur Jahrhunderthochzeit von 1719 einfügte, sind noch erhalten. Ansonsten orientierte man sich beim abermaligen Wiederaufbau 60 Jahre nach der Kriegszerstörung von 1945 an der neobarocken Fassung von 1895, weswegen wir weder Johann Georgs noch Friedrich Augusts Wappen, sondern vielmehr jenes von König Albert und Königin Carola Wasa aus Schweden finden, deren Büsten schon im Durchgang vom Kleinen zum Großen Schlosshof grüßen. Putti auf den Treppenabsetzen stellen die vier in der Barockzeit bekannten Erdteile dar.

Nur Mitglieder des Königshauses und königliche Gäste durften einst die Englische Treppe beschreiten – endlich, meine Damen, fühlen Sie sich hemmungslos als Königinnen; endlich, meine Herren, seien Sie königsgleiche Ritter!

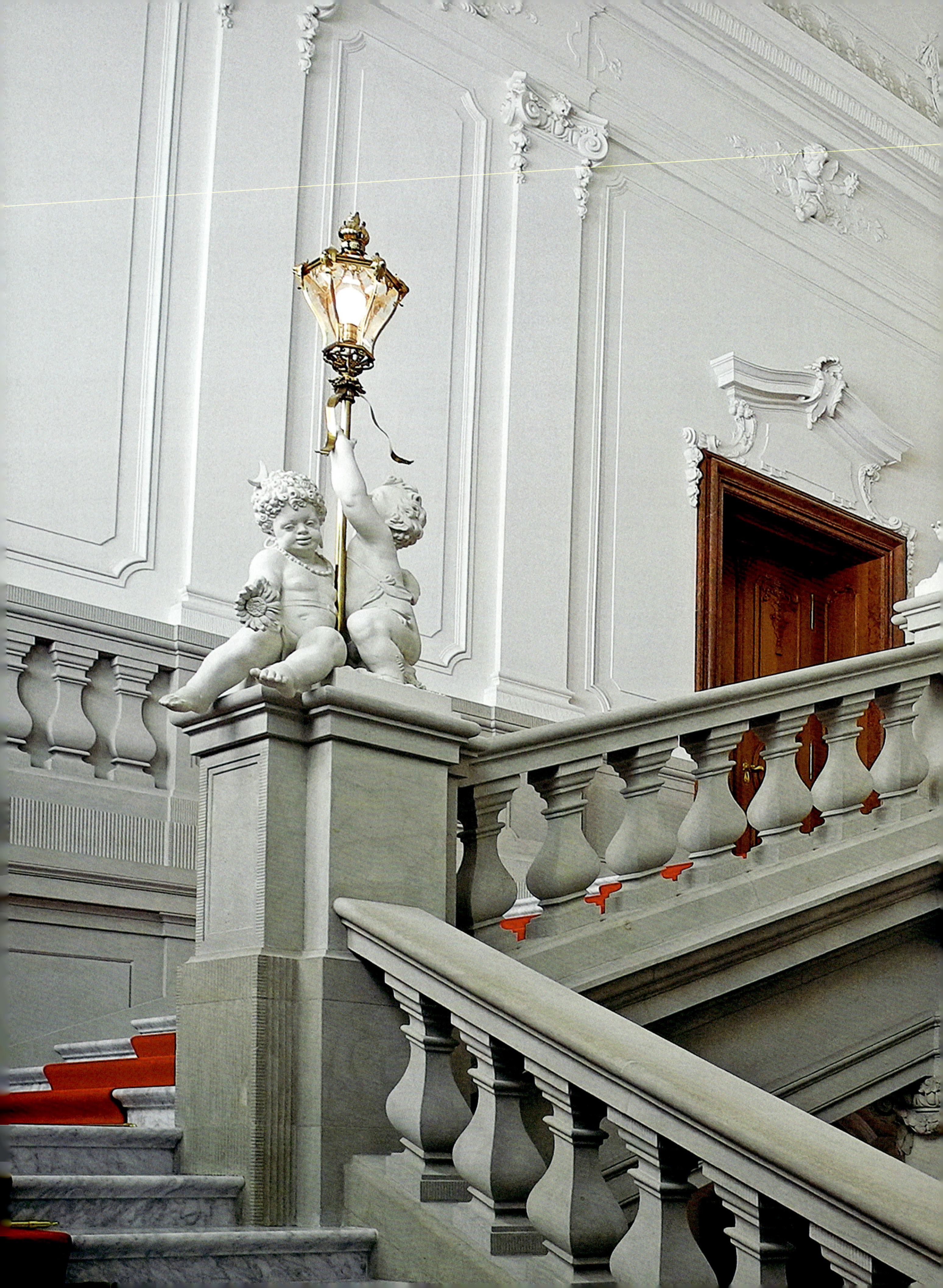

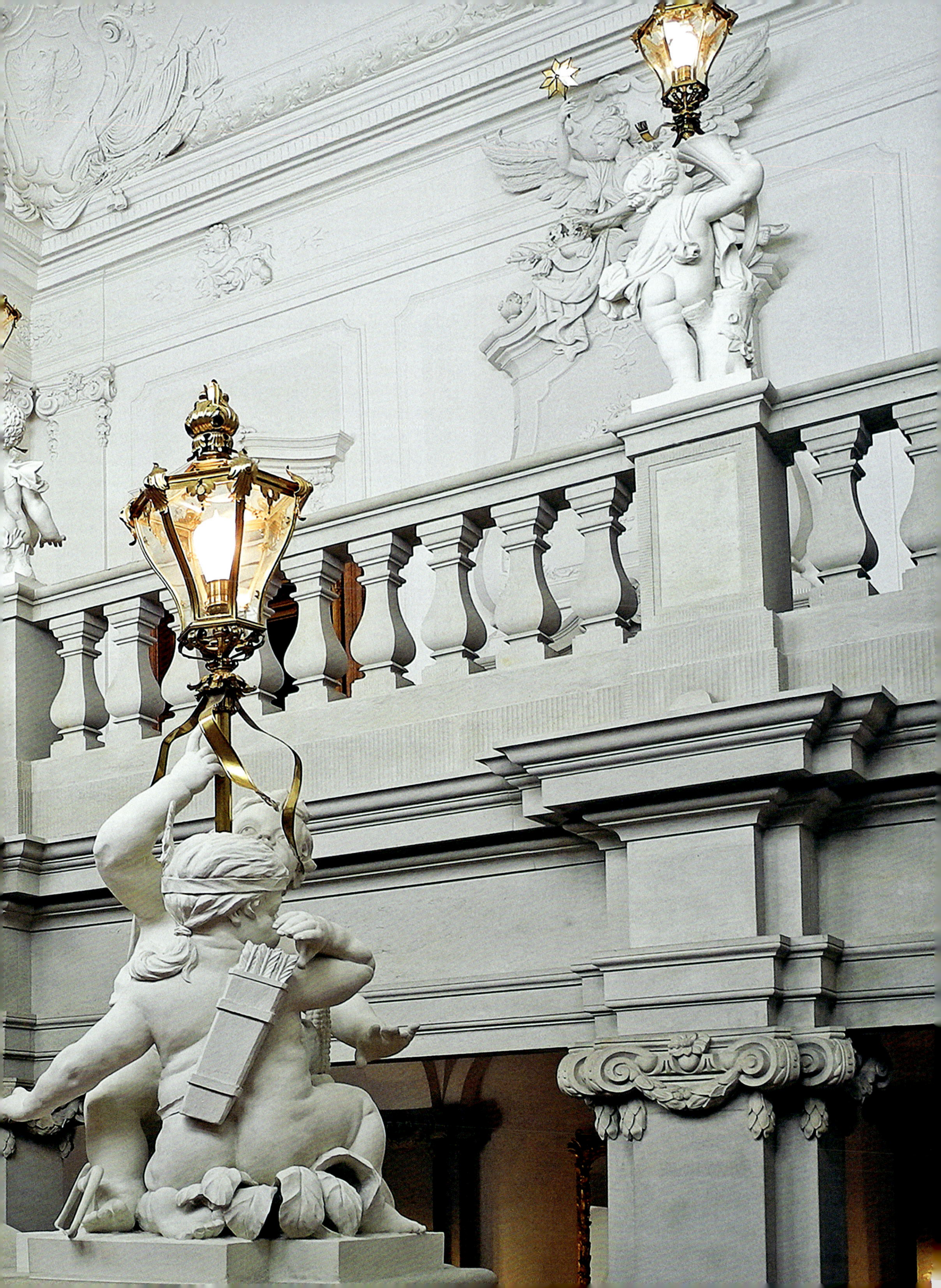

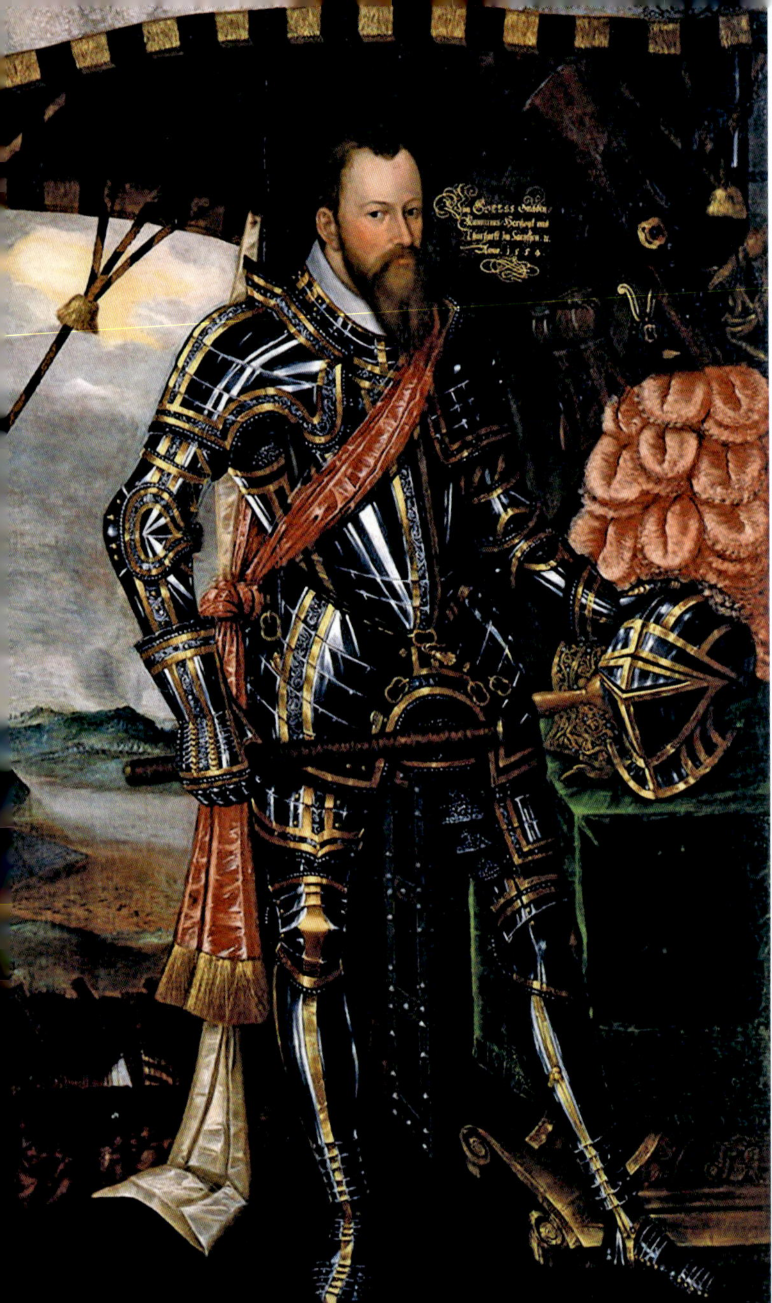

Kurfürst Moritz, Renaissancebauherr des Schlosses und „Global Player" – doch nur für kurze Zeit

Großer Schlosshof, Schlosskapelle und Hausmannsturm

Moritz von Sachsen, der jugendliche Bauherr der Dresdner Schlosserweiterung im Stil der Renaissance, war eine umstrittene Persönlichkeit. Als Sohn eines Zweitgeborenen der jüngeren Linie des Hauses Wettin hatte er wenig Aussicht, ein Gobal Player zu werden. Einige Jahre war er in Dresden am Hof seines Onkels Georg dem Bärtigen aufgewachsen und erlebte am Georgenbau die Grandezza und Modernität des neuen Baustils. 1539 folgte nun Moritz Vater, Herzog Heinrich der Fromme, auf den Herrscherstuhl in Dresden. Er unterstützte die in Chursachsen gewachsene neue Religionsrichtung Martin Luthers, die er in seinen erzgebirgischen Domänen schon eingeführt hatte. Doch schon nach nur zweijähriger Regentschaft seines Vaters folgte Moritz ihm auf den Herzogsstuhl.

Der junge Fürst stellte sich zuerst an die Seite des (katholischen) Kaisers Karl V. und gegen seinen Vetter Kurfürst Johann Friedrich, der mit Hessen und anderen protestantischen Ländern und Städten den Schmalkaldischen Bund gegründet hatte. Moritz Kalkül: so die wettinischen Gebiete seiner Familie vor habsburgischem Zugriff zu retten. Das hielt ihn nicht davon ab, sich 1552 dann doch gegen den Kaiser zu stellen, der seinen Vetter und seinen Schwiegervater in Gefangenschaft hielt. Anscheinend neuerlicher Verrat. Für Moritz jedoch die Korrektur seines Lavierens, an dessen Ende seine beiden Verwandten freikamen. Der Fürstenaufstand von 1552 vertrieb Kaiser Karl über die Alpenpässe nach Kärnten. Moritz Reputation stieg. Sein *Vertrag von Passau* schuf die Grundlagen des späteren Augsburger Religionsfriedens.

Moritz reiste bis Tirol und Italien, wo er Bauleute und Künstler anwarb, die ihm oberitalienische Renaissancekultur und Baukunst in die Residenz brachten. Seine Ambition als Global Player schien nun doch noch aufzugehen. Aber kurz nach seiner Rückkehr legte sein ehemaliger Verbündeter, der Brandenburg-Kulmbacher Markgraf Albrecht II. Alcibiades, Hand auf die Bistümer Bamberg und Würzburg, die zuvor unter Wettiner Protektion standen. Nun kämpfte Moritz gemeinsam mit dem Habsburger Ferdinand wiederum gegen einen Protestanten. In Sievershausen stellten Moritz und seine Verbündeten den Markgrafen. Die Situation war unübersichtlich.

Moritz fiel durch einen Querschläger aus eigenen Reihen. Oder doch aus gegnerischem Versteck? Der Schuss drang – wie noch heute im erhaltenen Harnisch zu sehen – seitlich in Hüfthöhe in seinen Körper. Er ritt weiter, leitete die Schlacht. Doch zwei Tage später starb er im Feldlager, 32-jährig, und übergibt – symbolisch aus kalter Hand – dem jüngeren Bruder August sein Schwert.

← **Englische Treppe**, wiederhergestellt in neobarocker Fassung von 1895

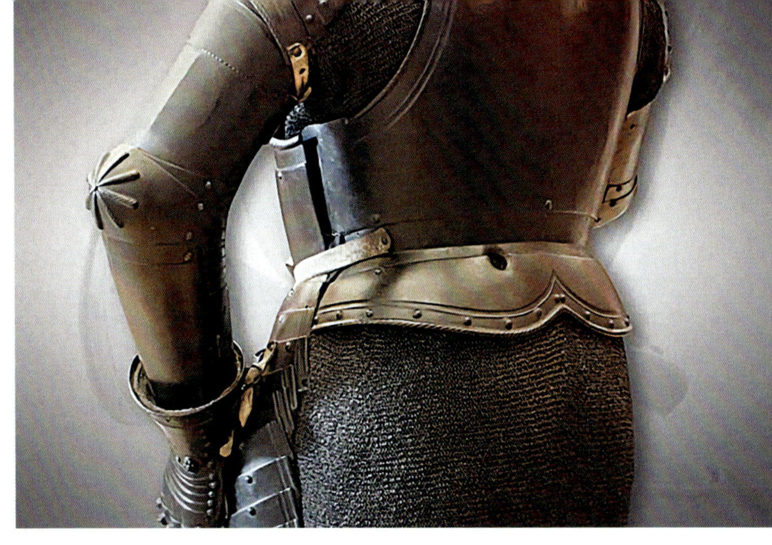

Einschussloch der Kugel einer Hakenbüchse in den **Harnisch des Kurfürsten Moritz**. Hinterhalt oder hinterhältig?

Gemeinsam mit seiner Frau Anna vervollkommnete August das Renaissanceschloss in Dresden nach Intentionen des Verstorbenen. Beide stärkten Sachsens Wirtschaft und regierten überwiegend friedlich.

Entscheidende Triebfeder des Schlossumbaus war die Erlangung der Kurfürstenwürde durch Moritz – auch wenn er sie nicht von vornherein angestrebt haben mochte. Sie brachte Repräsentationsverpflichtungen mit sich – Anlass für die umfassende Neugestaltung des Dresdner Schlosses im Stil der Renaissance. Zugleich legte Moritz, gerade aus dem Zerwürfnis mit seinen Verwandten und dem wiederkehrenden Vorwurf des Verrats heraus, Wert auf die philosophische Vertiefung seiner Entscheidungen, die nicht nur seine Familie als Ganzes, sondern mehr noch reformatorische Einsichten und modernes Weltverständnis förderten. Seine Motive der Ritterlichkeit und des Gerechtigkeitsdenkens (bisweilen um mehrere Ecken), aber auch idealisierte antik-römische Traditionen, flossen in die höchst komplexe Ikonografie des Großen Schlosshofs ein. Dessen Bildwelten schufen die aus Italien angeworbenen Benedetto und Gabriele di Tola mit ihren Mitstreitern. Die aufwendigen Putz-Kratz-Arbeiten entstanden in nur zwei Jahren bis 1551. Der Schlüssel zu Teilen ihres Bildprogramms aber liegt im Leben des Kurfürsten Moritz.

Sgraffiti überzogen sämtliche Außen- und Hoffassaden des Renaissancebaus, eroberten das mittelalterliche Torhaus, den Schössereiturm. Inspirierten den späteren Fürstenzug. Bedeckten Stallhof, Kanzleihaus und Kleinen Schlosshof und bewirkten so eine effektvolle Vereinheitlichung des Gesamtbauwerks. Sgraffiti dienten auch der Struktur der Fassade. Italienischen Vorbildern gemäß wurden nicht nur figürliche und schmückende Elemente „illusionistisch" ausgeführt, sondern auch Architekturmotive wie Friese, Metopenbänder und Fensterumrahmungen. Die gebaute Architektur wurde durch sparsamen Einsatz scheinplastischer Gliederungselemente wirkungsvoll hervorgehoben. Vor allem die Fassaden des Großen Schlosshofs zeichneten sich durch differenziertes Zusammenspiel von Sgraffiti, Fresken und plastischen wie architektonischen Elementen aus. Nirgendwo in Europa wurden diese Bildtechniken so großflächig angewandt wie in Dresden. Oftmals folgen die Ikonografien Gemälden und Kupferstichen der Zeit, als Wiedergeburt der Antike mit Rückgriffen auf Rom oder griechische Mythen. Zugleich sind sie aber mit dem zum Kurfürsten erhöhten Moritz persönlich verbunden. Mitte des 18. Jahrhunderts gingen die Sgraffiti für fast 300 Jahre verloren.

Umso überzeugender, wie nun der Renaissanceeindruck der Urfassung unter Zuhilfenahme von zeitgenössischen Darstellungen und Gemälden wiedererlangt ist: mit Loggia, Volutengiebeln und Wendelsteinen, sgraffito-staffierten Fassaden. Hinzu kommen barocke Ingredenzien und Zuwaagen des 20. Jahrhunderts. So ist der Große Schlosshof heute Schöpfung der Gegenwart, Novum und Unikat der Kunstgeschichte zugleich.

Sgraffito-Technik

Grau-bläulicher Sgraffito-Mörtel wird mit zerstoßener Holzkohle weicher Hölzer, meist Kiefer, versetzt und in feiner Konsistenz aufgetragen, darüber zwei hauchzarte Weißkalktünchen. Wenn sie etwas angetrocknet sind, erfolgen die Konturzeichnungen der erwünschten Motive. Dabei werden im Atelier vorgefertigte und gelochte Aufpausen verwendet. In die noch feuchten Mörtel- und Tünchschichten arbeitet der Meister nun mithilfe verschiedener Kratzwerkzeuge Gravuren, Schraffuren – ritzt, kratzt und putzt, bis der graubläuliche Mörtel wieder sichtbar ist. Schließlich darf immer nur so viel Sgraffito-Mörtel angeputzt werden, wie bis zum Erhärten des Mörtels und der später aufgetragenen Tünche endbearbeitet werden kann. Dabei soll die Flüssigkeit der ausführenden Handschrift gewahrt bleiben.

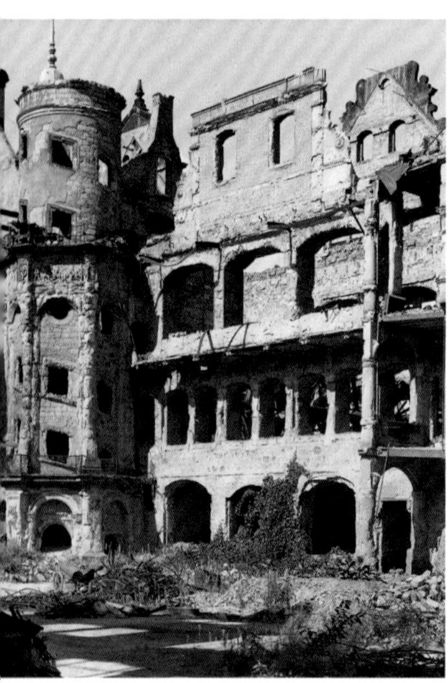

Großer Schlosshof, Ausschnitt mit Wendelstein, Zustand nach Kriegszerstörung

Westflügel

Alle vier Himmelsrichtungen erfasst die monumentale umlaufende Inschrift des Traufgesimses entlang sämtlicher Fassaden des Großen Schlosshofes:

MAURITIUS DEI GRATIA DUX SAXONIAE SACRI ROMANI IMPERII ARCHIMARSCHALCUS ET ELECTOR LANDGRAVIUS TURINGIAE MARCHIO MISNIAE BURGGRAVIUS MAGDEBURGENSIS. MDLI. Zu deutsch: Moritz, von Gottes Gnaden Herrscher Sachsens, des Heiligen Römischen Reiches Erzmarschall und Churfürst, Landgraf von Thüringen, Markgraf von Meißen, Burggraf von Magdeburg.

An der Schatzkammerseite, dem Ostteil des Westflügels ganz oben, finden wir *Zeus*, eingerahmt von den christlichen Tugenden *Caritas* (sorgende Liebe) und *Fides* (Glaube, Vertrauen, Treue). Es folgen Grotesken, links die gekreuzten *Erzmarschalsschwerter*, abgeleitet aus der Funktion der Wettiner Fürsten im Reich, rechts die *Wappenkartusche* ihres Hauses mit der Sachsenraute. In der Zeile darunter folgen in der Bildmitte die *drei Grazien* und als Giebelfiguren wiederum *Fides* und die Kardinalstugenden *Gerechtigkeit* und *Fortitudo* (Tapferkeit). Insoweit folgt die Darstellung exakt der Weck'schen Chronik aus dem Jahr 1679, die die Ansichten der Renaissancezeit dokumentierte.

Auf der untersten Giebelebene in der Mitte, eingebettet in Metopendekor, die Inschrift zur Restaurierung unter Johann Georg II., Großvater Augusts des Starken: „Johann Georg II. Herzog zu Sachsen, Jülich, Cleve und Berg, Kurfürst, hat es sich angelegen sein lassen, im Jahre 1675 zu erneuern"; links von *Pygmalion* und rechts von *Chronos* flankiert. Pygmalion, königlicher Bildhauer, verliebt sich in die von ihm geschaffene Elfenbeinstatue. Als er sie zu liebkosen beginnt, wird sie lebendig und schenkt ihm zwei Töchter. Chronos ist mehr als die personifizierte Zeit, vielmehr Machergott und Weltenschöpfer, in archaischer Tradition Erzeuger des allerhöchsten Zeus.

Im zweiten Obergeschoss, wo sich die Parade- und Festräume befinden, geht es wieder um die Tapferkeit (Fortitudo). Dort tritt im Fassadendekor ganz links Cloelia auf. Die Geschichte spielte in frührömischer Zeit, als um 500 v. Chr. der feindliche Etruskerkönig Laris Porsenna Rom belagerte. Cloelia war als Geisel in seinem Lager, floh aber gemeinsam mit anderen Frauen und entkam schwimmend durch den Tiber. Nun drohte der Belagerer erst recht mit einem Angriff. Cloelia kehrte zurück. Ihr doppelter Mut wurde belohnt. Vom König ehrenhaft empfangen, durfte sie heimreiten und weitere Geiseln mit nach Hause nehmen. Mucius, der junge Held in der Mitte des Giebelfelds, kam freiwillig in das Lager des Etruskerkönigs – um ihn zu ermorden. Verwechselte ihn aber und wurde gestellt. Porsenna drohte, ihn verbrennen zu lassen, da hielt Mucius eine Hand ins Feuer und ließ sie versengen. Beeindruckt ließ Porsenna ihn frei und hob die Belagerung Roms auf.

Nun wechselt das Bildprogramm zum Alten Testament: Als zweiter von links ist Joab, der mächtige Heerführer König Davids, abgebildet. Als Joab einen von Davids Gegnern tötet, obwohl ihn der König begnadigt hatte, kann er dafür nicht bestraft werden. Er ist zu mächtig. Als David aber einen Gefallen von ihm fordert, erfüllt er die Bitte. David kann so die bereits vergebene Batseba heiraten, als deren Gatte von Joab in vorderste Front gestellt wird und fällt. David machte sich mitschuldig.

Konstellationen, die ihre Parallelen in den verworrenen Umständen zu Moritz Lebzeiten finden; antike und biblische Orientierung für ihn und seine Zeitgenossen. Aufforderung an die Nachfahren, Handlungen mit Bedacht zu bewerten.

Weiter rechts rettet Michal, Tochter Sauls und Frau Davids, den jungen Helden vor seinem erbosten Schwiegervater; im Hintergrund dessen leiblicher Sohn Jonatan, Davids Freund, der seinen Vater zu beschwichtigen sucht. Darunter seilt sich David ab von seinem Haus in Gibea. Ganz rechts tötet sich Ägyptens Königin Kleopatra, Geliebte des Römers Antonius, mithilfe einer giftigen Schlange, um sich dem Angreifer Octavian zu entziehen. Octavian, einst im Bund mit Antonius, will die Seemacht Ägypten besiegen, um die Pax Romana, den Frieden, zu erlangen. Daraufhin wird er Roms erster Kaiser.

Im ersten Obergeschoss erkennen wir links Coriolan, ein Shakespeare'scher Held römischer Legenden und Adelsspross, der einen wichtigen Sieg für das junge Rom über die benachbarten Volsker erfocht. Doch lehnte er die von den Plebejern eingeführten Volktstribunen ab, beharrte auf aristokratischer Haltung. In Verbannung getrieben, lief er zum Gegner über, bis die neben ihm dargestellte Mutter Veturia – eine der „neun guten Heldinnen" der Renaissancezeit – und seine Frau Volumnia ihn zum Einlenken brachten. Dafür töteten ihn die Volsker, denen er nun als Verräter galt. Wenn die Geschichte auch nicht direkt auf Moritz zu übertragen sein mag, war doch das der Stoff, der im beginnenden 16. Jahrhundert an den Kaminfeuern im Dresdner Schloss in den Bann zog.

Rechts daneben – bis in die Mitte der Giebelbasis – als Doppelszene: Manlius Torquatus tötet den Sabiner Geminius Maecius. Da dies jedoch außerhalb eines offiziellen Kampfes geschah, verletzte er damit eine ritterliche Regel. Der eigene Vater ließ ihn daraufhin enthaupten. Wiederum rechts davon vollendet sich die darüber begonnene Doppelszene mit Davids Flucht. Ganz rechts kommt eine gleichsam mystische Geschichte ins Spiel, die das heidnische Erbe des Mittelalters fortschrieb. Hier muss der antike Held Atilius Regulus im ersten Krieg gegen die Punier zunächst einen Drachen töten, ehe ihm der Sieg beschieden war. Unterhalb der Bildfolge schließt ein Metopenband die Szenen ab.

Nicht nur Auswahl und Darstellung der Szenen genügten höchsten zeitgenössischen Ansprüchen, sondern sind auch dramaturgisch und ästhetisch abwechslungsreich dargestellt und lassen – bis heute – keine Langeweile beim Betrachter aufkommen.

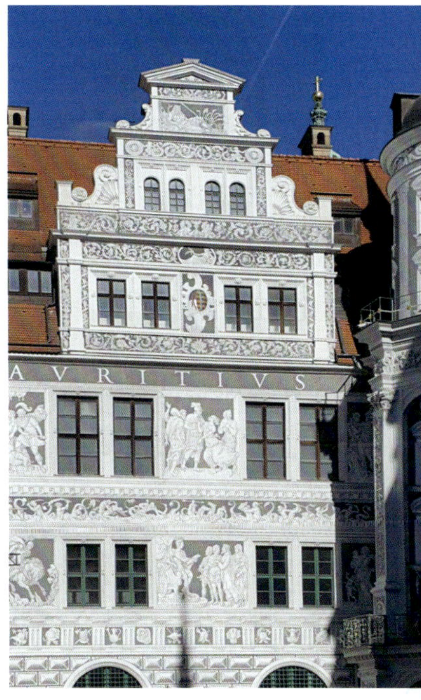

Großer Schlosshof, Nordwestgiebel mit Wendelstein nach Wiederherstellung

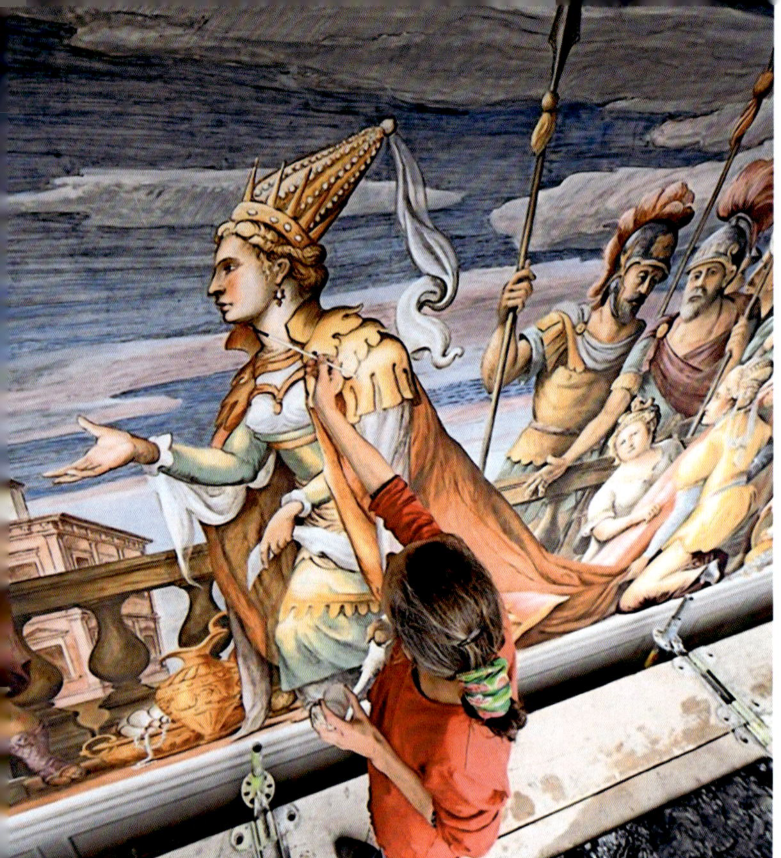

Loggia im dritten Obergeschoss, Wiederherstellung des Freskos „Die Königin Saba vor Salomos Thron". Die von mehreren Tugenddarstellungen unter anderem am Westflügel personifizierte Forderung nach gerechter und kluger Regierung steht zugleich als Fazit der Freskenszenen im Raum

Nordflügel, die Loggia und ihre Dekorationen

Schauen wir zur Nordfassade mit der viergeschossigen Loggia und dem Altan vor dem Hausmannsturm. Flankiert werden sie von Wendelsteinen: Treppentürmen nach dem Vorbild französischer Renaissanceschlösser wie Blois und Azay-le-Rideau. Treppentürme hatten statische Gründe und eine bis ins 17. Jahrhundert ausgesprochen praktische Funktion – innen führte eine Wendeltreppe nach oben. Dank ihrer Sgraffito-Motive blieben sie als gestalterische und dekorierende Elemente so erhalten, auch als im Inneren des Schlosses Treppen gebaut wurden. Im Großen Schlosshof wurden sie von vergoldeten Giebelfiguren aus Sandstein ergänzt. Von ihnen blieb lediglich ein Beinfragment auf dem nördlichen Giebel der Südostecke erhalten, aus dem man immerhin die Größe der Gestalten ableiten konnte. Sie folgten einem aufschlussreichen ikonografischen Programm: dem Kampf der Götter des Olymps gegen die Giganten – wie an einem griechischen Tempel.

Die Loggia setzt einen markanten Akzent auf die Mittelachse der Fassade. Von hier aus erlebte die Hofgesellschaft bis zum 18. Jahrhundert Defilés, Turniere, künstlerische Darbietungen und Tierhatzen. Nahm man die Rundgänge der Wendelsteine hinzu, konnten auch Bedienungen und anlassweise Dresdner Bürger teilnehmen, was durchaus Usus war. Ausdruck einer gewissen Liberalität, Volksnähe wie auch Modernität der sächsischen Renaissance. Der Kurfürst und der höhere Adel saßen nicht auf den Loggien, sondern verfolgten vom Westflügel aus, seltener vom Riesengemach im östlichen Nordflügel die Festlichkeiten. Das Areal des Hofes von 65 mal 45 Metern war groß genug für nahezu jeden Anlass. Aus dem Jahr 1695 wird berichtet, wie ein Artist sein Seil von der Spitze des Hausmannsturms bis hinunter in den Schlosshof spannte und darauf „hinabgefahren sei", während er ein Glas Wein austrank und dabei noch zwei Pistolen abfeuerte.

In den Gängen hinter der Loggia wird es farbig. Benedetto und Gabriele di Tola entwarfen Fresken, die ganz an den italienischen Gestus ihrer lombardischen Heimat anknüpften. Sie kannten in Brescia die Freskenwelten von San Salvadore und vor ihrem geistigen Auge muss der Eindruck in Erinnerung getreten sein, der einen gefangen nimmt, wenn man vom Broletto hinaus auf die Piazza della Loggia tritt: Verkörperung italienischer Frührenaissance, aufgenommen von der freskengeschmückten Loggia in Dresden. Von unten nach oben lassen die Bilder die Bekehrung des Paulus auf seinem Weg nach Damaskus lebendig werden. Die Anbetung des Christuskindes durch die Magier aus dem Morgenland wird sinnhaft erlebbar. Exotische Krönung mit oberitalienisch-orientalischem Einschlag – die Königin von Saba vor Salomos Thron.

Anspielungen auf den scheinbaren Wandel Moritz vom Saulus zum Paulus, wie es volkstümlich gern persifliert wird, liegen auf der Hand. Moritz als sündiger und irrender Mensch konnte – wie Paulus – auf die Gnade Gottes vertrauen, die Menschen von Sünden erlöst und Rettung verheißt.

Die Anbetung des Christuskindes durch die Heiligen Drei Könige verweist auf die Herrschaftsausübung des Fürsten im Namen Gottes und war zugleich Bekenntnis zu dieser Verpflichtung. So weist denn auch eine illusionistisch drapierte Mosesfigur auf die göttlichen Gebote als Grundlage fürstlichen Handelns. Gleich darüber der bildliche Hinweis auf den Tanz um das Goldene Kalb. Das Bildfeld mit der Heiligen Dreifaltigkeit erinnert an den göttlichen Ursprung aller weltlichen Macht.

König Salomo, Sohn Davids und Batsebas, wurde zum Inbegriff des weisen Herrschers. Seine Huldigung als Repräsentant des Gesetzes, als Teil der göttlichen Ordnung durch die Königin von Saba, die mehrere Kulturen in sich vereint, ist zugleich alttestamentarische Parallele zur Huldigung der Weisen aus dem Morgenland gegenüber dem Christuskind zu Beginn des Freskenzyklus.

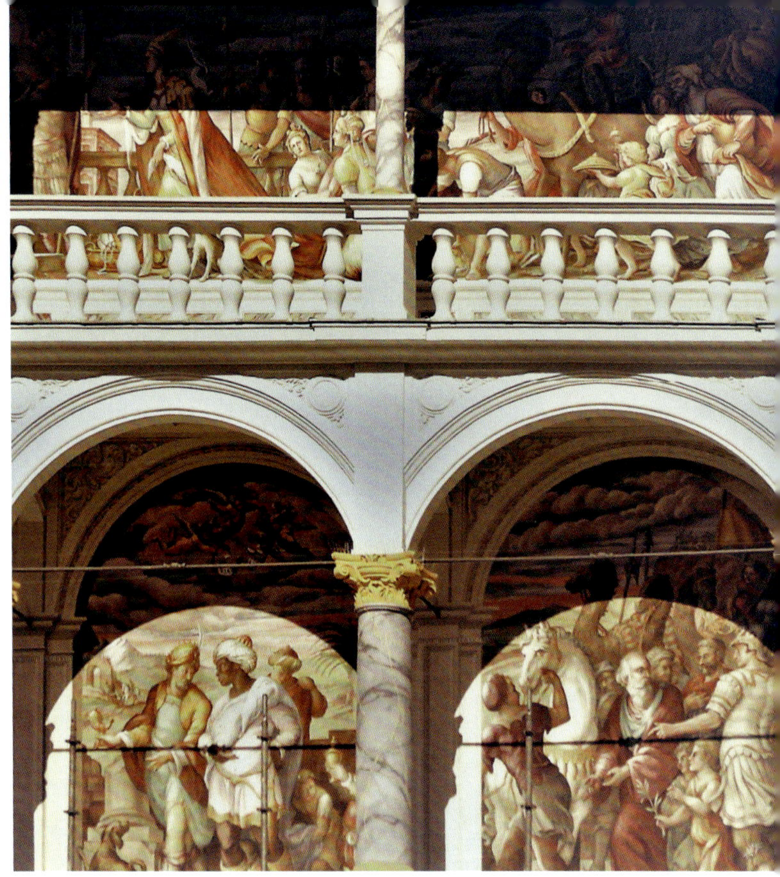

Freskenszenen der **Loggia**

Lediglich drei Entwürfe für diese Malereien waren bekannt, aus denen die Bilder wiederherzustellen waren. Eine aus mehreren Malern und Restauratoren bestehende Arbeitsgruppe begann 2016 mit ersten Entwürfen. Um den Stil der italienischen Schöpfer aus dem 16. Jahrhundert zu treffen, studierten sie zeitgenössische Wandmalereien Lattanzio Gambaras, der wie die Gebrüder di Tola aus Brescia kam und ihr Nachfolger in derselben Werkstatt war. Die Arbeitsgruppe nahm auch Kupferstiche in den Chroniken von Antonius Weck und Gabriel Tzschimmer von 1680 zu Hilfe. Für die Neuinszenierung der Fresken und Sgraffiti kamen sogar selbstgebaute Kratzeisen, Holzstäbchen und Stricknadeln zum Einsatz. Die Farbigkeit der Fresken und ihre illusionistischen Effekte entfalten im Kontrast zu den flächigen schwarz-weißen Sgraffiti und ergänzt durch die Reliefs an der Brüstung der Loggia im ersten Obergeschoss wieder eine verblüffende Wirkung.

Die Reliefs an der Brüstung der Loggia werden der Werkstatt Hans Walthers II. zugeschrieben – geschaffen nach Entwürfen Benedetto di Tolas. Dessen Stil leicht überlängter Gliedmaßen kann man gut von der volkstümlicheren Art des Bruders Gabriele unterscheiden; oft teilten sie sich brüderlich Entwurfsaufgaben. Der aus Meißen stammende Bildhauer Walther lernte bei seinem Vater, dem Schöpfer des Dresdner Totentanzes. Er begründete eine Dynastie von Bildhauern und Malern, die über Generationen in Dresden wirkte. Allein Hans Walther II. schuf ab 1549 neben den Reliefs an drei Treppentürmen und der Loggia das Portal zur Schlosskapelle, Teile ihres Altars und 1558 den Taufstein – mit dem Moritzmonument auch die erste erhaltene Großplastik Dresdens.

Sieben Relieftafeln an der Brüstung der Loggia im ersten Obergeschoss berichten von den Kämpfen Josuas, zunächst Kundschafter der zwölf Stämme, dann Heerführer, später Nachfolger Mose. Als Allegorie auf Moritz als gerechten Feldherrn, der im Interesse seines Landes handelt und auch in seinen Kriegen den Pflichten eines Potentaten im göttlichen Auftrag nachkommt, werden die Josua-Darstellungen zur persönlichen Botschaft. Moritz nutzte die Berufung auf biblische Vorbilder als Bekenntnis und als an die Öffentlichkeit gerichtetes Zeugnis politischen Handlungswillens.

Loggia im Großen Schlosshof, nach Rekonstruktion

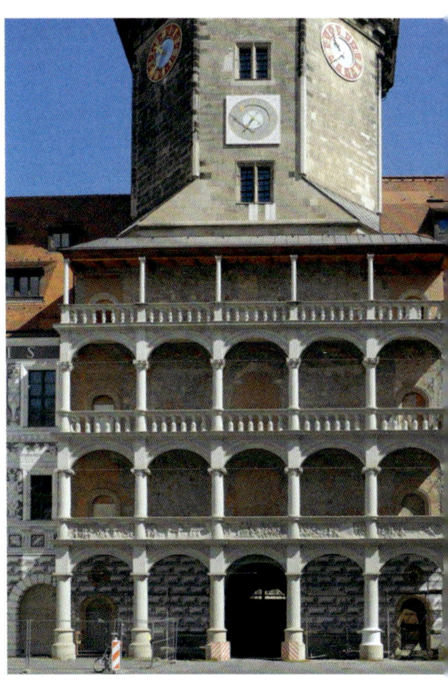

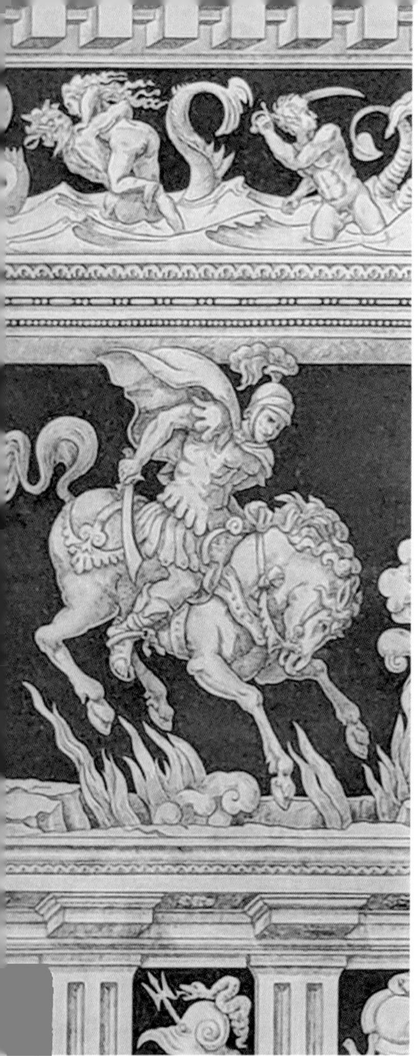

Sgraffito-Dekoration im **Großen Schlosshof**, östliche Nordseite: Marcus Curtius opfert sich samt Pferd, nachdem sich in Rom die Erde auftat

Die Darstellung beginnt an der westlichen Schmalseite der Loggia und entfaltet sich im Wesentlichen wie im alttestamentarischen Buch Josua 1–10. Dem Zug des israelischen Heeres durch den Fluss Jordan folgt die Eroberung Jerichos. Ausgewählt ist die Szene, in der sieben Priester siebenmal um Jericho ziehen und sieben Posaunen blasen. Hinter ihnen wird die Bundeslade getragen.

Die Schilderung der Ereignisse vollzieht sich in einem bühnengleichen Handlungsraum, in dem sich in mehreren Ebenen zahlreiche Figuren drängen. Dieses Relief verblieb als einziges aus der Zeit vor dem Umbau der Loggia, wenn auch nicht ohne Schäden. Die Sgraffito-Motive an Loggia und Altan sind von einem Tritonenfries einander bekämpfender Meeresungeheuer mit langen fischartigen Schwänzen umgeben. Er mutet stellenweise geradezu martialisch an. Messer und lange Schwerter kommen zum Einsatz, Haarschöpfe werden gepackt. Im Bauschmuck der groteskengeschmückten Postamente der nördlichen Wendelsteine vermengen sich antike und biblische Motive. Als Trägerfiguren seitlich der Portale finden sich manieristische Hermen, Adam und Eva ebenso wie – heidnisch-mystisch – Wilder Mann und Wilde Frau.

Die figuralen Sgraffiti zwischen den Fenstern im ersten und zweiten Obergeschoss zeigen römisch-antike Motive, die fürstliche Tugenden wie Mut, Tapferkeit und Gerechtigkeitssinn in spannende Bildfolgen kleiden. An der östlichen Nordfassade sind es – fortgesetzt an der Ostseite – Motive aus Titus Livius „Römischer Geschichte". So stürzt sich der Reiterheld Marcus Curtius als Opfer an die Götter samt Pferd in eine plötzlich entstandene Erdspalte mitten auf dem Forum Romanum. Tatsächlich verschloss sie sich danach und seine Mitbürger waren gerettet.

Lucretia – dargestellt im zweiten Obergeschoss – gilt als besonders schöne und zugleich tugendhafte Frau aus der mystischen römischen Frühzeit. Auch sie gerät in Fährnisse. Weitere Motive zeigen Romulus, wie er in der Frühzeit Roms mutig, entschlossen, aber auch bisweilen gewagt handelte. Als „guter Herrscher" und gerechter Richter – Vorbild von Moritz – präsentierte er sich dem Volk. Seine Geschichten werden im Uhrzeigersinn am Ostflügel fortgesetzt.

Maßgebliche Entwürfe wie für die Fresken und Sgraffiti stammen auch hier von Benedict und Gabriele di Tola aus Brescia, die andere italienische, deutsche und niederländische Künstler in die Arbeit einbezogen. Mit der Josua-Thematik, der Bekehrung des Paulus und der Anbetung des Christuskindes durch die Weisen wie auch die Huldigung der Königin von Saba für Salomo werden unter persönlichen, politischen und theologischen Aspekten Person und Amt des sächsischen Kurfürsten definiert. Die Loggia wird so zum künstlerischen und inhaltlichen Höhepunkt des Schlosshofes und seiner Dekoration.

Natürlich haben weder Moritz allein noch die italienischen Bildschöpfer – schon gar nicht im Dialog – das Bildprogramm inhaltlich konzipiert. Als Urheber kommen humanistische Gelehrte und Theologen in Betracht. Einiges weist direkt auf Philipp Melanchthon als Ideengeber hin. Melanchthon war ein echter *uomo universale* im Sinne der italienischen Renaissance. Ihm sähe die Komplexität der Dresdner Bildwelten im Großen Schlosshof ähnlich.

Ostflügel und Südflügel

Die Sgraffito-Dekorationen an Ost- und Südflügel setzen das Programm mit weiteren Bezügen zum Leben und Wirken Kurfürst Moritz als Feldherr und Staatslenker fort. Im ersten Obergeschoss des Ostflügels werden anknüpfend an die östliche Nordseite die Erzählungen um Romulus und die Gründungsjahre Roms weitergeführt. Themen sind der Raub der Sabinerinnen und zu guter Letzt die Einigung mit dem sabinischen König Titus Tatius, die in gemeinschaftlicher Herrschaft mit Romulus endete. Als Gründer und erster Fürst von Rom bewies er Weisheit und Mut und konnte so als Leitbild für Moritz gelesen werden. Wie der darüber bildhaft in Erinnerung gerufene römische Kriegsheld Scipio – und natürlich Moritz – handelte er unkonventionell und risikofreudig, alles in allem aber politisch klug.

Romulus und seine Gefährten litten unter dem Mangel an heiratsfähigen Frauen. Um dem abzuhelfen, lud Romulus Bewohner der benachbarten, meist sabinischen Siedlungen zu Spielen zu Ehren Neptuns ein. Mitten im Wettkampf stürzten sich die Römer auf die kaum bewaffneten Gäste und ergriffen alle unverheirateten Mädchen, derer sie habhaft werden konnten. Die Brüder und Väter schworen Rache. Als die Sabiner nach Jahresfrist mit einem Heer anrückten, um sich zu rächen, kamen die Frauen, einige mit Säuglingen auf dem Arm, auf das Schlachtfeld und flehten um die Beendigung des Kriegs, würden doch sonst Brüder und Väter gegen Ehemänner und Großeltern kämpfen. Ihre Bitten wurden erhört. Romulus und Titus Tatius reichten einander die Hand und beschlossen, gemeinschaftlich zu herrschen.

Die Darstellungen im ersten Obergeschoss des Ostflügels schließen mit dem Verrat der Tarpeia, einer vestalischen Jungfrau, an. Die Geschichte spielte noch vor Friedensschluss mit den Sabinern. Vestalinnen nahmen als Tempelpriesterinnen schon im frühen Rom eine besondere Stellung ein. So konnte Tarpeia – zugleich Tochter des Burgkommandanten auf dem Kapitol – ihre Stellung missbrauchen und den Sabinern Zugang zur befestigten Stadt verschaffen. Dafür sollte sie bekommen, „was die Sabiner am linken Arm trugen". Sie dachte dabei an Ringe und Armreifen. Doch die Sabiner dankten ihr das nicht und begruben sie unter ihren Schilden, die sie ebenfalls am linken Arm führten. Tarpeia fand einen grausamen Tod.

Im zweiten Obergeschoss stehen Szenen aus dem Leben des römischen Kriegshelden Scipio Maior Africanus im Fokus der Darstellung. Dessen Entscheidungen waren durch Großmut, Milde und Mäßigung gekennzeichnet und bestachen durch beherrschten Umgang mit seiner Macht.

Die Südfassade ist Gestalten und Geschichten aus dem Alten Testament der Bibel gewidmet. So finden wir, wie schon auf den Relieftafeln an der Loggia, Motive der Josua-Überlieferung wieder. Der biblische Kriegsheld gehörte zum Prototyp des guten Helden und *miles christianus*, des Streiters für gerechtes Christentum als der sich Moritz mit seinem Engagement für die Anerkennung Lutherischer Reformationsüberzeugungen sah. In vergleichbarer Rolle finden wir David, der im Südflügel in der Mitte des ersten Obergeschosses mit dem Haupt Goliaths zu sehen ist.

Im zweiten Obergeschoss des Südflügels ist im siebten Bildfeld das Wunder Mose dargestellt, wie er aus dem Felsen Wasser schlägt.

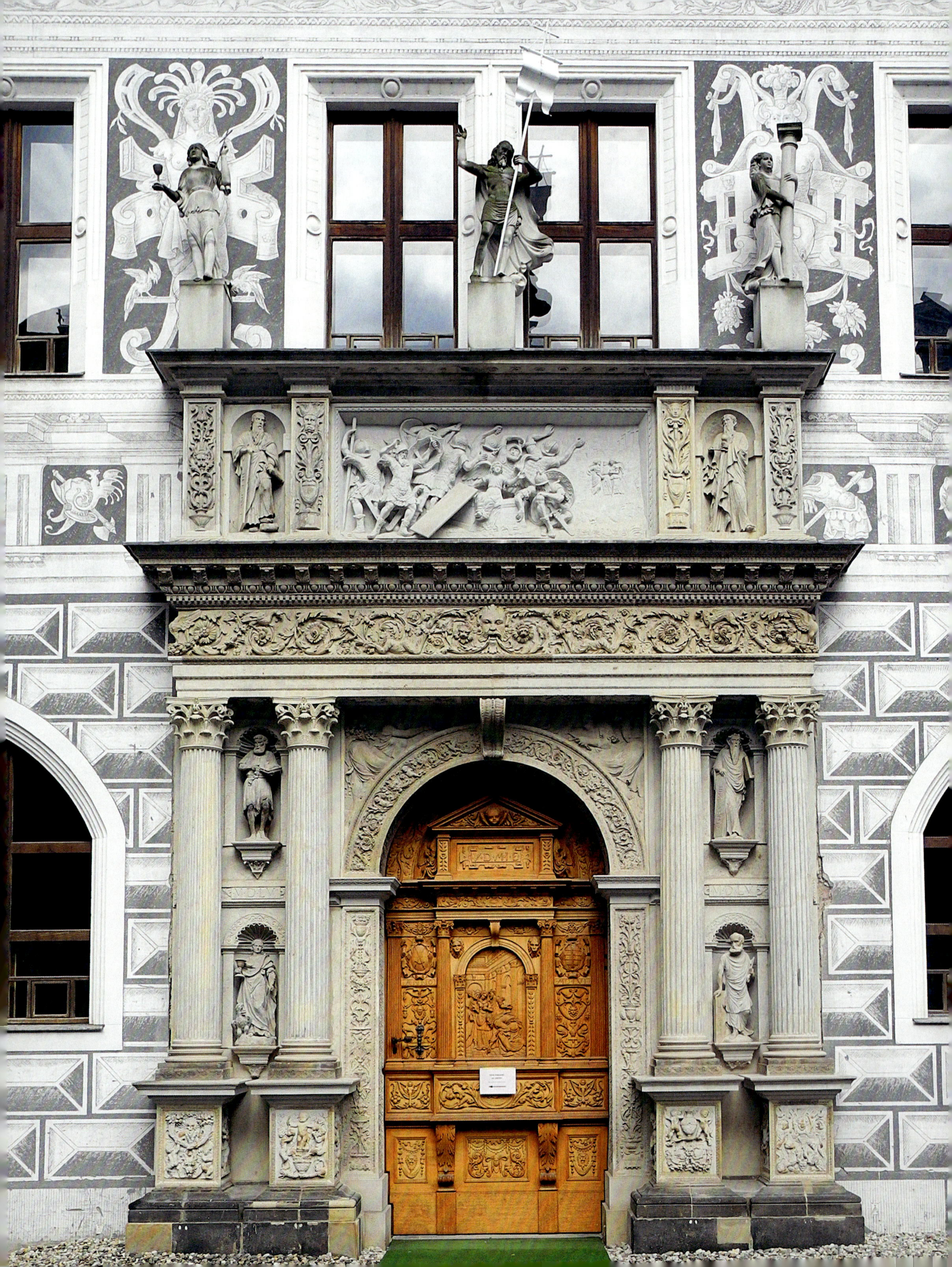

Die Schlosskapelle und ihr Renaissance-Portal

Stars unter den schönsten Skulpturen im wiederhergestellten Großen Schlosshof sind zweifellos jene am Portal der Schlosskapelle, auch Schützkapelle genannt. Diese Bezeichnung erhielt sie, als Heinrich Schütz mehr als vier Jahrzehnte in ihr gewirkt und fast sein gesamtes Werk frühbarocker Musik darin uraufgeführt hatte. Als Heinrich Schütz 1629 sechster Kapellmeister der 1548 gegründeten Churfürstlichen Cantorey wurde, war diese beinahe ebenso alt wie ihr Wirkungsort, die sakrale Stätte, nach der das Musikensemble bald nur noch Hofkapelle hieß. Heute spielt in ihrer Tradition manchmal hier die Sächsische Staatskapelle.

August der Starke im **Fürstenzug** am Dresdner Schloss →

Mit dem Abbruch des Westflügels des mittelalterlichen Burgschlosses war auch die Vorgängerkirche im dortigen Obergeschoss Vergangenheit und machte dem Neubau Platz, in dem ab 1550 die Wandpfeiler der nunmehr zweigeschossigen Schlosskirche entstanden. 1553 begann der Innenausbau.

Über eineinhalb Jahrhunderte war die evangelische Schlosskapelle nicht nur musikalisches, sondern auch geistiges Zentrum des neuen Kursachsens, bevor Friedrich August II. die Kapelle 1737 nach seiner Hochzeit mit Maria Josepha abreißen und neben dem Schloss die Katholische Hofkirche einrichten ließ. Zur neuen evangelischen Hofkirche wurde die Sophienkirche am Taschenberg bestimmt.

Das berühmte Renaissance-Portal aus dem Schlosshof, auch das Goldene oder Schöne Tor genannt, zog mit um. 1864 erhielt es an der Westseite des Johanneums zwischen Stallhof und Jüdenhof einen neuen Platz. Erst 2004 endete die Odyssee: Es steht nun wieder, teilweise ergänzt und prächtig restauriert, im Großen Schlosshof am Eingang zur Kapelle. Nur seine – von Benedetto di Tola entworfene – Eichentür mit dem Motiv Christus und die Ehebrecherin fand im Original Eingang in die Renaissance-Ausstellung des Georgenbaus. Dort sind auch das berühmte Taufbecken Hans Walthers II. und weitere sakrale Kunstwerke dieser Epoche zu bewundern.

Das Portal der Schützkapelle wurde wiederhergestellt, ebenso die umgebenden Sgraffito-Dekorationen ←

Das Portal der Schlosskapelle, in einer Inschrift 1555 datiert, folgt dem Vorbild antiker Triumphbögen und verrät eine andere italienische Handschrift als die der di Tolas. Angelica Dülberg fand heraus, dass es die Giovanni Maria Aostallis war, der zuvor am Belvedere in Prag gearbeitet hatte und gemeinsam mit zwei Söhnen und weiteren vier italienischen Bauleuten noch von Kurfürst Moritz nach Dresden berufen wurde. Er schuf den Gesamtentwurf des edlen Portals samt vieler Details, darunter ein filigraner Akanthusfries. Zugleich wies er die deutsche Bildhauergruppe um Hans Walther II. ein, die bald mit dem italienischen Gestus vertraut war. Unvergleichlich Walthers Moses- wie auch die Petrusfigur am Kapellenportal.

Mit ihrem spätgotischen Schlingrippen- und Schleifensterngewölbe erhielt die Schlosskapelle 2013 ein weiteres Wahrzeichen zurück. Dass der Baumeister Paul Speck aus dem Erzgebirge so spät im 16. Jahrhundert noch so aufwendige gotische Gewölbeformen in dem Renaissancebau bevorzugte, liegt nicht nur an deren Festlichkeit, sondern auch schlicht im Brandschutz begründet.

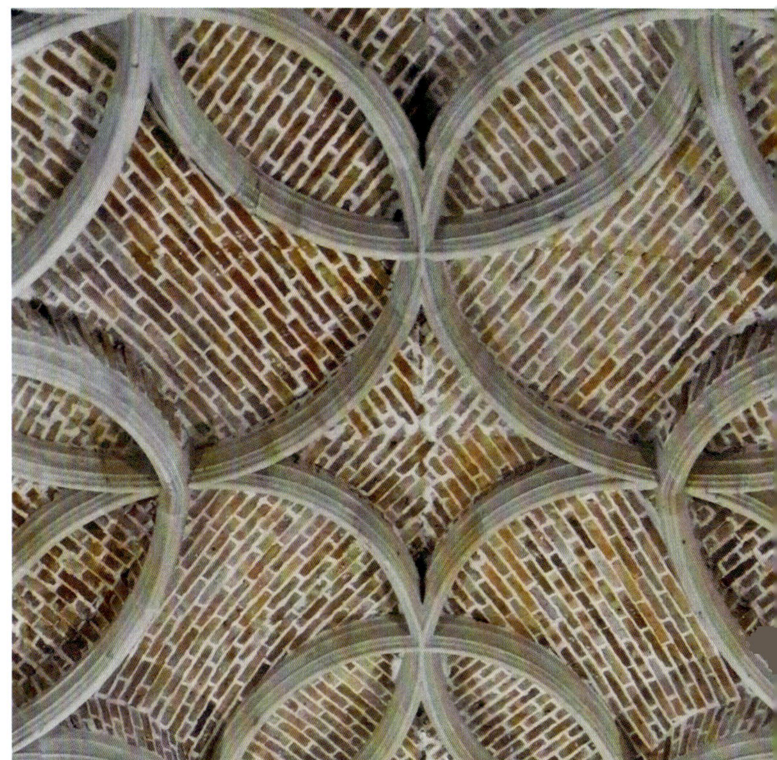

Schlingrippen- und Schleifensterngewölbe der **Schlosskapelle** – Gotik und Renaissance ineinander übergreifend

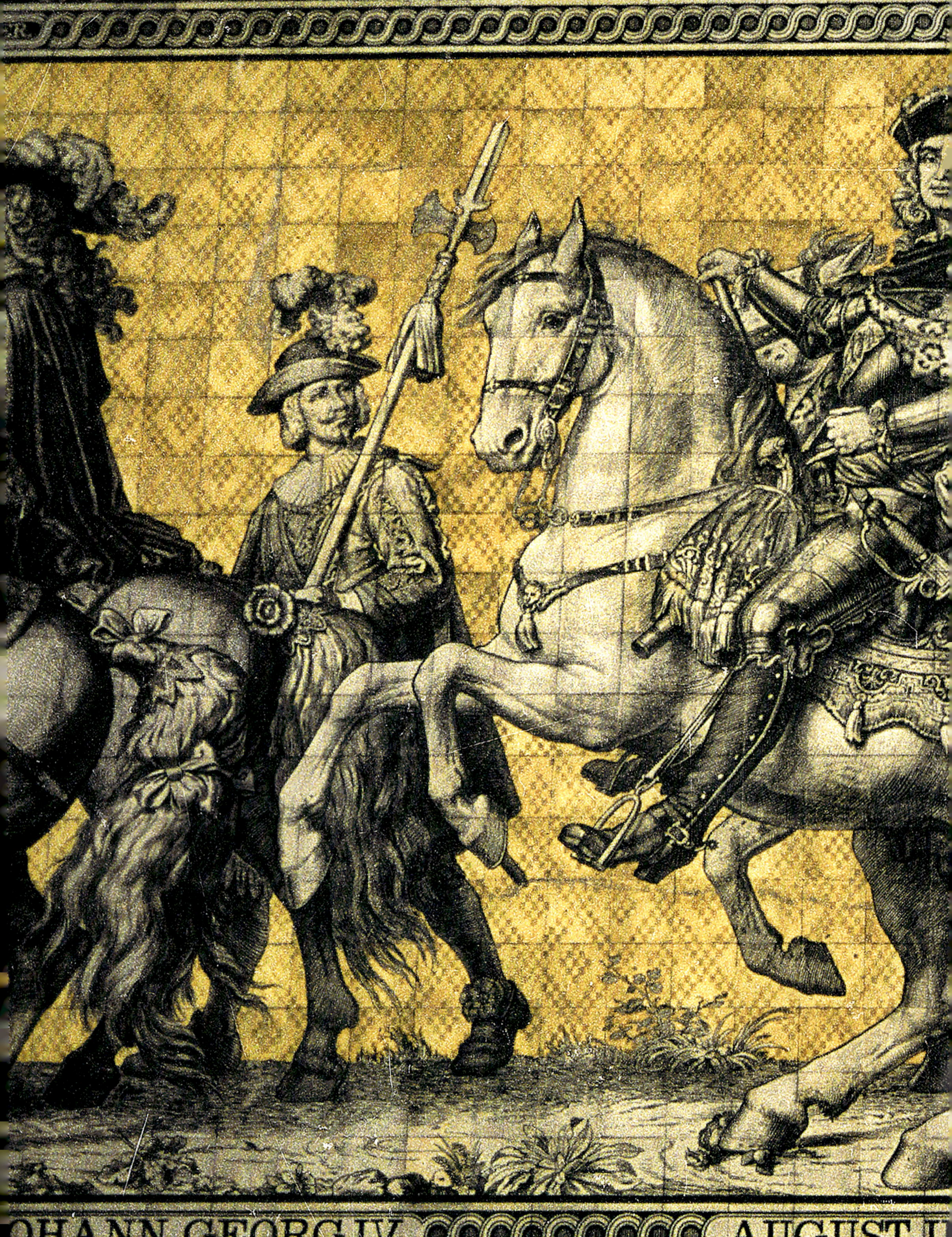
OHANN GEORG IV.
AUGUST I

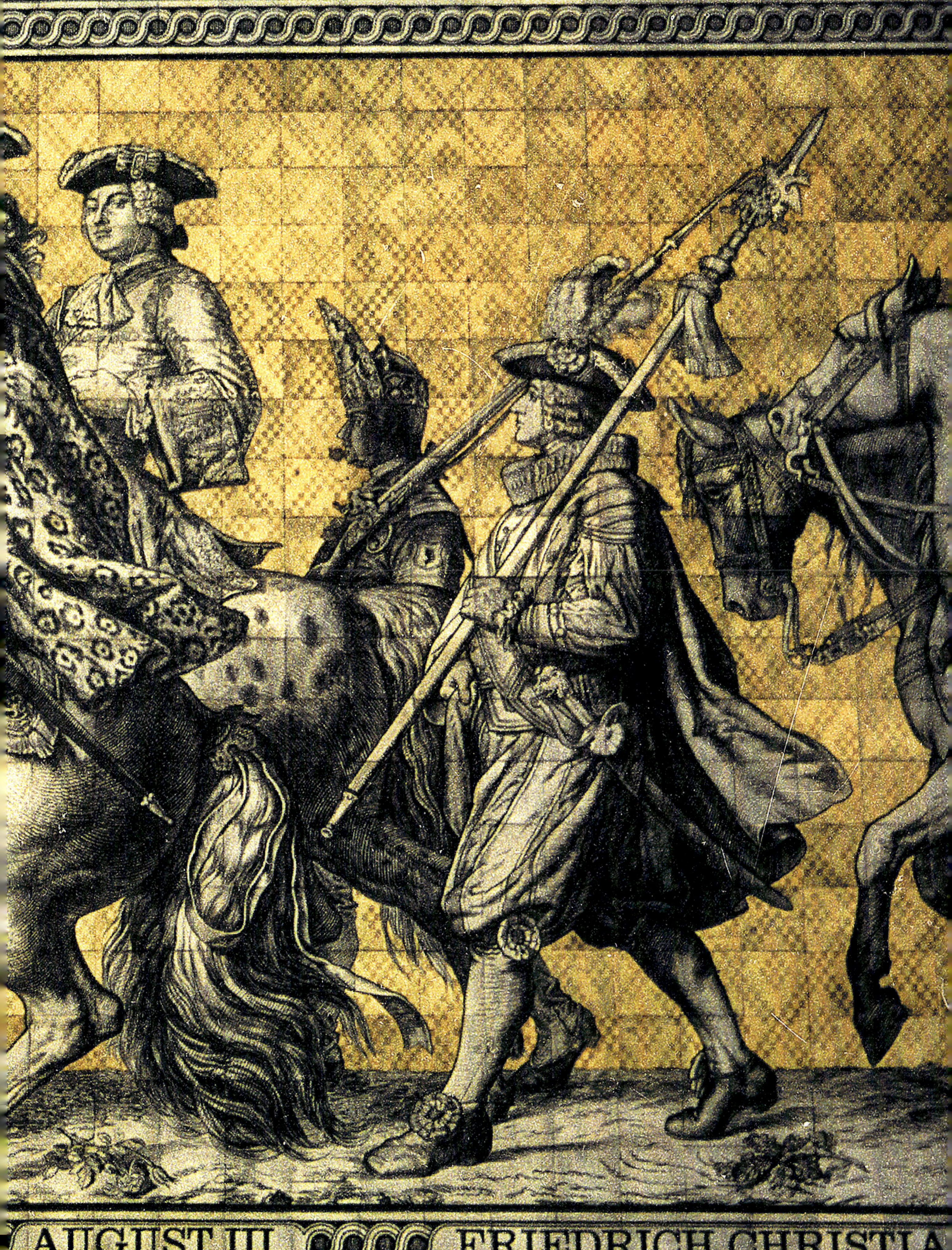
AUGUST III.
FRIEDRICH CHRISTIA

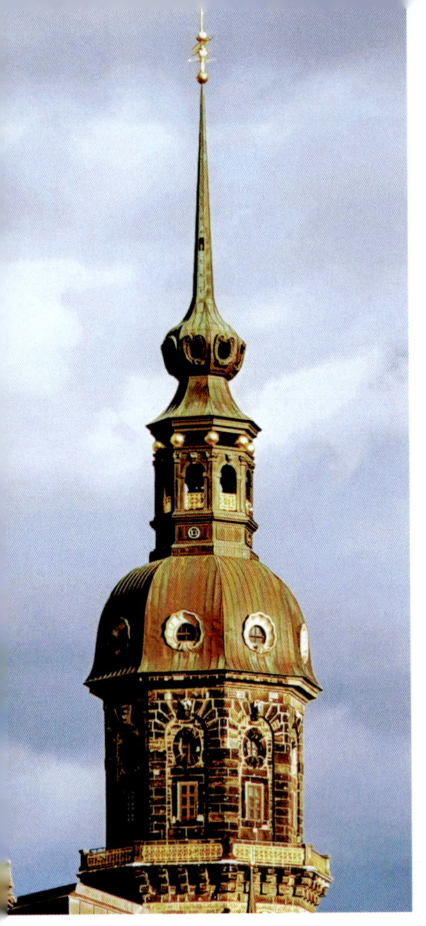

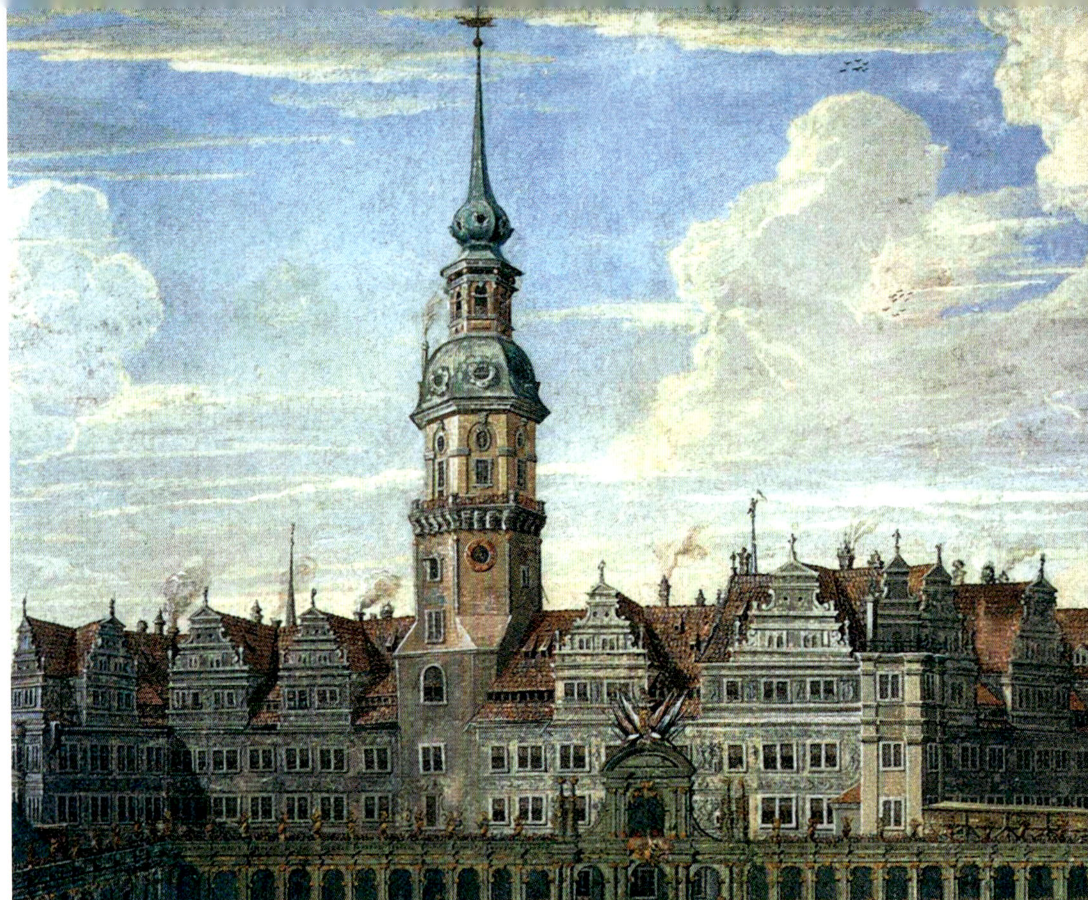

Der Schlossturm und ein Spaziergang zu Fürstenzug und Stallhof

Noch im 14. Jahrhundert begann aus dem Kastell am Brückenkopf die gotische Fürstenburg mit dem Hausmannsturm als neu errichtetem Hauptturm der herzoglichen Residenz heranzuwachsen, dem mächtigsten wettinischen Herrschaftssymbol jener Zeit.

Während der spätgotische Westflügel, dessen Fundamente unter dem heutigen Großen Schlosshof liegen, und sämtliche Treppentürme abgebrochen wurden, konnten Teile des Ostflügels mit Schössereiturm, das Torhaus im Süden und der gesamte östliche Nordflügel mit dem damaligen Hausmannsturm in die Schlosserweiterung einbezogen werden. Damit wurde aus dem Eckturm der Mittelturm des nun doppelt so langen Nordflügels.

Die Bezeichnung Hausmannsturm leitet sich davon ab, dass ein Türmer ihn ständig besetzt hielt und auch bewohnte. 1674–76 erhöhte der Architekt Wolf Caspar Klengel den Turm um 35 Meter in barocken Formen. Der achteckige Aufbau erhielt wiederum eine nun mit Kupfer gedeckte „Welsche Haube“ und eine offene Laterne samt Turmspitz und Wetterfahne. Seine Höhe wuchs auf knapp über 100 Meter.

Bis die katholische Hofkirche einige Jahrzehnte später gebaut wurde, war das Schloss im Norden von Gräben und Fortifikationen des Festungszwingers umgeben. Heute führt dort eine schmale, doch vielbegangene Gasse zwischen Schloss und Hofkirche unter einem von drei „sagenumwobenen“ Verbindungsgängen hindurch, die das Schloss mit Nachbargebäuden verknüpfen.

Die schmale Straße trägt den Namen von Gaetano Chiaveri, dem römischen Architekten der Hofkirche, seit 1980 Kathedrale des Bistums Dresden-Meißen. Zwischen Schloss und Hofkirche wird der barock anmutende Übergang nach dem Vorbild in Venedig im Volksmund „Seufzerbrücke“ genannt. Doch entstand er erst während des Schlossumbaus Ende des 19. Jahrhunderts.

Geheime Brückenwege
Viele Sagen ranken sich um die Brücken der Dresdner Residenz. Die „Seufzerbrücke“ wurde erst während der letzten größeren Schlosserweiterung (1889–1901) gebaut. Aber sie hatte eine Vorgängerin. Diese verband schon in barocker Zeit das Schloss mit der Hofkirche. Älter – und verschwiegener – ist der Übergang vom Georgenbau zum Stallgebäude: der Lange Gang. Aus dem Langen Gang kommend durchschritten die Gäste Kurfürst Christians I. ab 1586 den 100 Meter langen hölzernen Gang unter 86 bemalten Deckenkassetten, so wie er 2020 nach vier Jahren Restaurierungsarbeit wiedererstand. Im Stallhofgebäude Christians des I. angekommen, führte der Weg weiter in die Schlittenkammer, die vom Hof aus über eine noch heute vorhandene Auffahrt zu erreichen war. →

Spazieren wir nun unter der Seufzerbrücke hindurch, an der Hofkirche entlang, die ohne Zweifel historisch zum Schlosskomplex gehört. In ihrer Bauzeit 1739–54, in kirchenpolitisch schwieriger Situation, wurde sie in Erweiterungsplänen als „gewisser Bau“ und „Schlossausbau“ bezeichnet.

Der große Vermittler zwischen Polen und Sachsen, Jacob Heinrich Graf von Flemming, stellte den Kontakt zu dem in Rom geborenen Architekten Gaetano Chiaveri her, der seit 1727 in Warschau wirkte. In enger Abstimmung mit dem geistigen Berater der kurfürstlich-königlichen Familie, dem Jesuiten-Pater Ignatius Guarini, wurde das theologische Programm des Kirchenbaus konzipiert.

1751 wurde die Hofkirche Sanctissimae Trinitatis, der Heiligsten Dreifaltigkeit, geweiht. Die königliche Familie verfolgte die Messe aus einer offenen Empore in Altarnähe. Der römisch anmutende feingliedrige Barockkörper der Kirche ist mit dem Chor nicht nach Osten ausgerichtet, sondern – in größtmögliche Nähe zum Schloss in den Flussbogen komponiert – weist Richtung Südwest. Ein Geheimnis der Dresdner Silhouette.

78 Statuen des im Veneto geborenen Bildhauers Lorenzo Mattielli, der lange Zeit in Wien tätig war, stellen neben den Aposteln Evangelisten und Kirchenväter dar. Dazu kommen Heilige, die mit Sachsen, Böhmen, Polen und dem Jesuitenorden verbunden sind, sowie am Turm die Allegorien Glaube, Liebe, Hoffnung und Gerechtigkeit. Im Inneren, das auch nach dem Wiederaufbau wie zur Weihe 1751 unvollendet ausgeschmückt blieb, befinden sich des ungeachtet so großartige Kunstwerke wie die Barockkanzel Balthasar Permosers und das Altargemälde Christi Himmelfahrt von Anton Raphael Mengs.

Die Krypta beherbergt nach dem Petersberg, Nossen, Meißen und Freiberg die letzte Gruft der Wettiner mit 49 Sarkophagen sowie die Bischofsgruft. Das Herz Augusts des Starken liegt in einer Kapsel in der Stifterkrypta. In der barock ausgestatteten St.-Benno-Kapelle wird die Mitra des Meißnischen Landesheiligen als Reliquie verehrt. Seit 1980 ist die Hofkirche als Sitz des Bischofs von Dresden und Meißen zur Kathedrale erhoben.

→ Urmutter aller „geheimen Gänge“ im Schlosskomplex war allerdings im 16. Jahrhundert die Direktverbindung zum Komödienhaus. Dieser Brückenweg führte über zwölf Doppelsäulen durch den Schlossgarten und war in gewissem Sinne Vorgänger des später vom Schloss zum Taschenbergpalais führenden „Coselgangs“. Im 18. Jahrhundert entstand ein neuer Brückenweg vom Residenzschloss zum Zwinger, der die katholische Hofkapelle mit dem Pöppelmann'schen Opernhaus im Zwinger und dieses mit dem Prinzenpalais verband. Von dessen Wohngemächern ging der Coselgang zum Residenzschloss. Die Brücke überquerte die Straße, die heute den Namen Taschenberg trägt, und wurde bei der großen Schlosserweiterung ab 1889 durch die gegenwärtige Brücke ersetzt.

Unser Spaziergang durch und um das Residenzschloss mit seinen Höfen und Nebenbauwerken führt nun zum Georgentor und auf den Schlossplatz, wo ein Denkmal des ersten sächsischen Königs Friedrich August I. steht. Er war 63 Jahre lang Regent, von 1763 als Kurfürst und ab 1806 bis zu seinem Tod 1827 als König. Im Volksmund „der große Sitzenbleiber“ genannt, da er als einziger Wettiner in Dresden sitzend und nicht als Reiterfigur dargestellt ist.

Vom Georgentor geht es auf der Augustusstraße am Fürstenzug entlang. Er ist die gemalte Ahnengalerie der Wettiner Markgrafen, Herzöge, Kurfürsten und Könige zwischen 1123 und 1904. 102 Meter lang stellt der Fürstenzug einen riesigen Wandteppich dar – eine Tapisserie aus 23 000 Fliesen von feinstem Meißner Porzellan. Eine Fliese misst genau 20,5 mal 20,5 Zentimeter. Der auf dem Wandteppich künstlerisch dargestellte Lichteinfall kommt von oben links, sichtbar am Schatten der Befestigungen, die den Teppich zu halten scheinen. 38 große und 999 kleine Quasten zieren in unregelmäßigen Abständen das Kunstwerk.

Die **neue Turmbekrönung** ← wurde Anfang Oktober 1991 aufgesetzt

Wolf Caspar Klengels Turm überragte das nun barock weiterentwickelte Schloss

Die Verbindung zum Komödienhaus – Urmutter aller Brückenwege am Dresdner Schloss in einer historischen Darstellung

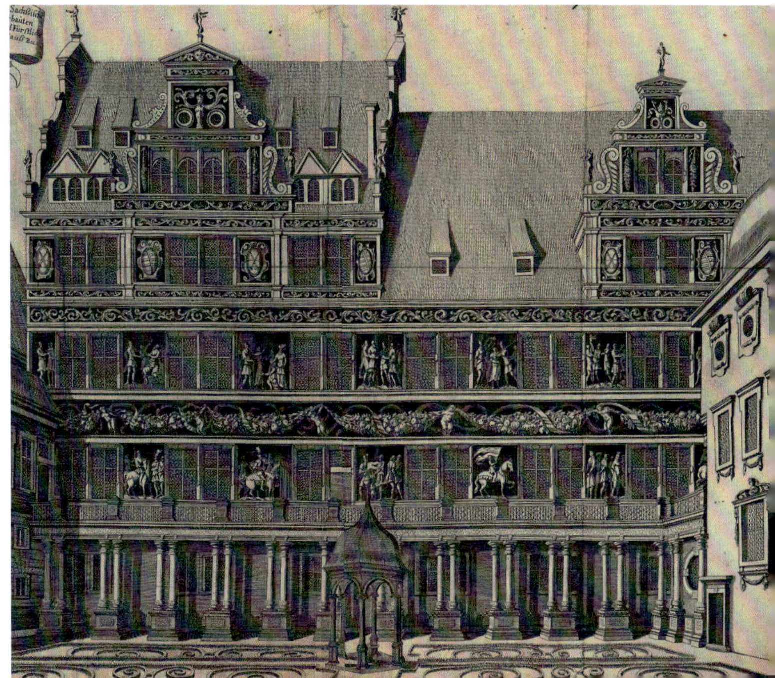

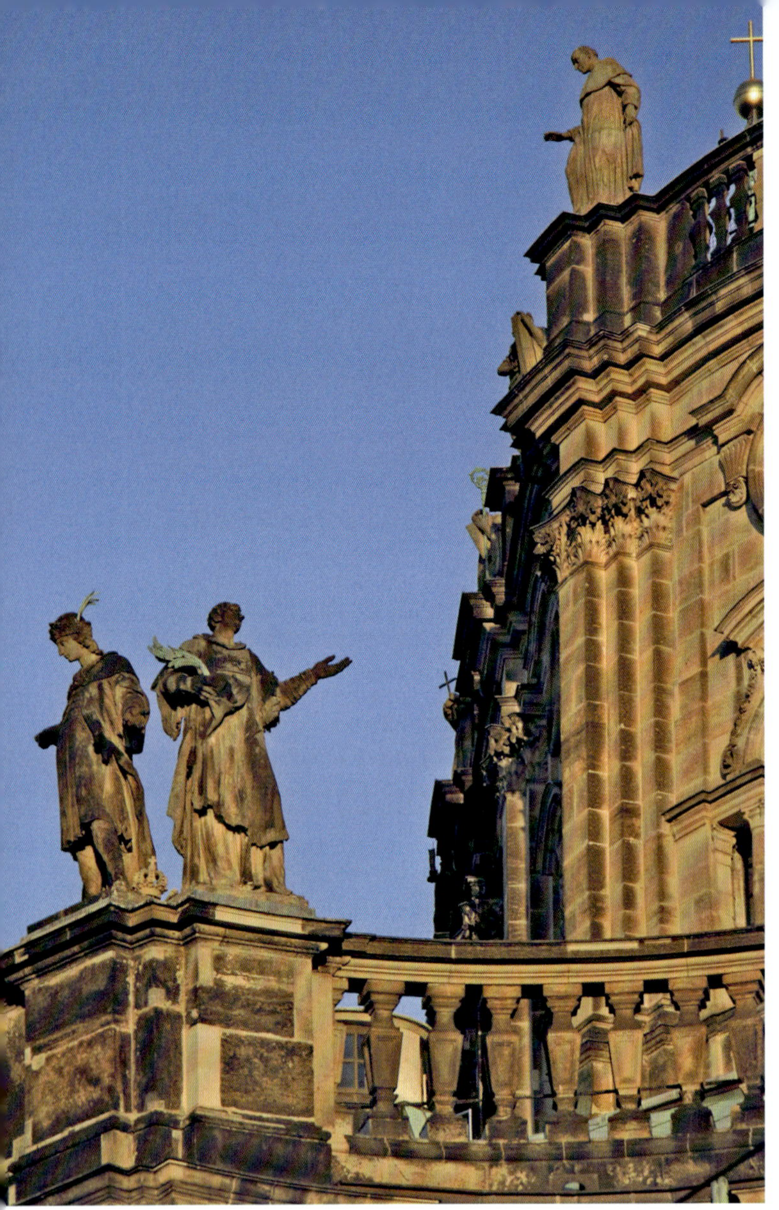

„Tanzende Heilige", Märtyrerskulpturen Lorenzo Mattiellis auf Dresdens Kathedrale

Bemerkenswert ist der Reichtum der Motive neben den 94 dargestellten Personen – 34 davon Regenten. Hinter König Albert wurde vorausschauend dessen Bruder Georg aufgeführt – Albert und Carola hatten keine Kinder, und so würde der jüngere Bruder ihm nachfolgen. Nur die Regierungszeit stand noch nicht fest und wurde frei gelassen. Die letzte Reitergruppe repräsentiert die fünf Waffengattungen der sächsischen Armee.

45 der Dargestellten reiten, 49 gehen zu Fuß, darunter nur ein weibliches Wesen. Von einem Herren sieht man nur den Hut. Insgesamt sind 59 Wissenschaftler, Künstler, Handwerker, Soldaten, Kinder und Bauern dargestellt. Ganz am Schluss, mit schwarzem Melonenhut, hat sich der Erschaffer des Fürstenzugs, Historienmaler Wilhelm Walther, selbst verewigt.

Am Fuß gemalter Säulen sind Köpfe jeweils eines Bären, Ebers, Elches, Fuchses, Wolfs sowie eines Fischadlers mit ihrer Beute gestaltet. Im Zierrahmen ranken sich verschiedene Blüten, Blätter und Früchte wie Disteln, Eichensetzlinge und Eichenzweige. Der Rote Fingerhut ist ein Symbol des bevorstehenden Todes, das Maiglöckchen der Genesung, der Liebe und Mariens, Löwenzahn steht für magische Kraft, das Maßliebchen für Sanftmut, Klee als Symbol der Heiligen Dreifaltigkeit. Eine Rosenblüte liegt auf dem Weg unter dem Huf des Pferdes von August dem Starken – ist es die Lutherrose oder das Symbol seiner Liebe zur Gräfin Cosel? Daran scheiden sich die Geister. 45 Vögel und 9 Schmetterlinge sind beinahe naturgetreu abgebildet. 10,51 Meter hoch, nimmt das Wandbild fast 1000 Quadratmeter ein.

Der „Vorgänger" des Fürstenzugs stammte aus dem 16. Jahrhundert und bestand aus Kalkfarbenmalerei, die jedoch nicht sehr beständig war. Zum 800. Jahrestag der Belehnung des Hauses Wettin mit dem Gebiet an der oberen Mittelelbe entwarf Walther die Ahnengalerie, inspiriert vom Triumphzug des Kaisers Maximilian im Großen Saal des Nürnberger Rathauses. 1873–76 im Sgraffito-Stil nach dem Beispiel der Renaissancedekorationen am Dresdner Schloss ausgeführt, zeigte das Wandbild zum Jubiläum 1889 schon erste Verwitterungsspuren und wurde 1904–07 in Meißen auf Porzellanfliesen übertragen. Davon mussten nach Kriegsschäden lediglich 442 restauriert und 212 fast vollständig erneuert werden. Das Besondere am Dresdner Fürstenzug ist, dass Wilhelm Walther damit eine „Modenschau der Jahrhunderte", ein wahres Bildmagazin der Kostüm- und Waffenkunde schuf, das zugleich über Pflanzenallegorien und zahlreiche weitere Anspielungen Bezug zu den Regenten und ihrem Wirken nimmt.

→ Spaziergang vom Großen Schlosshof unter der Seufzerbrücke hindurch, vorbei an Hofkirche und Fürstenzug, durch den Stallhof und unter dem Georgenbau hindurch zum Löwenportal

Ist der Fürstenzug die äußere Wanddekoration unterhalb des Langen Ganges, so finden wir das Innere des Stallhofs mit Sgraffito-Dekorationen im Stil des 16. Jahrhunderts verziert, wenn auch als Grisaille-Malereien etwas weniger aufwendig ausgeführt.

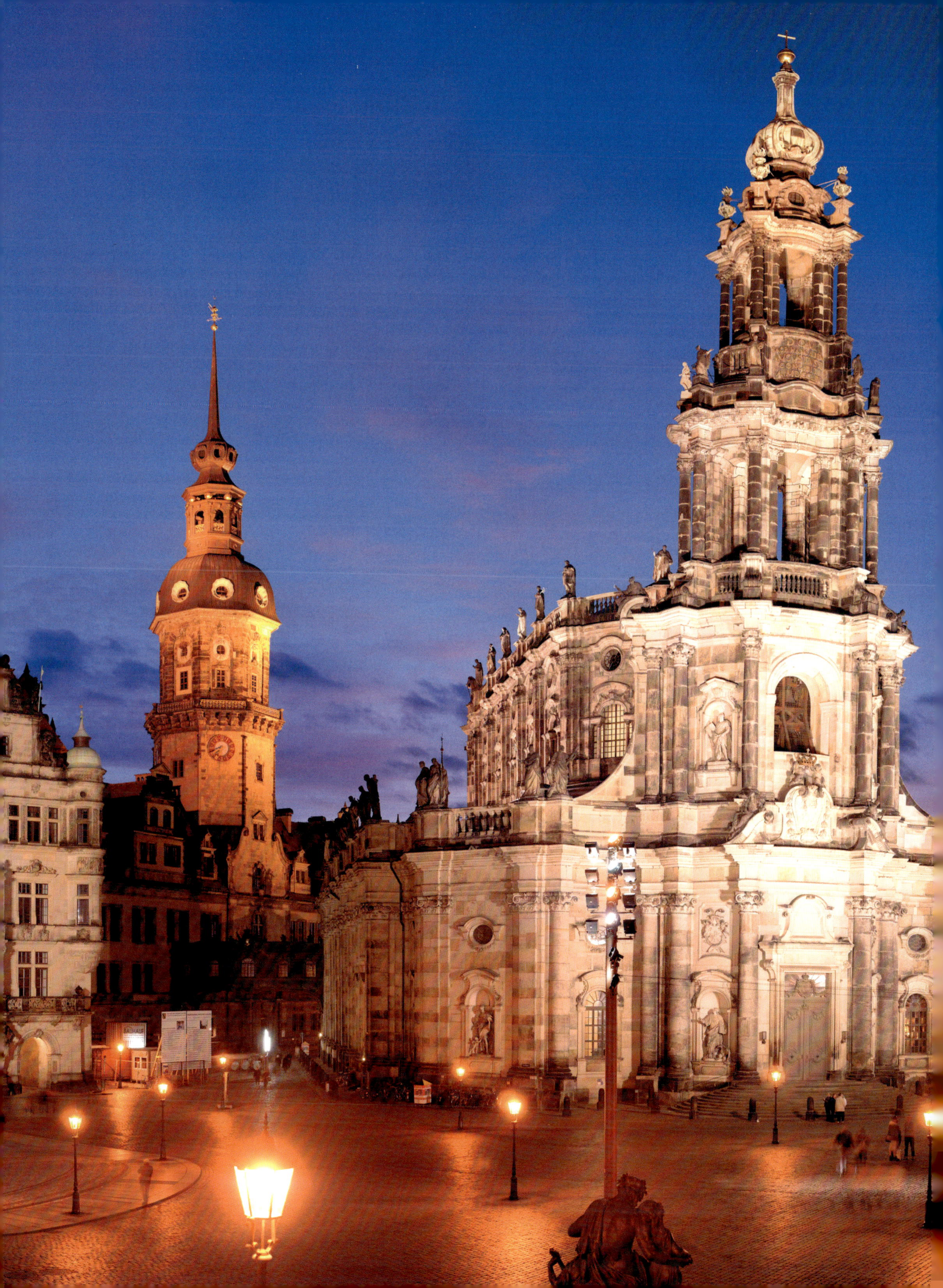

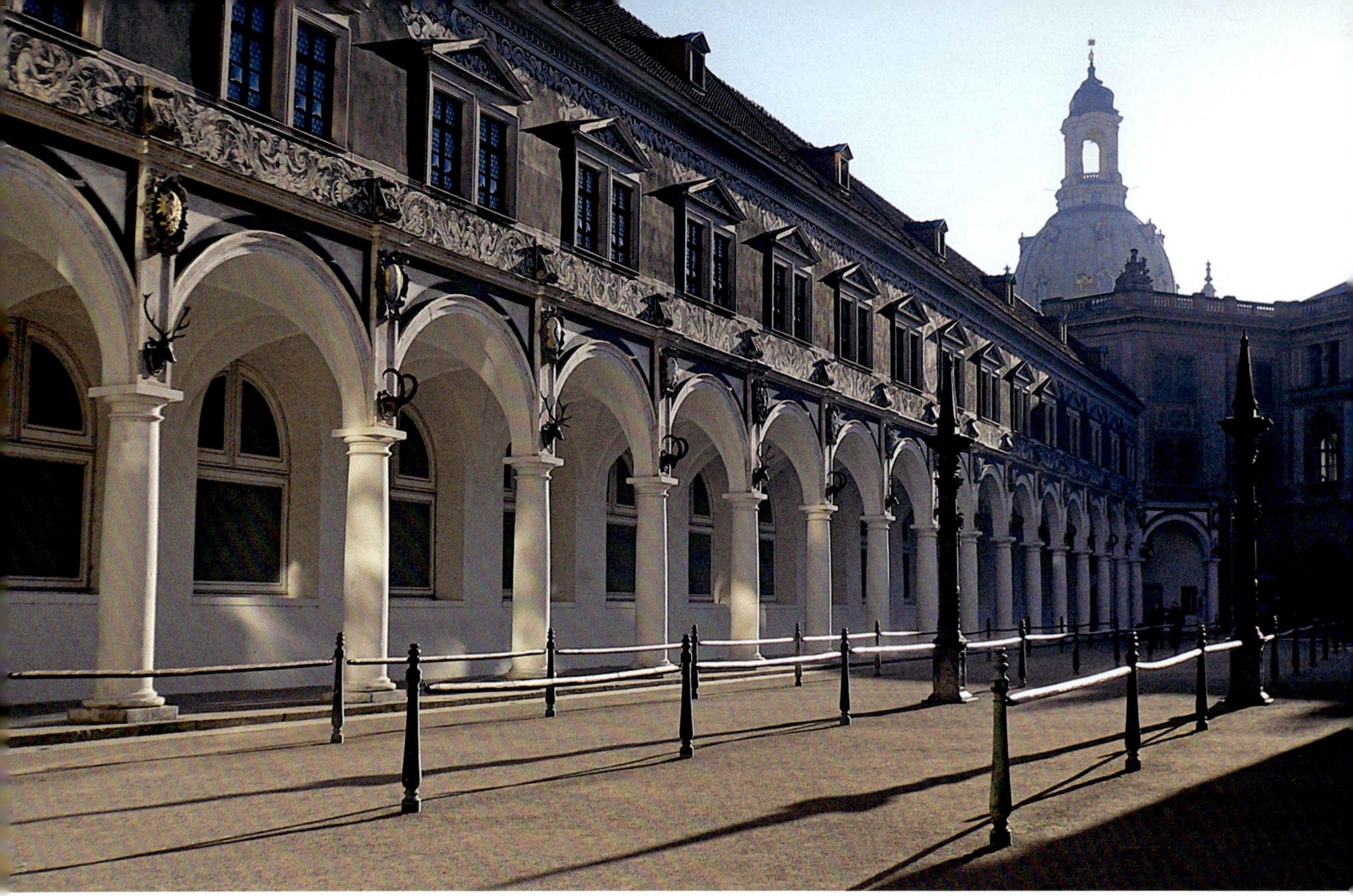

Im **Stallhof** wurde die Turnierbahn aus dem 16. Jahrhundert rekonstruiert

Im Hof befindet sich noch immer ein vollständig erhaltener Turnierplatz aus dem 16. Jahrhundert, der damit als einer der ältesten am ursprünglichen Ort ist. Sogar die bronzenen Ringstechsäulen für das beliebte mittelalterliche Turnier sind noch vorhanden. Und auch die achteckige Pferdeschwemme samt wasserspeiendem Widderkopf. Ein Relief am Johanneum, wie das Stallhofgebäude seit dem 19. Jahrhundert heißt, zeigt einen Ritter mit Lanze. In der Mitte zählt eine Sonnenuhr mit Monatsangaben und Tierkreiszeichen wohl die schönsten Stunden nur.

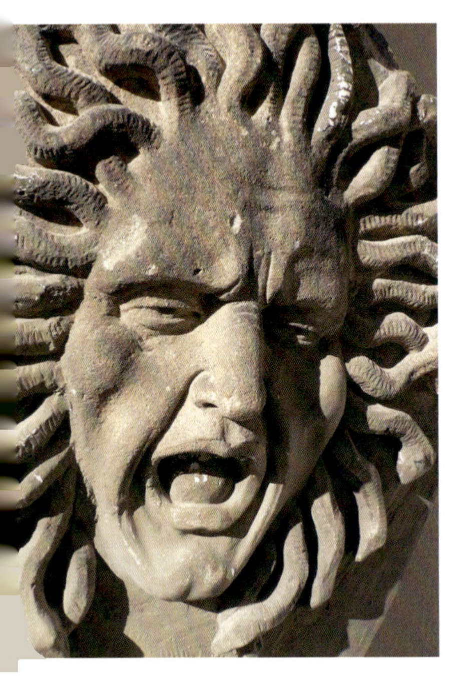

Südlich schließt sich der – wiedererrichtete – Renaissancekomplex des Kanzleihauses an. Der Sitz der kurfürstlichen Kanzlei beherbergte zugleich die Hofbuchdruckerei von Mathes Stöckel. Später zog die Hofapotheke vom Taschenberg mit Lagern und Laboratorien ein. Im Keller sind noch Reste mittelalterlicher Bausubstanz erhalten.

Mit Erhebung der Katholischen Hofkirche zur Kathedrale 1980 wurden Bischofssitz, Domkapitel und Bistumsverwaltung nach Dresden verlegt. Genau 19 Jahre später konnte das rekonstruierte Kanzleihaus als Haus der Kathedrale mit Gemeindezentrum und Sitz sowohl von Bischof wie Domkapitel eingeweiht werden. Am Kanzleihaus vorüber, gelangen wir auf der Schlossstraße – der ehemaligen Elbgasse – zum Haupteingang des Schlosses, dem Löwenportal. Links am Giebel gegenüber sehen wir die überlebensgroße Figur des Landbaumeisters Matthäus Daniel Pöppelmann. In seinem etwa an dieser Stelle einst befindlichen Atelier schuf er – meist in Zusammenarbeit mit Innenarchitekt Baron Le Plat – maßgebliche Entwürfe für die Paraderäume des Dresdner Schlosses, die Ausgestaltung des Grünen Gewölbes zur Schatz- und Wunderkammer und für den Dresdner Zwinger.

Das Torhaus: Zugang zum Reich des Kurfürsten und – der Kunstwerke

Als dominantestes Gestaltungselement tritt das markante Torhaus aus der Fassade hervor, das schon 1589–90 vom Baumeister Paul Buchner errichtet wurde, um den Besuchern Eintritt in das Reich kurfürstlicher Repräsentanz zu gewähren. Dahinter öffnet sich der Kleine Schlosshof.

Das Portal ist mit Rustika verziert und formt sich aus einem Rundbogen mit je zwei flankierenden Halbsäulen dorischer Ordnung. Auf den Säulen sitzt ein Architrav mit Fries auf. Dieser ist reich mit einander abwechselnden Triglyphen und Löwenköpfen bestückt. Dabei ist jeder Löwenkopf individuell gearbeitet. Mäuler, Gesichtsausdrücke, nicht zuletzt durch unterschiedliche Pupillenstellungen, unterscheiden sich und prägen die Physiognomie verschieden gelaunter Herrscher. Eine gute Schule, wenn man zum Fürst gerufen wurde.

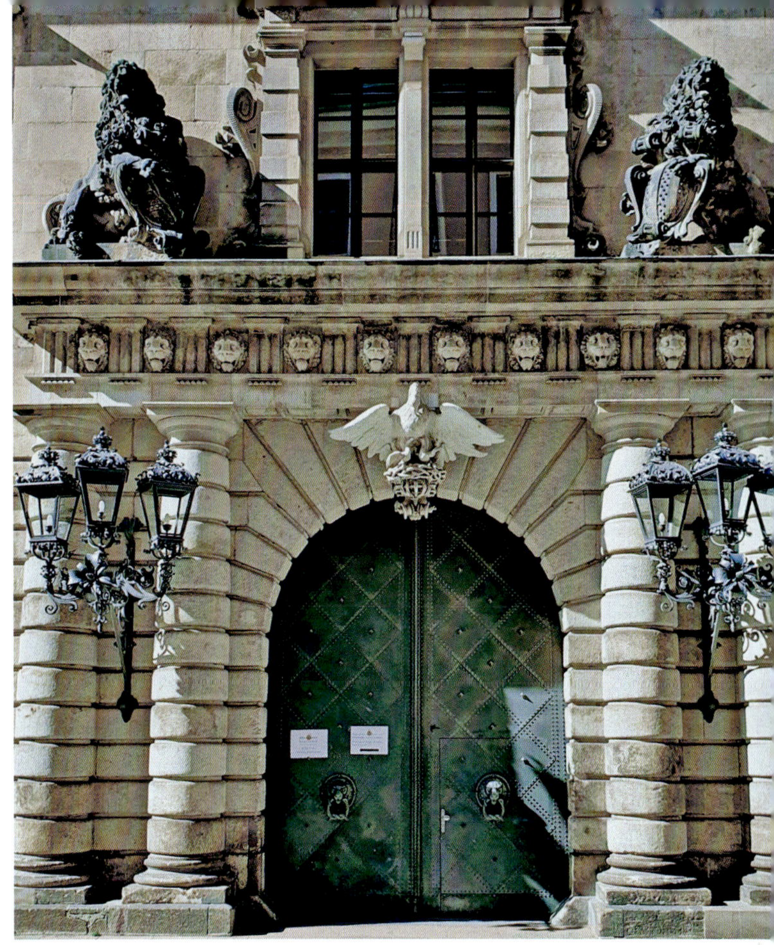

Das Löwenportal – der Haupteingang ins Residenzschloss durch den Kleinen Schlosshof

Als Schlussstein thront ein steinerner Pelikan über dem Portal. Sein Nest ist die Dornenkrone Christi. Er füttert seine hungrige Nachkommenschaft mit dem eigenen Leib und Blut – ein Sinnbild für Christus, der sein Leben für die Sünden der Menschen opferte. Symbolisch steht das Gleichnis am Schlossportal für die gute Herrschaft und den Großmut des Kurfürsten, der sein Wirken dem Recht und dem Volk verpflichtete. Auf dem Gebälk thronen heute zwei Wappen haltende Löwen, machen dem Namen des Tores alle Ehre. Kunstschmiede stellten die je 400 Kilogramm schweren großen Kandelaber für das Löwenportal des Dresdner Schlosses wieder her, die als Kriegsschäden verloren gegangen waren.

Kellerräume des Ostflügels beherbergen bis heute einige frühgotische Mauerreste aus der Zeit um 1230, als das Adelsgeschlecht der Dohnins hier ansässig wurde. Eines ihrer Häuser verfügte über eine 4 Meter hohe Kellerhalle mit verputzten Wänden, Lehmstampfboden und Kreuzgratgewölben. Portalelemente, Ofenreste und andere Relikte jenes Baus künden bis heute von den Anfängen der Schlossgeschichte. Hier entsteht eine repräsentative Schau zur Historie des magischen Ortes. Frühe Gewölbe als die einzig erhaltenen ihrer Art im historischen Stadtkern sind wertvolle Zeitzeugen. Im Erdgeschoss lagen Hofstube und Küche. Heute sind die Kassen nicht weit, und es geht hinein in die Sammlungen mit ihren Kunstwerken.

Die Sonnenmaske Augusts des Starken in Sandstein gearbeitet ←

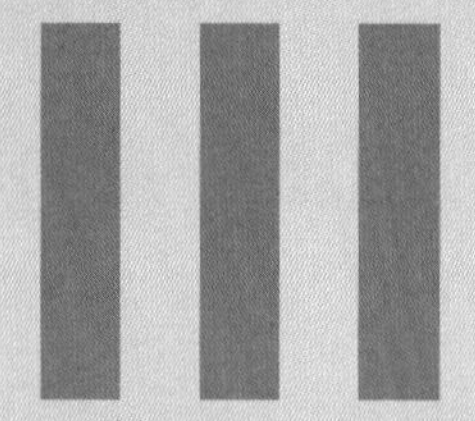

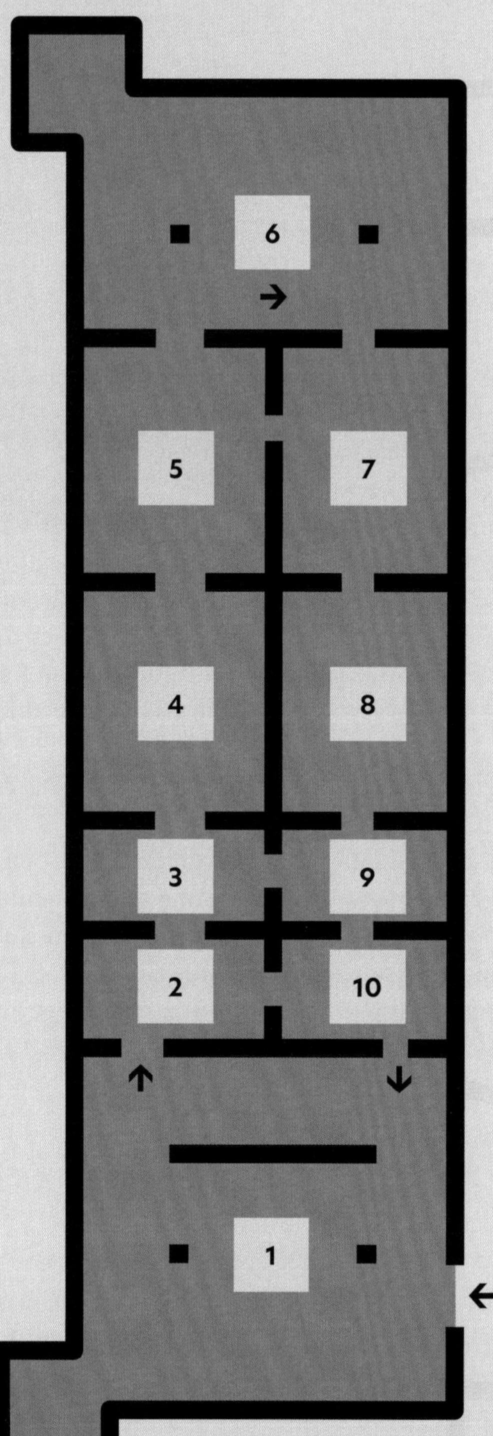

LEGENDE
1 Vorgewölbe und Eckkabinett mit Lutherstube
2 Bernsteinkabinett
3 Elfenbeinzimmer
4 Weißsilberzimmer
5 Silbervergoldetes Zimmer
6 Pretiosensaal
7 Wappenzimmer
8 Juwelenzimmer
9 Bronzezimmer
10 Raum der Renaissance-Bronzen

Westflügel
Erdgeschoss

DAS HISTORISCHE GRÜNE GEWÖLBE

Kurfürst Moritz hatte bei seinem großen Schlossumbau den neuen Westflügel anlegen lassen, der im Erdgeschoss die mit meterdicken Mauern geschützte *Geheime Verwahrung* barg. Kräftige Gewölbe reichen bis hinunter in die Kellerungen und stützen das Obergeschoss. Erst ab dem Sommer 1553, als Moritz verstarb, nahm das Schloss deutlich Gestalt an. Sein Bruder August ließ es unverzüglich weiterbauen. Insgesamt vier Räume sollten besonders wertvolle Stücke der ab 1560 eingerichteten Kunstkammer, Staatspapiere, Verträge, Edelsteine, Geschmeide, Gold- und Silberschätze aufnehmen. Eine in dickes Mauerwerk eingelassene Treppe führte in die darüberliegenden Wohnräume.

Gemeinsam mit Gemahlin Anna von Dänemark, die einen grünen Daumen hatte, liebte August das Praktische und Unprätentiöse. Er hatte viel Zeit im Erzgebirge verbracht, in Schloss Wolkenstein und später Augustusburg. Er verstand sich aufs Schnitzen, Hobeln und Drehen von gewundenen Säulen, Gefäßen, Bettpfosten und andere Holzarbeiten und war somit auch als Käufer und Auftraggeber ein Kenner bis ins Detail. Auf seiner damals hochmodernen Drechselbank fertigte er selbst Kunstwerke aus erlesenen duftenden Hölzern und sogar Elfenbein. 180 Objekte aus diesem sagenumwobenen Werkstoff zählte 1587 ein Inventar seiner Sammlung, das zugleich 8000 Handwerkszeuge, darunter viele Gartengeräte, im Bestand der Kunstkammer führte.

August ließ den Ecksaal der *Geheimen Verwahrung* – später unter August dem Starken der Pretiosensaal – zu einer gemütlichen und gern genutzten *sala terrana* ausbauen, einem Gartensaal zu ebener Erde, von dem aus man über eine noch heute vorhandene doppelläufige Freitreppe in die Gärten spazieren konnte. Anna waren die Kräuterbeete wichtig und August ließ Obstbäume bis hinaus in die Festungswerke pflanzen. Von diesen geschützt und doch im Grünen, wurde damals gefeiert. Porträts der Kurfürsten Moritz und August, Christian I. und II., von Johann Georg I. bis zum IV. und schließlich August des Starken und seines Sohnes künden bis heute im Ecksaal des Grünen Gewölbes von jenen Zeiten.

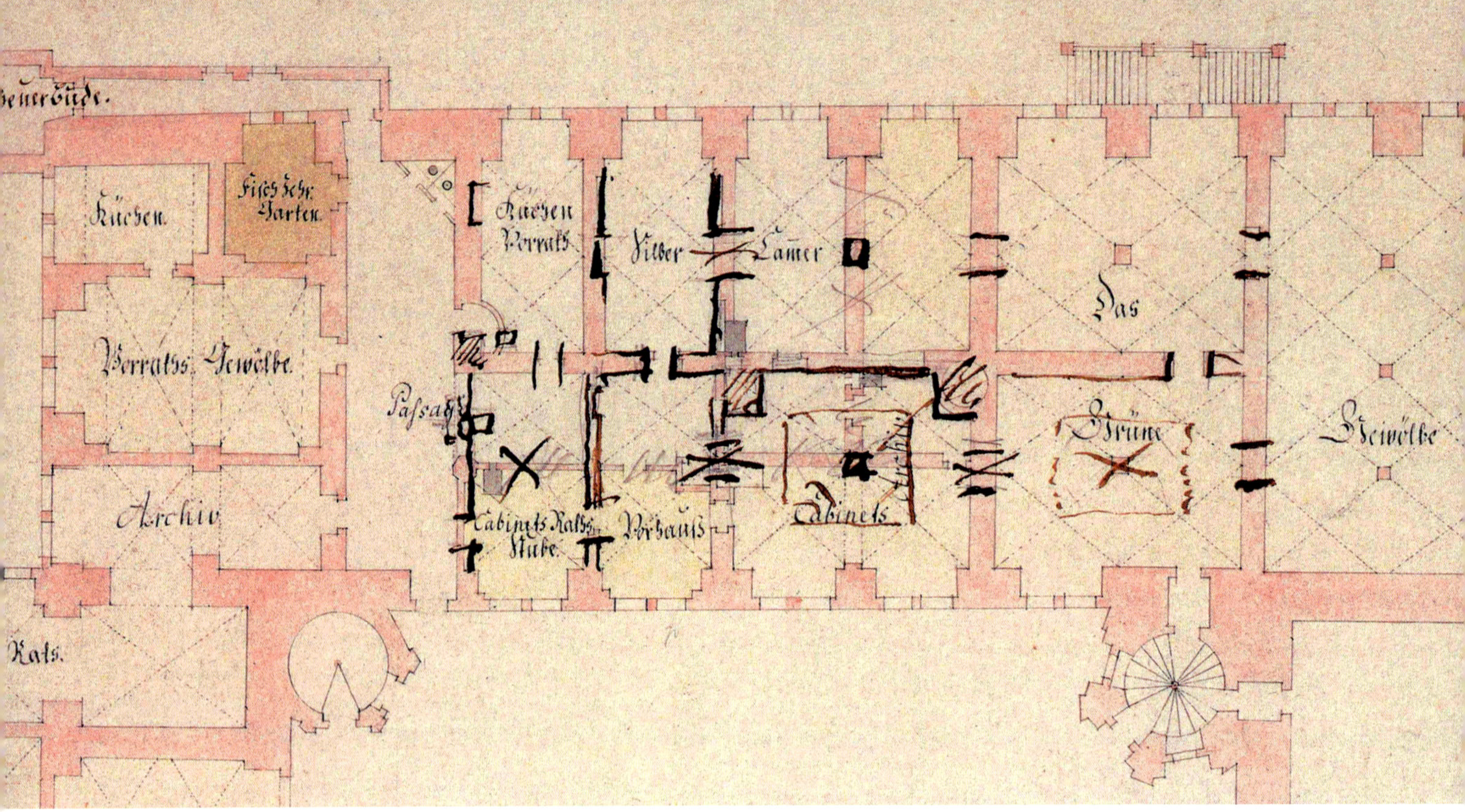

Grundriss Plan Grünes Gewölbe mit eigenhändigen Ergänzungen Augusts des Starken
Dresden 1727

Seine damalige Disposition á la jardin trug der *Geheimen Verwahrung* die grüne Ausmalung ein, die ihr später den Namen gab. Die Gewölbe waren mit – bis heute erhaltenen – feinen fruktualen und floralen Stuckaturen italienischer Kunsthandwerker dekoriert, Blütenrosetten und Rankenwerk. Gediegenes, edel gearbeitetes Mobiliar präsentierte zugleich Schätze und Kleinodien, aber auch manche Kuriosität. Die malachitgrüne Note des Farbanstrichs der Türgewände, Kapitelle und Säulenbasen führte zur Alltagsbezeichnung „Grünes Gewölbe", die erhalten blieb, als im Barock der Pretiosensaal entstand, ja, auf die darin präsentierte Sammlung von Kunstwerken überging.

August der Starke wandte sich nach der Hochzeit seines Sohnes mit Maria Josepha – die Paraderäume waren fertiggestellt – nicht ganz von ungefähr der Neuordnung und Präsentation seiner Kunstwerke zu. Die Idee eines öffentlich zugänglichen Kunstkammermuseums – adäquat dem Mathematisch-Physikalischen Salon im Zwinger für technische Errungenschaften – war ein zutiefst politisches Anliegen des Kurfürsten von Sachsen und Königs von Polen. Ziel war, Macht und Ansehen seines nach dem Vorbild von Ludwig XIV. von Frankreich absolutistisch geprägten Herrscherhauses zu stärken, aber auch die Wirtschaftskraft seines Landes anzukurbeln.

Ein Kunstkammer-Kabinett als Schaufenster verlieh nicht allein Prestige. Es repräsentierte zugleich die Leistungsfähigkeit von Kunst, Handwerk und Manufakturen, nicht zuletzt den Besitz schierer Mengen von edlen Metallen und Steinen, die zu gutem Teil aus eigenen Landen stammten. Ein solches Schaufenster hatte nachweisbar positive Wirkung auf Qualität und Exportfähigkeit sächsischer Produkte, angefangen von der Goldschmiedekunst über Juwelier- und Emaillierhandwerk, Schleifereien, Poliereien bis zu den Manufakturbetrieben.

Die Gründung eines Dresdner Schatzkammermuseums bereits 1723 war daher Teil einer lang geplanten und tiefgreifenden Reorganisation des Sammlungswesens in Tradition der Kammergründungen der Renaissancezeit. Im Barock, unter August dem Starken, entstanden aus der bis ins 19. Jahrhundert fortbestehenden Institution der Kunstkammer das Kupferstich-Kabinett, die Gemäldegalerie, die Porzellansammlung und der Mathematisch-Physikalische Salon – im Gefolge letztlich die heutigen Staatlichen Kunstsammlungen. In eigenhändiger Skizze entwarf August für Baumeister Matthäus Daniel Pöppelmann und Innenarchitekt Baron Le Plat ein Raumprogramm, das, ausgehend von der *Geheimen Verwahrung*, acht Säle für die Präsentation seiner Kunstschätze vorsah.

1723 und 1729 entstand eine Folge von Spiegelkabinetten, die eine ideale Präsenz der Meisterstücke ermöglichten und gleichzeitig ein sich dramaturgisch steigerndes Gesamtkunstwerk entstehen ließen. So schufen Pöppelmann und Le Plat eine *Raumfolge forcierter Wirkungen bis zu einem euphorischen Höhepunkt*. Sogar an ein retardierendes Element in Gestalt des Wappenzimmers vor Betreten des Juwelenkabinetts war gedacht. So kam es, dass der Betrachter trotz der Fülle des Gezeigten hellwach blieb und seine Sinne immer wieder geschärft wurden.

Neben Auswahl und Anordnung der Kunstwerke sind Qualität und Ausmaße der Verspiegelung der Räume Schlüssel zu diesem Erfolg. Nicht irgendein Spiegelglas wurde dazu verwendet, sondern ein mit Quecksilber amalgamiertes. Seit 1688 wurde dies nach italienischem Vorbild in Frankreich hergestellt – damals purer Luxus. August der Starke ließ nach Maßgabe des Spiegelsaals von Versailles einkaufen und produzieren. Bei Senftenberg entstand eine eigene Spiegelglashütte und in Dresden förderte er den Betrieb einer Schleif- und Poliermühle. Allein für den ersten Bauabschnitt des Grünen Gewölbes mit Silbervergoldetem Zimmer, Pretiosensaal und Eckkabinett wurden 16 644 Taler veranschlagt; 8478 Taler davon waren für die Spiegel fällig. Sie waren gut, teuer und oft genug mit dem Leben bezahlt. Wegen der Quecksilberdämpfe wurden Spiegelmacher damals nicht alt.

Das Grüne Gewölbe als erstes öffentlich zugängliches Museum für angewandte Kunst auf der Welt hat sein besonderes Geheimnis: die doppelte Dramaturgie. Sie besteht zum einen in der Auswahl und Zusammenstellung der über 3000 Kunstwerke – damals der umfangreichste Juwelenschatz Europas –, zum anderen in ihrer in sich gesteigerten Darstellung frei auf Konsolen prachtvoller Schauwände und Prunktischen. Der Rundgang führt durch die originalgetreu rekonstruierten Säle und erzählt einen barocken Roman in Geschichten und Episoden entlang extravaganter und begnadet erschaffener Kunstwerke. Von Raum zu Raum steigert sich der Anteil verspiegelter Flächen, die dieses Gesamtkunstwerk umso opulenter wirken lassen.

Schon die Namen der einzelnen Räume machen Appetit auf die ausgestellten Objekte: Vom Bernsteinkabinett geht es ins Elfenbeinzimmer und weiter ins Weißsilberzimmer, in das Silbervergoldete Zimmer; über 200 Quadratmeter nimmt der Pretiosensaal ein, in dem neben vergoldeten Gefäßen aus Edelsteinen und kostbaren Naturalien wie Straußeneier und Bergkristall die Porträts der Kurfürsten wie persönliche Gastgeber ihrer Zeitabschnitte wirken.

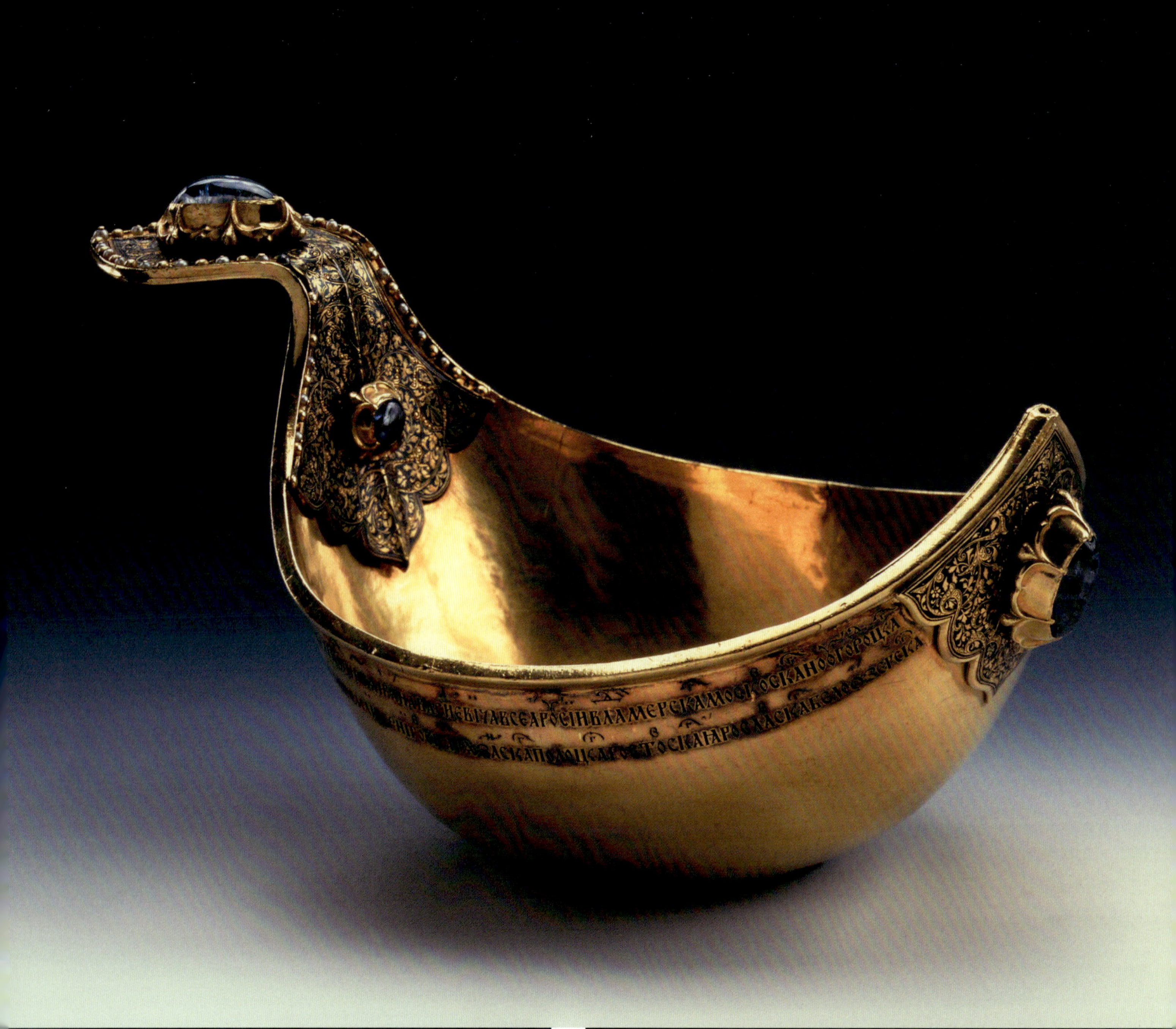

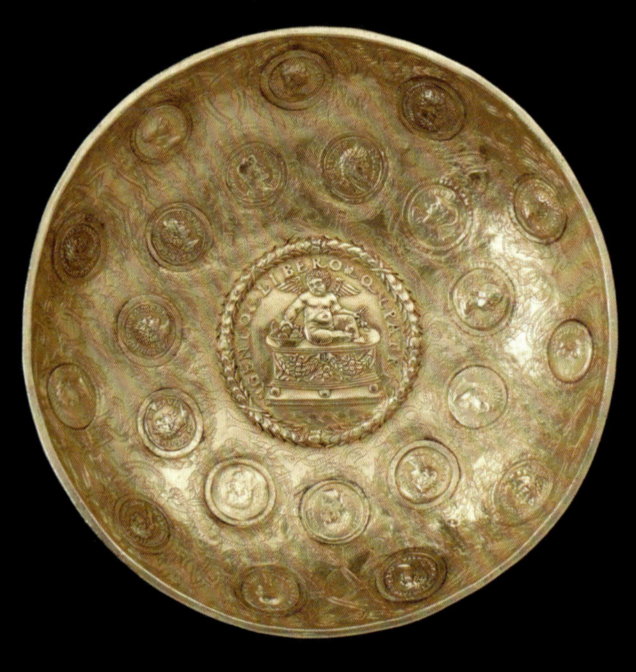

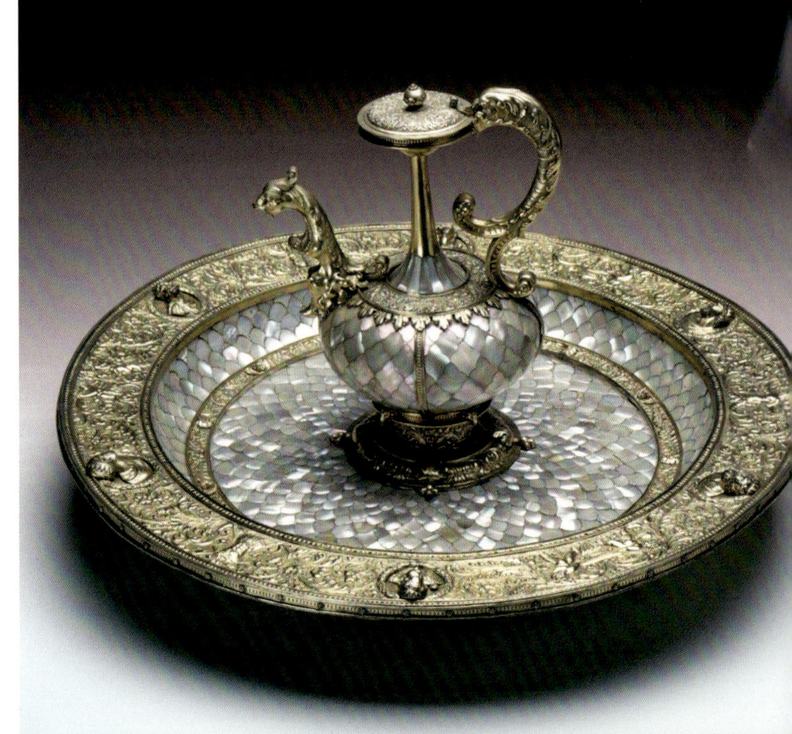

Vorgewölbe mit Luther-Kabinett

Bevor man das Bernsteinkabinett durch eine gläserne Schleuse betritt, ist es höchst unterhaltsam, sich unter den Schätzen des Vorgewölbes umzuschauen. Es sind bemerkenswerte Kunstwerke aus der Übergangsperiode vom gotischen Mittelalter in die frühe Renaissance, als in Sachsen Ideen des Humanismus und der Reformation reüssierten. Zu sehen sind unter anderem der Koffsch (von altrussisch: Schöpfkelle) Iwans des Schrecklichen, eine hinreißend 1563 in den Kremlwerkstätten zu Moskau gearbeitete, über ein Kilo schwere goldene Trinkschale. Vier Saphire, sechs Rubine, Perlen und eine dunkle Silberzier in einer alten Dekorationstechnik verraten den guten Geschmack des Erstbesitzers Iwan IV. Dessen Name *Iwan Grosny* müsste eigentlich als „der Gewittrige", „Jähzornige", übersetzt werden. Er stammte aus dem von Wikingern begründeten Geschlecht der Rurikiden. Die Erfahrung ständiger Angst und Lieblosigkeit in seiner Kindheit prägten Iwans misstrauischen, jähzornigen und rachsüchtigen Charakter. Der kunstsinnige und hochintelligente Schachspieler, der unter den psychischen Folgen seiner Kindheit litt, tat sich durch mehr als schreckliche Grausamkeiten hervor. Am 15. Februar 1563 nahm Iwan IV., der erste Großfürst von Moskau, der sich als russischer Zar inthronisieren ließ, das litauisch-polnische Polozk ein. Die wohlhabenden Kaufleute der Stadt, vom Frieden und fürstlicher Großmut abhängig, schenkten ihm einen Batzen Gold. Iwan ließ ihn zu diesem exotischen Kunstwerk umarbeiten. Für den Zaren war der Sieg ein Lichtblick in dem zermürbenden Krieg, den er zwischen 1561 und 1583 gegen Polen-Litauen führte; zu Beginn des 18. Jahrhunderts regiert von August dem Starken als polnisch-litauischem Herrscher. So mag die Schale als Präsent seines Freundes Zar Peters des Großen in die Schatzkammer gelangt sein: Die frühen Russen holten sich einen Wikinger als Zaren; die Polen und Litauer einen Sachsen, um eigenen Streitigkeiten aus dem Weg zu gehen.

Zu den Stars des Eingangsgewölbes gehört eine dicht mit Perlmutterplättchen bedeckte Kanne und das zugehörige Prunkbecken aus Gujarat in Indien. Portugiesische Händler brachten sie nach Europa, wo ein Goldschmied in Nürnberg oder schon in Antwerpen um 1540 die Garnitur für den Geschmack damaliger Höfe fasste. In Silber getrieben, gegossen, zisiliert, punziert und vergoldet besteht die Kanne im Kern aus Kupfer. Kunstvoll wurde ihr ein Halsstück mit einem schnabelförmigen Ausguss übergestülpt, dazu ein volutengeschmückter Griff und ein geschwungenes Piedestal anmontiert. Das geschah bei allen ergänzten Teilen durch Spangen und verband unaufdringlich manieristisch-europäische mit indischer Gefäßtradition.

Perlmutter, kurz Perlmutt, wird von Schnecken, Muscheln und Kopffüßern gebildet, um ihre weichen Körperteile zu schützen. Chitinkerne mit Proteinen führen zu unterschiedlichen Lichtreflexionen. Bewegt man Perlmutter im Licht, verändert sich die Reflexion – es irisiert. So entsteht ein „überirdisches" Glänzen und Schimmern, dem schon in steinzeitlichen Kulturen kultische Bedeutung zukam. Die wegen ihrer Herkunft und ihrer feinen Verarbeitung geschätzte Garnitur soll von den Wettiner Besitzern als Taufbecken genutzt worden sein – einen schriftlichen Beleg dafür gibt es nicht.

„Künste und Wissenschaften blühen, es ist eine Lust zu leben", begeisterte sich Augustin Kesenbrot. Der Probst und um 1500 wohl mächtigste Beamte Ungarns nannte eine bemerkenswerte Trinkschale sein eigen: Gold und 22 römische Münzen (darunter einige Nachgüsse), in der etwas erhabenen Mitte eine große goldene, einseitig gegos-

Koffsch des Zaren Iwan des Schrecklichen ←
Kremlwerkstätten Moskau, nach 1563, Gold, Niello, 4 Saphire, 6 Rubine, Perlen

Trinkschale des Augustin Kesenbrot
Süddeutschland, 1508, Gold, 22 römische Münzen

Perlmuttbecken mit Kanne
Gujarat (Indien), 16. Jahrhundert, Goldschmiedearbeiten Nicolaus Schmidt, Nürnberg, um 1592–94, Holzkern, Perlmutterblättchen, Schneckengehäuse, Silber, vergoldet

sene und überarbeitete Medaille machen sie zu einem Unikat. Von einem aufgesetzten Lorbeerkranz umfasst, sitzt in einem Relief auf einem sarkophagähnlichen zylindrischen und mit Girlanden umwundenen Sockel ein Genius neben einer Schale voller Trauben. Eingravierte Lorbeerkränze, gefülltes Bandelwerk und Reliefs mit Palmette, Füllhörnern, Masken, Akanthusranken und Rollwerk sind erste Merkmale der Renaissanceornamentik.

Auf der gegenüberliegenden Seite des Vorgewölbes, bereits in die Richtung des Bernsteinkabinetts, fallen solch urige Kunstwerke wie das *Horn eines Auerochsen*, um 1500 in Island gefertigt, aber auch *Trinkhörner als Greifenklauen* in den Blick. Insgesamt acht der altertümlichen Trinkgefäße gelangten über die Jahrhunderte in die Dresdner Kunstkammer und von dort im 19. Jahrhundert ins Grüne Gewölbe. Ihre romantisierende Bezeichnung als Greifenklauen liegt im ungewöhnlichen Material sowie ihrer Form und Größe begründet.

Im oktogonalen Turmzimmer an der Südwestecke des Vorgewölbes ist ein „Luther-Kabinett" eingerichtet. Hier sind der Mundbecher und der Siegelring des Reformators sowie eine Bibel im Taschenformat ausgestellt, die König Gustav Adolf von Schweden gehörte, dem großen Förderer der Reformation. Diese Stücke korrespondieren mit den meisterlichen Bibelreliefs des Riemenschneider-Schülers Peter Dell.

Luthers Siegelring ist mit seinem Wappen versehen: ein Kreuz inmitten eines Herzens, umschlossen von einer Rose und – zum Zwecke des Siegeleindrückens – sein spiegelverkehrtes Monogramm. Die Luther-Rose ist in einen ovalen Karneol geschnitten und in Gold gefasst. Das Vorbild für dieses Siegel, das der Reformator seit dem Spätsommer des Jahres 1530 führte, ist dem Löwen- und Papageien-Fenster der Augustinerkirche gleichnamigen Klosters in Erfurt entlehnt, in das Luther 1505 eingetreten war. In Form eines goldenen Siegelrings wurde die Lutherrose im Sommer 1530 im Auftrag des Kurprinzen und späteren Kurfürsten von Sachsen Johann Friedrich des Großmütigen für Martin Luther in einer Augsburger Goldschmiede angefertigt. Der Reformator musste während des Reichstages zu Augsburg aus Sicherheitsgründen in der zum wettinischen Teil Frankens gehörenden Veste Coburg zurückbleiben. Allerdings hatte der Prinz vergessen, dass Luther zwar einen ähnlich großen Finger hatte, aber als Nichtadeliger keine Handschuh' trug. Auf der Rückreise vom Reichstag nach Kursachsen überreichte der Kurprinz Luther am 14. September 1530 den kostbaren Siegelring als Geschenk. Luther freute sich über die Geste, konnte den Ring aber nicht recht anziehen. Schon am Tag darauf berichtete er seinem Freund Melanchthon in einem Brief von der fürstlichen Gabe: Der Ring sei ihm „alsbald vom Daumen auf die Erde gefallen, denn er ist etwas zu weit und groß an meinem Finger", sei aber ein Merkzeichen seiner Theologie.

Nach dem Tod Luthers gehörte der Ring zu seinem Nachlass und kam in den Besitz seiner Frau Katharina von Bora, die das Erbe unter ihren vier verbliebenen Kindern aufteilte. Luthers Urenkel, der Wurzener Stiftungsrat Johann Martin Luther, schenkte den Ring 1652 Kurfürst Johann Georg I. Der Urgroßvater Augusts des Starken trug den Ring dann tatsächlich – passgerecht über dem Handschuh –, sogar noch auf seinem Totenbett 1656, bevor das wertvolle Stück in die Kunstkammer fand.

Der Deckelbecher des Reformators ist ebenfalls süddeutscher Provenienz und wurde 1540 in Silber getrieben und vergoldet. Um 1540 wurde er dem Geistlichen von dessen Freund und Mitstreiter, dem Wittenberger Theologen und Probst Justus Jonas, geschenkt. Dessen Wappen ziert eine kleine Medaille auf dem Deckelknauf.

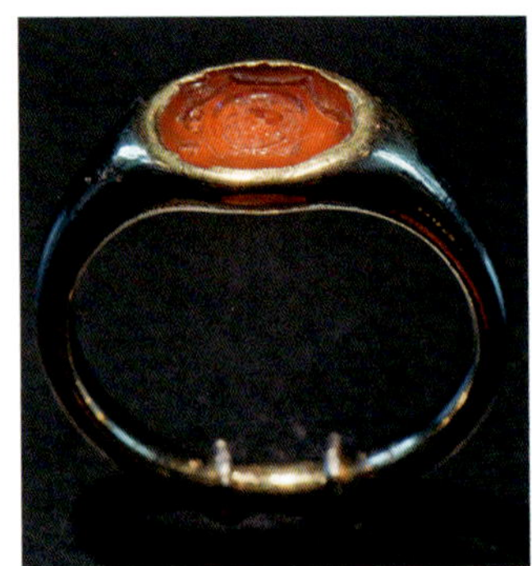

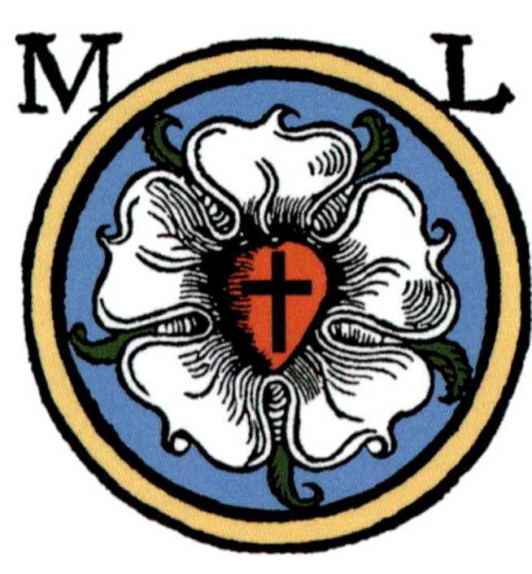

Siegelring von Martin Luther
Süddeutschland, 1530, Gold mit geschliffenem Karneol

Lutherrose
das Wappen des Reformators

→ **Bernsteinkassette**
auf dem Deckel ein Liebespaar mit Putto, Danzig, um 1675–80, Bernstein verschiedener Varietäten, Elfenbein, Nadelholz, Papier, Kupfer, Messing, versilbert

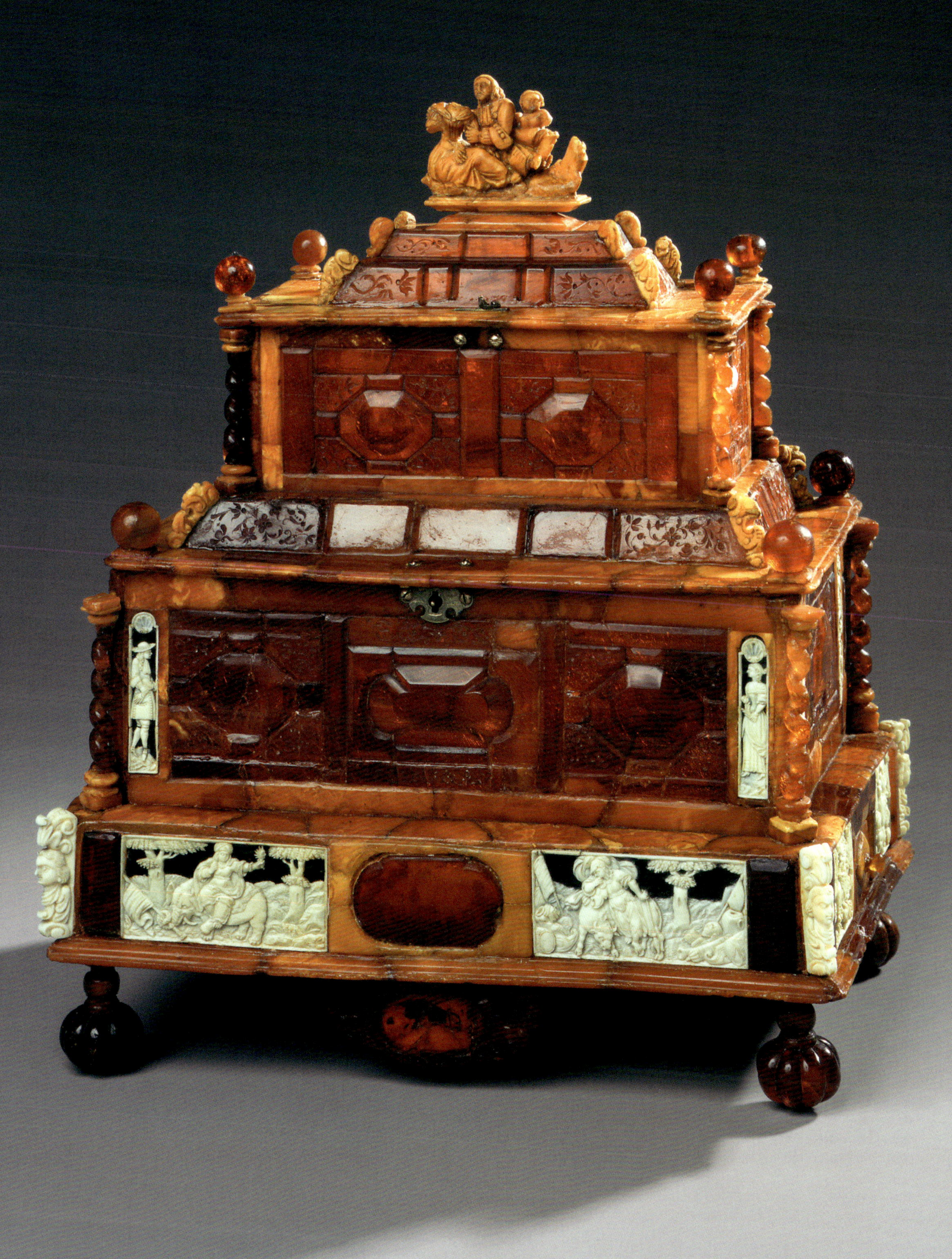

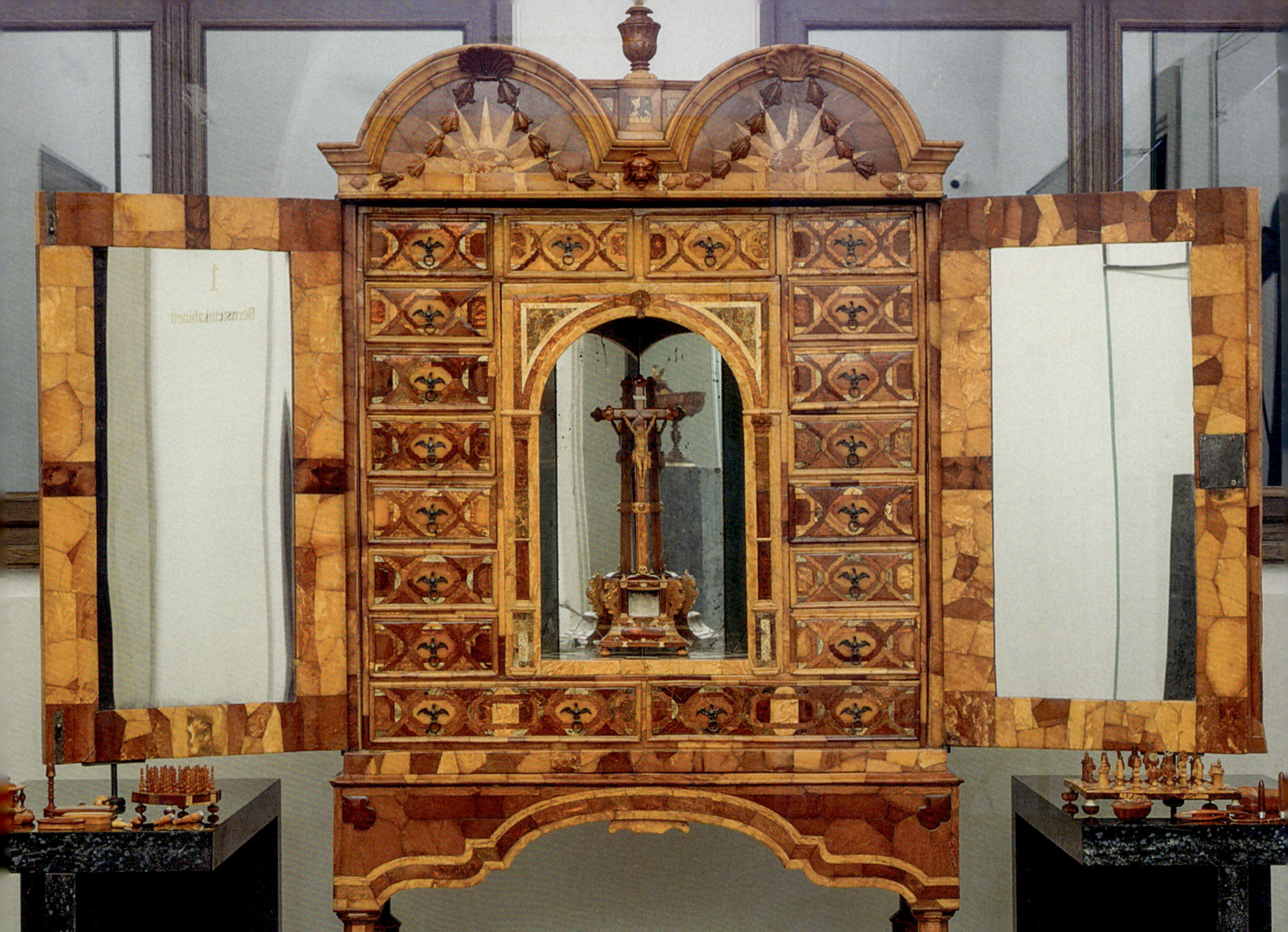

Bernsteinkunst – Kunst aus Naturwundern
Seit alters her hatte das fossile Baumharz überirdischen Status. Man wusste es nicht einzuordnen – weder Metall noch Holz, nicht einmal Perlmutt schien verwandt. Und doch kam der geheimnisvolle Zauberstoff aus dem Meer. Des Rätsels Lösung: Er brennt, anders als Imitate aus Kunstharz. Daher sein deutscher Name Bernstein; von Brennstein. Beim Abbrennen verströmt Bernstein harzigen Geruch und verrät damit seine Herkunft. Hatten die Römer experimentiert? Sie schienen es zu wissen und nannten ihn *succinum* – Sirupstein. Damit lagen sie richtig, denn Bernstein ist versteinertes Baumharz untergegangener Wälder.

Bernsteinkabinett

Ostpreußen. In der legendären blauen Erde des Samlandes liegt ein Schatz verborgen – Bernstein. Den gab der Preußenkönig gern für lange Kerls. Mindestens 1,88 Meter mussten seine Gardesoldaten messen, die er sich durch einen besonderen Tausch versprach. Das legendäre Bernsteinzimmer von Baumeister Andreas Schlüter, das zu den Besitztümern des Königs im Berliner Schloss gehörte, wechselte an die Newa zu Zar Peter dem Großen. Der wiederum schickte 55 lange Kerls zum Soldatenkönig. Im Zuge dessen hatten sich beide Herrscher gegen Schweden zusammengetan.

Da hatte man nun denselben Feind und – einen gemeinsamen Freund: August den Starken. Er gab lange Kerls für Porzellanvasen her, die sogenannten Dragonervasen. Aber ein Bernsteinzimmer bekam auch er. Wenn auch nur ein kleines, ein Bernsteinkabinett, sozusagen scheibchenweise. Es begann mit einem großen Schrank aus dem sagenumwobenen Material. Außer Bernstein waren Spiegelglas, Holz, Elfenbein, Metallfolie und Silber verarbeitet worden.

Der *große Kabinettschrank* wurde 1728 in Potsdam durch König Friedrich Wilhelm I. von Preußen an August den Starken als diplomatisches Geschenk auf den Weg gebracht. Er maß über zwei Meter in der Höhe, war über einen Meter breit und einen halben tief. Mit geöffneten Türen brauchte er zwei Meter Platz im Quadrat, und, als er die Höhe von

Zwei-Meter-Fürst Peter dem Großen hatte, war er so schwer wie der junge August der Starke, etwa 80 Kilogramm.

In den Schubkästen befanden sich weitere Bernsteinkunstwerke und Gebrauchsgegenstände. Hinzu kamen ein Schachbrett und einige geologische Raritäten. Mit weiteren Bernsteingeschenken aus Preußen komplettierte sich in der Schatzkammer nach und nach eine ganze Zimmereinrichtung. 1742 kam der *Kleine Bernsteinschrank* als königlich-preußisches Präsent nach Dresden. Vervollständigt durch Schalen, Schatullen, Prunkbestecke und Statuetten entstand eine der bedeutendsten und künstlerisch hochwertigsten Bernsteinsammlungen Europas – gefertigt in Königsberger und Danziger Werkstätten. Meister wie Georg Schreiber, Jacob Heise, Michael Redlin und Christoph Maucher waren daran beteiligt.

Das Naturmaterial forderte sie zu fantasievollen Formen heraus und verlangte spezielle Techniken der Bearbeitung. Erst im 18. Jahrhundert als fossiles Baumharz erkannt, wurden nun auch Bernsteininkrustationen angefertigt. Dabei werden dünnwandige, teils transparente Bernsteintafeln mosaikartig auf einen Holzkern montiert. Mitunter versah man sie mit Tiefschnittornamenten und hinterlegte sie mit Silberfolie, um die Leuchtkraft des Bernsteins anzufachen. Spiegelumrahmungen aus Bernstein komplettieren die Schau. Zu den Meisterwerken dieser Technik gehören die beiden Kabinettschränke im „Dresdner Bernsteinzimmer", wie es bald stolz genannt wurde, wenn es auch mit dem großen Bruder aus Berlin, verschenkt nach St. Petersburg, nicht konkurrieren konnte.

Im heutigen Bernsteinkabinett des Historischen Grünen Gewölbes sind weitere Prunkstücke zu finden: Das *Große Bernstein-Becken*, eine Bernstein-Schale, die bereits um 1506/07 in Königsberg entstanden war.

Die dreigeschossige *Bernsteinkassette auf Stollenfüßen mit Elfenbeinreliefs, von einem Liebespaar bekrönt*, ist sozusagen eine Schatzkammer im Kleinen innerhalb des Bernsteinkabinetts. Sie entstand ab 1675 und besteht aus einem Podest und zwei aufeinander montierten Schatullen mit zwei Schubladen an den Schmalseiten. Die anmutigen Elfenbeinreliefs auf dem Sockel zeigen Allegorien der vier damals bekannten Erdteile.

Bernstein in verschiedenen Varietäten, Elfenbein, Nadelholz, Papier, Kupfer, Messing, versilbert, und Eisenstifte wurden dazu verarbeitet. Oberhalb des Postaments fanden vorwiegend transparente Bernsteinstücke Verwendung. Sie erhielten meisterliche Facettenschliffe und sind auf den Vorderseiten mit eingeschnittenen Dekoren versehen. Hinzu kommen schöne Beispiele für die Technik der Bernsteininkrustation.

Den Mittelteil dieses Kassettenkleinods bildet eine aus Bernsteinsegmenten in Feder- und Nuttechnik zusammengefügte Capsula. Sie ist freitragend, ohne stützende Holzkonstruktion im Inneren, was die Transparenz des Bernsteins besonders bei einfallendem Licht auf faszinierende Weise verstärkt. Der Boden wie auch die Innenseite ihres Deckels sind ebenfalls mit Elfenbeinreliefs geschmückt. Erst nachdem dieses Behältnis wieder geschlossen wird, lässt sich die darauf montierte obere Schatulle öffnen. Auch darin befindet sich ein Elfenbeinrelief. An den Schmalseiten beider Schubladen sind verborgene Darstellungen en miniature von Liebespaaren. Ist es nicht wie bei mancher Begegnung? Die Kassette gibt ihre Geheimnisse erst preis, wenn man sie öffnet und hineinschaut. Zur Aufbewahrung von Schätzen war sie nie bestimmt – sie war selbst einer.

Das Bernsteinmeisterleben des Christoph Maucher

Was Georg Schreiber Mitte des 17. Jahrhunderts in Königsberg war, gefeierter Bernsteinschneider und -dreher, war eine Generation später Christoph Maucher in Danzig – wenn auch nicht unumstritten. Wie es Brauch war, ging er mit nur zwölf Jahren in die Lehre in seiner Heimat Schwäbisch-Gmünd. Nach der Gesellenzeit folgte er seinem jüngeren Bruder Johann, der in Danzig schon Fuß gefasst hatte. Trotz Referenzen dauerte es Jahre, bis ihm der Rat dort zunächst bildhauerische Arbeiten gestattete. Im Jahr darauf – gegen Protest der Bernsteinschneiderzunft – wurde die Erlaubnis um Skulpturen aus Bernstein erweitert. Einige Meister mit größeren Aufträgen brauchten geübte Hände. Peu à peu kam Maucher ins Geschäft, meist bei auswärtigen Auftraggebern. Berühmt wurde sein *Triumph des Perseus*, heute im Victoria and Albert Museum in London. Das einzige durch Signatur imprimierte Werk ist seine *Apotheose des Kaisers Leopold*, das im Kunsthistorischen Museum Wien zu sehen ist.

Großer Bernsteinschrank ←
Königsberg, vor 1728, Bernstein, Spiegelglas, Holzkern, Elfenbein, Metallfolie, Silber, geschwärzt

Elfenbeinskulptur Pferd und Löwe →
Melchior Barthel, um 1650–53, Elfenbein, Sockel Holz mit Elfenbeinapplikationen

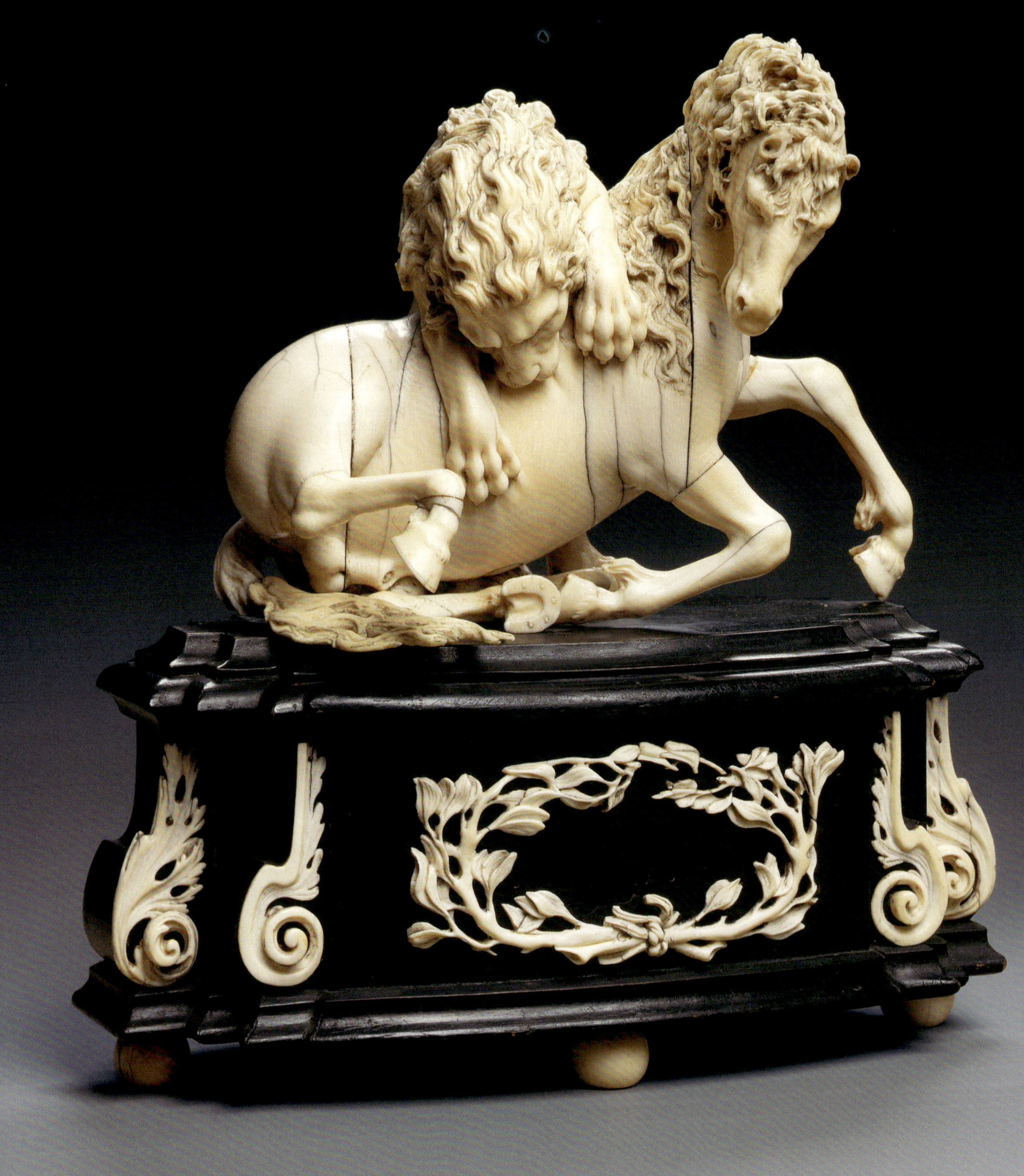

Elfenbeinzimmer

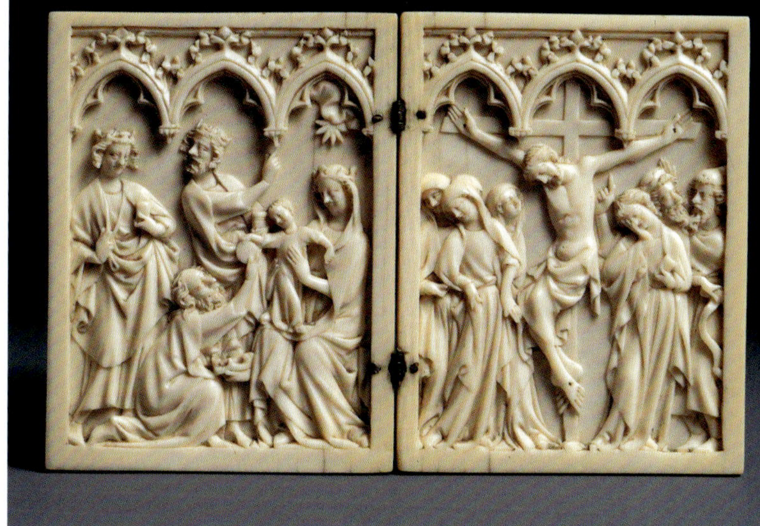

Ähnlich wie Bernstein war „Helfenbein" ein magischer natürlicher Werkstoff der frühen Kunstgeschichte und erreichte besonders in der frühchristlich-byzantinischen Zeit einen nie wieder ganz erklommenen kunstgeschichtlichen Kulminationspunkt. In der Römerzeit hatte man vor allem Zahnersatz aus jenem „indisch Horn" gefertigt. Von da an wurde Elfenbein fast 2000 Jahre lang mit Gold aufgewogen. Im engeren Sinn bezeichnet die Substanz Herkünfte von Stoßzähnen indischer und afrikanischer Elefanten (althochdeutsch *helfantbein*, kurz *helfenbein*), aber auch ausgestorbener Arten etwa des Mammuts. Im weiteren Sinne wird darunter auch das Zahnbein der Stoß- und Eckzähne von Flußpferden und Meeressäugern wie Walen, Walross und Verwandten verstanden, deren Tötung wegen ihres „Beins" heute ebenso bedenklich erscheint wie die Jagd auf Elefanten.

Seinerzeit stand der etwa 40 Quadratmeter große Schatzkammerraum – ebenso wie heute – am Beginn der dramaturgischen Steigerung innerhalb der Zimmerflucht und war Elfenbeindrechseleien, reliefierten Gefäßen und Figuren aus dem mystischen Werkstoff bestimmt. Zeitgenossen Augusts des Starken beschrieben den im Gegensatz zum folgenden noch völlig unverspiegelten Raum als mit Marmorimitationen „auf italienische ... Art von zwölferley Sorten gemahlet, hernachmahls lackieret, geschliffen und pollieret". Damals wie heute kontrastiert das helle Elfenbein, raumkünstlerisch gekonnt auf Wandkonsolen, Simse und Tische drapiert, gut mit dem bräunlich-rötlich und grau marmorierten Fond.

Unter den vielen bemerkenswerten Einzelobjekten, denen man sich zuwenden kann, fallen kleinformatige Diptychen aus Elfenbein auf. Man konnte sie geschlossen gut transportieren und daher als Reisealtäre verwenden. Ein Schwerpunkt ihrer Herstellung war Paris. Ein schönes Beispiel dafür ist das Diptychon, dessen linke Tafel die Anbetung der Heiligen Drei Könige darstellt; die rechte zeigt Christus am Kreuz, begleitet von den klagenden Frauen. Dreipassarkaden mit Krabben und Kreuzblumen fassen die Szenen ein. Die Art der Bildkomposition findet sich in noch mancher Relieftafel aus der ersten Hälfte des 14. Jahrhunderts dieser Provenienz – Kleinodien aus Elfenbein, Stolz einer jeden Sammlung in Europa, die den Unterschied macht.

Melchior Barthel vollzog den Schritt der Elfenbeinkunst zum Barock. Fast 17 Jahre wirkte er in Venedig. Der dramatische Kampf zwischen Pferd und Löwe wirkt reinspiriert und mag um 1650 in Rom entstanden sein. Hier studierte Melchior Barthel die antiken Originale, deren Habitus seine Tiergruppe prägt. Sie gehörte zur Elfenbeinsammlung des Grafen Heinrich von Brühl, des großen Dresdner Kunstkenners, Sammlungsintendanten und Premierministers.

Diptychon mit der Anbetung der Heiligen Drei Könige und Christus am Kreuz
Paris, erste Hälfte 14. Jahrhundert, Elfenbein

Elfenbeinturm

„Dein Hals ist ein Turm aus Elfenbein", heißt es im Hohen Lied 7,5, dieser schönsten Sammlung von Liebesgedichten in der Bibel. Elfenbein galt schon vor der christlichen Tradition als Symbol edler Reinheit, die man treffend der Jungfrau Maria zuschrieb und sie in der Lauretanischen Litanei als „elfenbeinerner Turm" ansprach. So wurde der Elfenbeinturm zum Symbol der Unberührtheit. Wenn sich freilich Poeten und Gelehrte im 19. Jahrhundert in die Abgeschiedenheit eines Elfenbeinturmes zurückzogen, kapselten sie sich zugleich von den Herausforderungen ihrer Zeit ab, verfehlten gar ihren Auftrag oder doch wenigstens manche Möglichkeiten. Im 20. Jahrhundert wurde daher an deutschen Universitäten nicht von ungefähr der Abschied vom Elfenbeinturm gefordert. Das bedeutet nicht den Abschied von der Kunst des Elfenbeins. Dieser darf man ruhig weiter verfallen. Was leicht fällt, wenn man durch gleichnamigen Raum im Grünen Gewölbe spaziert. Man kann sich schwer trennen.

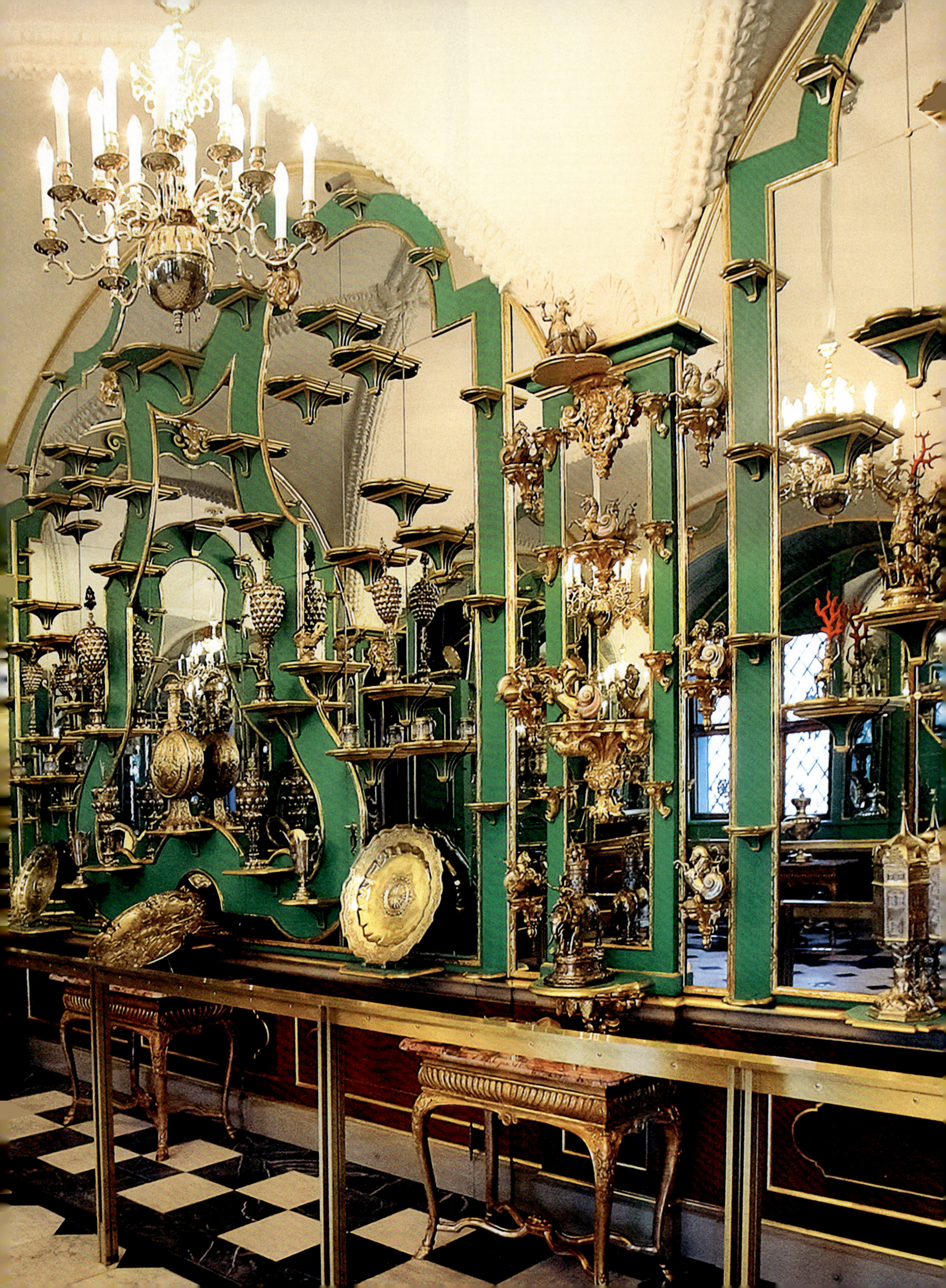

Weißsilberzimmer und Silbervergoldetes Zimmer

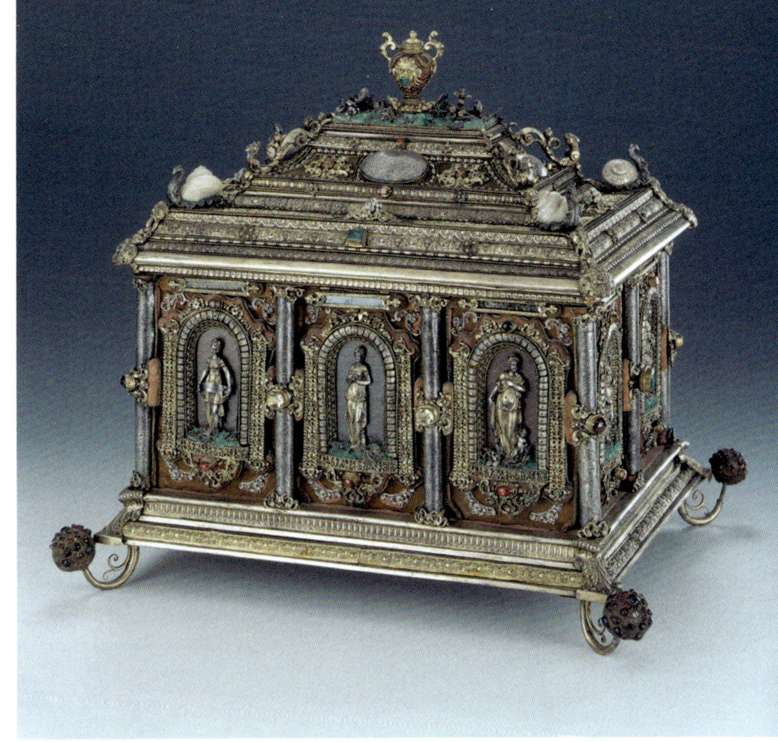

Prunkkassette Kurfürst Christians I. von Sachsen
wohl Nürnberg, um 1589/90, Holz, Glas, Silber, teilweise vergoldet, emailliert, Muscheln, Perlen, Edelsteine, Samt, Seide, Goldborten, Metallfäden, Kantillen

Im Weißsilberzimmer umfängt uns eine faszinierend verspiegelte Welt vom Mittelpfeiler bis hin zu den Wandfeldern, ergänzt von zinnoberroten Wanddekorationen. Chefrestaurator Hans-Christoph Walther hatte am Fuß des Mittelpfeilers im Juwelenzimmer goldradierte Scherben mit unverspiegelten Teilen gefunden, die über wiederherzustellende Glasfarbe und Radierung Auskunft gaben. Moderne Silberspiegel weisen völlig andere Reflexionseigenschaften auf und unterscheiden sich daher in ihrer ästhetischen Wirkung. Ziel war es, den „noblen dunklen Ton" barocker Zinn-Amalgam-Spiegel wiederzugewinnen. Es gelang.

Die matt schimmernden, unvergoldeten Silberfiguren von Jupiter und Athena des Augsburger Meisters Abraham I. Drentwett, geschaffen um 1650, tanzen wieder Menuett. Dazu das Tafelsilber Augusts des Starken. Die besten Stücke sind vor den originalgetreu verspiegelten inneren Wandfeldern wie ehedem freiplastisch zu erleben. 1772 hat das historische Weißsilberzimmer einen Aderlass erfahren, der bis heute nicht auszugleichen ist und nichts mit neuzeitlichen Kriegsverlusten zu tun hat. Vieles ist eingeschmolzen und vermünzt worden.

Ganz anders im anschließenden *Silbervergoldeten Zimmer*: Zwar brannte der Raum 1945 völlig aus, aber die wertvollsten Stücke waren ausgelagert und somit gerettet. Feuervergoldetes Silber strahlt wieder vor edlem Grün und wird von großen verspiegelten Wandflächen reflektiert. Die Dramaturgie der gesteigerten Festlichkeit bewegt sich auf einen ersten Höhepunkt zu. Unter den Goldschmiedearbeiten aus dem 16. bis 18. Jahrhundert sticht die *Prunkkassette* Kurfürst Christians I. hervor.

Diese war ein gar nobles Neujahrs-Präsent seiner Schwiegermutter, der Kurfürstin Elisabeth von Brandenburg, bescheiden als „Nöhe Lädtlein" (Nähkästchen) tituliert. Eine veritable Prunkkassette. Silbervergoldete Figuren stellen Tugenden dar. Ein ausgetüfteltes Schubladensystem glänzt durch den erlesenen Edelsteinschmuck seiner durch „Zierrade" reich geschmückten textilen Bespannung.

Silber, teils vergoldet und emailliert, Muscheln, Perlen, Edelsteine, Samt und Seide, Goldborten, Metallfäden und Kantillen (drahtumflochtenes, hauchdünn geblasenes Rauchglas), edles Holz und Glasschliff waren verarbeitet. Auf dem mit Stoff bespannten Holzkern wechseln sich gegossene und geprägte Silberbeschläge mit Friesen und Goldborten ab. In Aufbau und Bildprogramm erinnert die Prunkkassette an ähnliche Ausführungen aus der Werkstatt des berühmten Nürnberger Goldschmieds Wenzel Jamnitzer, dessen Prunkkästchen bei fürstlichen Sammlern jener Zeit hoch im Kurs standen.

Silbervergoldetes Zimmer ←

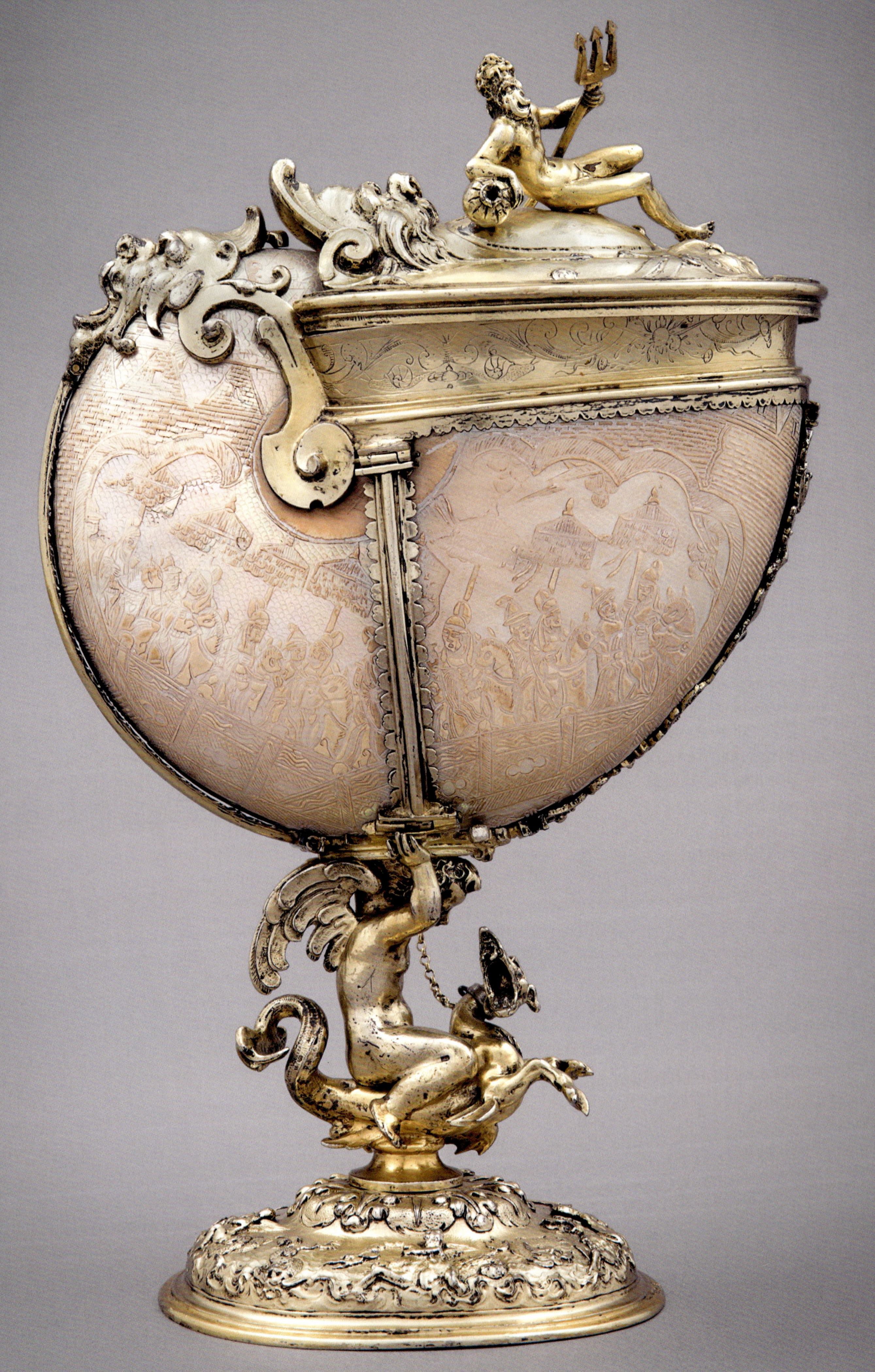

Den *Nautiluspokal mit Neptun und Dreizack, von Putto auf Drachen getragen,* hatte Hinrich I. Lambrecht bereits 1620 am Beginn des höfischen Barock in Sachsen geschaffen. Er hat eine Höhe von über 40 Zentimetern und besteht aus einem Gehäuse des sagenhaften Perlbootes, eines den Tintenfischen verwandten Kopffüßers der Meere. Hinzu kamen Gold, vergoldetes Silber, Elfenbein, Email, Diamanten. Lambrecht goss ihn, trieb Figuren in Silber, zisilierte und gravierte. Die Gabel des Dreizacks vom Gott des Meeres und des Salzes ist vergoldet. Der geflügelte Genius auf einem fischschwänzigen Drachen als Schaft und die eingravierten Meerungeheuer mit Putten auf dem Fuß des Pokals spielen auf die maritime Herkunft des Nautiliden an. Seine Oberfläche bedeckt ein Flachrelief mit einer chinesisch anmutenden Prozession von beschirmten Reitern.

Zahlreiche silbervergoldete Gefäße, kostbare Kannen mit Becken – 1733 sollen es insgesamt 17 solcher Garnituren gewesen sein – finden sich im grünen Spiegelkabinett. Aber auch Kettenflaschen aus Rubinglas mit silbervergoldeter Fassung des preußischen Alchemisten Johannes Kunckel, von dem sich der sächsische Porzellanmiterfinder Friedrich Böttger inspirieren ließ, und Trinkgefäße, mit springenden Hirschen und stapfenden Elefanten verziert, sind hier zu entdecken. Einige der mit Tierfiguren geschmückten Gefäße sind mit exotischen Korallenzinken veredelt.

Nautiluspokal mit Neptun und Dreizack, von Putto auf Drachen getragen ←
Hinrich I. Lambrecht
Hamburg, um 1620

Pretiosensaal →

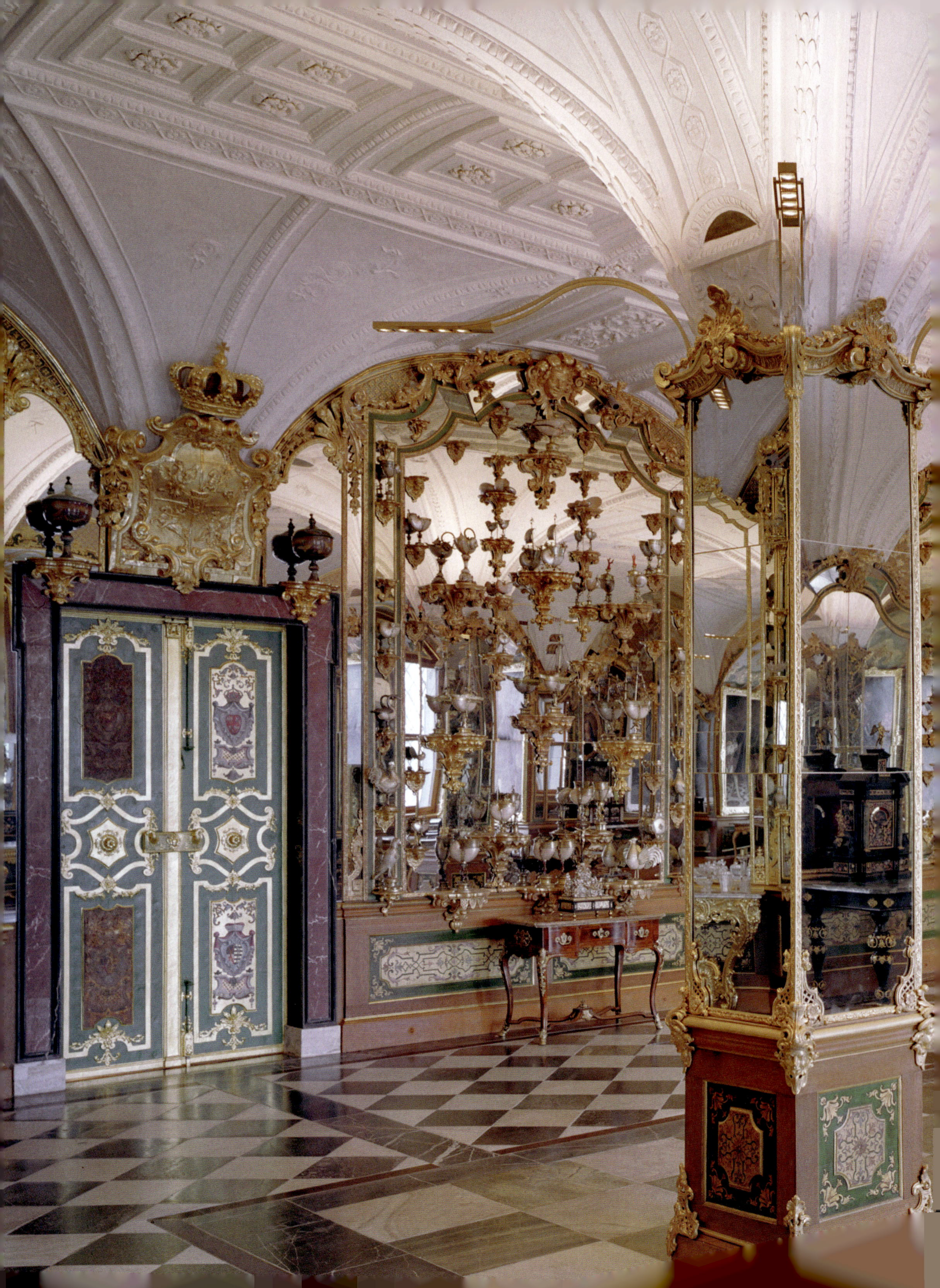

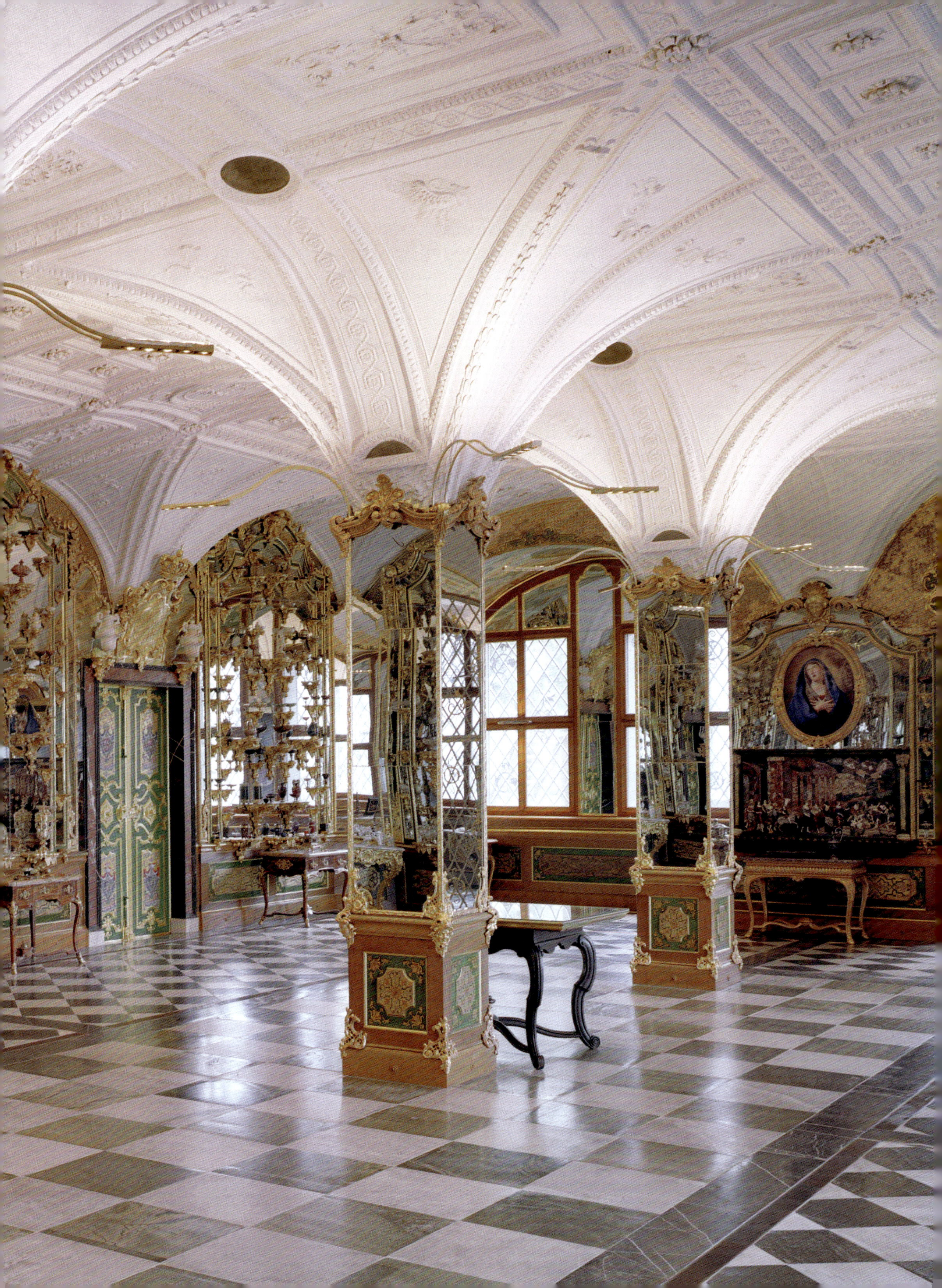

Pretiosensaal und Wappenzimmer

Der Pretiosensaal mit Eckkabinett ist der größte Raum des Historischen Grünen Gewölbes. Einst war er grüner Gartensaal, der mit seinen malachitgrün marmorierten Säulen mit grün gefassten Kapitellen und Säulenbasen der heutigen Sammlung den Namen gab. Er ist seit seiner barocken Neugestaltung fast vollkommen verspiegelt, zum Teil mit historischen Zinn-Amalgam-Spiegeln. Die Gewölbestuckaturen wurden von italienischen Künstlern 1553/54 ins Werk gesetzt. Es handelt sich um dieselben Meister, die auch die Stuckaturen des Turmzimmers im zweiten Obergeschoss schufen, Antonio Brocco und Giovanni da Campione. Ihr feiner oberitalienischer Stil folgt einem Bildprogramm, das den Saal – 1572 erstmals als „Grünes Gewölbe“, 1591 als „Schatzgewelbe“ verzeichnet – als Bankett- und Gartensaal charakterisiert.

Auf der nördlichen Längstonne vom Fenster zur Raummitte zeigt die erste Darstellung Hermes als Hirte. Dann folgt aus den Metamorphosen des Ovid die Geschichte Erysichthons, Sohn des Königs Triopas von Thessalien. Der Königssohn dringt in den heiligen Hain der Demeter ein, um trotz Warnung der Göttin den großen heiligen Eichenbaum als Bauholz für seinen Bankettsaal zu fällen. Daraufhin bittet sie, wie im zweiten Feld dargestellt, die Bergnymphe Peina, die Personifikation des Hungers, um Hilfe. Das dritte Motiv zeigt Erysichthon, wie er die Eiche fällt, das vierte die Strafe durch Peina, die ihn mit Heißhunger schlägt, sodass er sich zum Schluss selbst verschlingt. Das war eine deutliche Warnung mit einem Schuss Selbstironie an die zechenden Kurfürsten.

Die südliche Längstonne zeigt die Nymphe Lotis, die vor dem phallischen Fruchtbarkeitsgott Priapos flieht und in einen Lotosbaum verwandelt wird. Das zweite Feld stellt Ganymed dar, wie er als göttlicher Mundschenk des Zeus eine Schale mit Wein reicht. Das dritte und vierte Feld schließlich zeigen Zeus in Gestalt des Stiers mit Europa und in Gestalt eines Schwans mit Leda; Anspielungen auf die den Gelagen folgenden intimen Szenen.

Im Eckturm ist ein Kabinett mit skulptural geschnitzten Konsolen und Wandtischen eingerichtet, auf denen kostbare Miniaturarbeiten stehen; die eine oder andere durchaus auf die Themen der Deckengestaltung bezogen. Dies alles wurde höchst sinnig in den Pretiosensaal aufgenommen, der 1725 bis 1729 unter August dem Starken neu gestaltet wurde. Mit barocken Wandverspiegelungen und durch „hohe Kunst“ angereichert, ließ der Herrscher den Saal geradezu überbordend ausfüllen: mit Gefäßen aus farbigen Edelsteinen, Bergkristall und exotischen Materialien.

Besonders beliebt ist die Schauwand mit den Straußenpokalen von Elias Geyer. Mehr als zwei Dutzend Werke des Goldschmieds gehören zum Bestand des Grünen Gewölbes, womit in Dresden fast das gesamte erhaltene Œuvre des eigenwilligen Meisters versammelt ist. Unter anderem liebte er Nephrit, ein dunkelgrünes bis fast schwarzes Mischkristall. Perlmutt, Kokosnüsse und Straußeneier hatten es Elias Geyer ebenso angetan. Von seinen bereits 1595 im Kunstkammerinventar aufgeführten sieben Straußeneipokalen sind heute noch fünf erhalten. Als Gruppe arrangiert, bilden sie ein einzigartiges und höchst lebendiges Ensemble.

Ob die hoch gewachsenen Vögel, deren Köpfe abnehmbar sind, auch als Trinkspiele dienten, ist fraglich, da sie wohl kaum dicht hielten. Die Vorstellung, dass dem Trinker beim Anheben des Pokals die Flügel ins Gesicht flatterten und er zudem Mühe gehabt hätte, die schubweise durch den engen Hals entweichende Flüssigkeit aufzunehmen, entspricht freilich dem skurrilen Humor jener Zeit.

Das Wappenzimmer ist nach dem überbordenden Sinneserlebnis des Pretiosensaals als retardierendes Element des Rundgangs durch das Historische Grüne Gewölbe zu verstehen. Dem kommt die Wirkung des Treppenturmes entgegen, der das Licht noch etwas dimmt. Das kommt auch der Sammlung kostbarer astronomischer Tischuhren zugute, die es nicht zu hell mögen. Auf den drei fensterlosen Seiten bestimmen seit 1727 gebeizte Wandschränke aus Eichenholz die Architektur des Raums. In die zurückhaltende Vertäfelung, in zwei Reihen übereinander eingelassen, sind 24 kupfergetriebene feuervergoldete Wappen verschiedener Landesteile des Kurfürstentums Sachsen und Initialschilder der Kurfürsten als dokumentierter Herrschaftsanspruch des Hauses Wettin.

Im Sommer 1697 wurde August der Starke als noch junger Kurfürst von Sachsen von den polnischen und litauischen Adligen zum König von Polen und Großherzog von Litauen gewählt. Damit hob er sein Geschlecht in die erste Reihe europäischer Herrscher und sein Wappenschild des Königreichs Polen bekam eine besondere Bedeutung. 1727 bis 1728 wurde es von Christian Friedrich Holland in Kupfer getrieben und vergoldet. Ursprünglich waren die Eichenholzmöbel zur Aufbewahrung und Präsentation des Krönungsornats und der Ordensgewänder gedacht. Heute finden wir entsprechende Stücke nach Besichtigung der Paraderäume in den Bilderkabinetten des zweiten Obergeschosses.

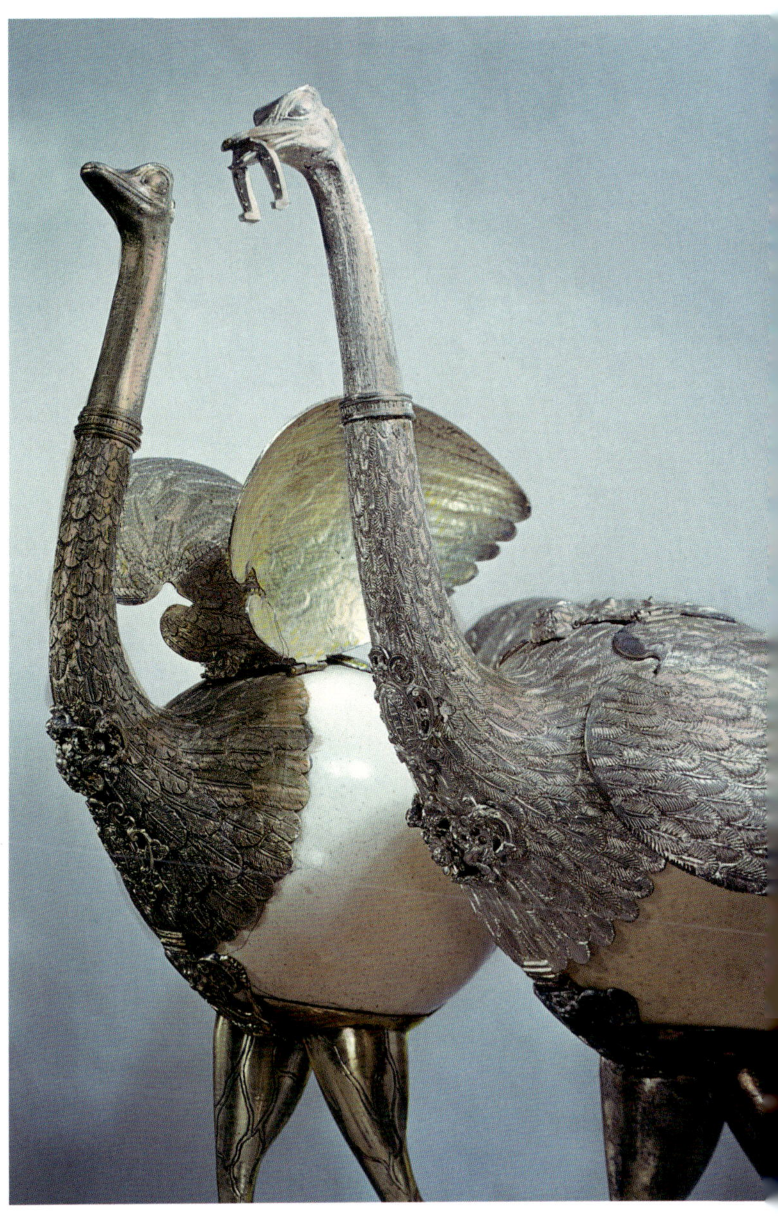

Straußenpokale
Elias Geyer, Leipzig, um 1589–95, Silber, vergoldet, Straußenei

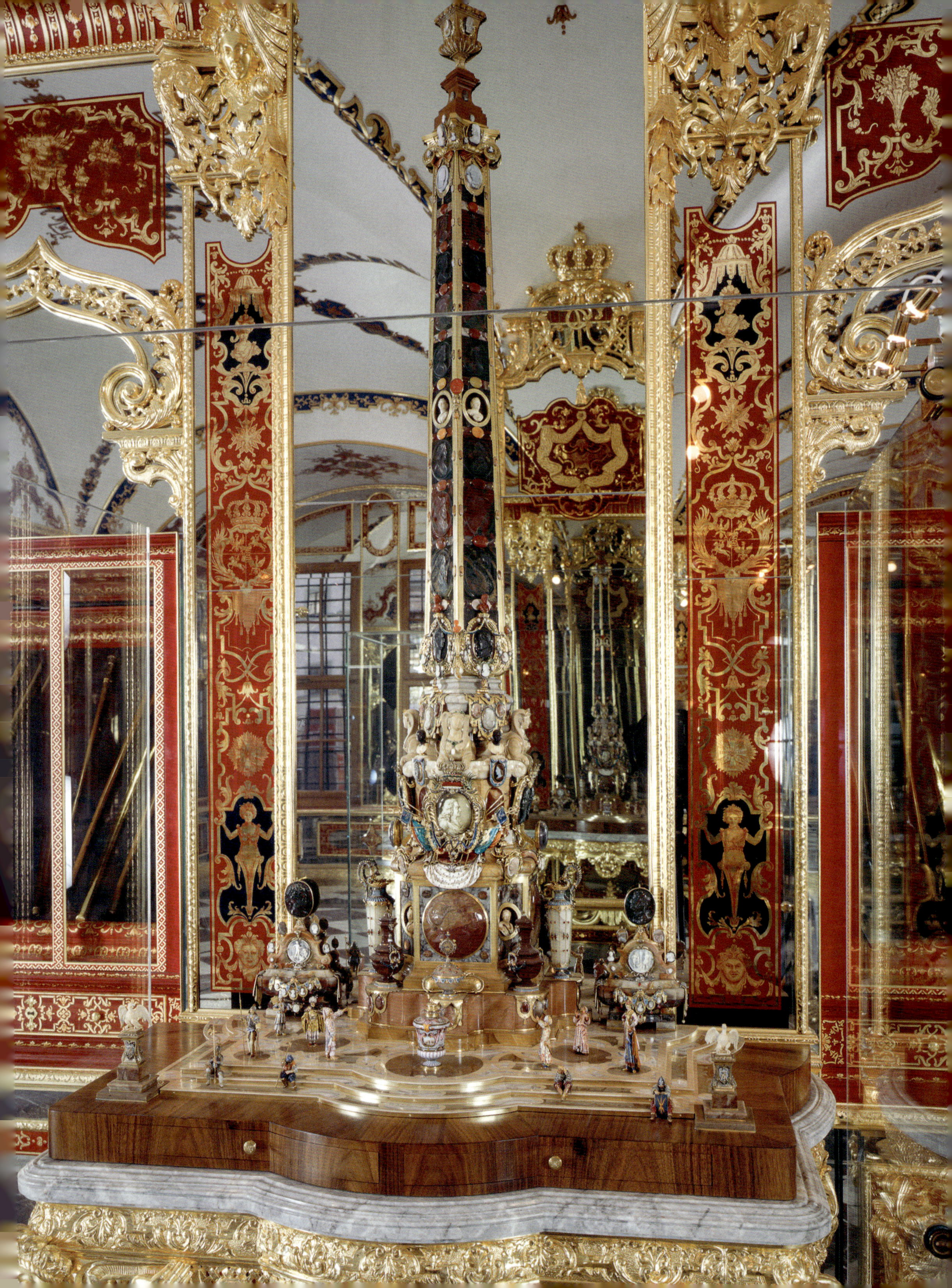

Juwelenzimmer

Nach kurzer Sinneserholung zum absoluten Höhepunkt des Rundgangs: im Juwelenzimmer sind alle Wand- und Sockelflächen mit barocken Spiegeln ausgestattet. Ornamentfelder mit Goldgravur und karminrotem Hintergrund inszenieren ein Feuerwerk der Juwelenpracht. Die Gewölbe überkragen mit fein gemalten herrschaftlichen Ornamenten auf weißem Grund die festliche Szenerie. In vier großen Vitrinen liegen auf schräg gestellten und mit dunklem Samt bezogenen Tableaus die Juwelengarnituren, von denen sich bis heute neun erhalten haben.

Die *Karneolgarnitur* erwarb August der Starke von seinem Hofjuwelier Johann Melchior Dinglinger anlässlich der Hochzeit seines Sohnes mit der habsburgischen Erzherzogin und Kaisertochter Maria Josepha im September 1719. Mit 123 ausgestellten Einzelteilen ist sie die oppulenteste. Größere rundliche Steine sind als wirbelnde Rosetten geschnitten. In deren Zentrum jeweils ein silbern gefasster Brillant. „Ungarische Knöpfe" nannte man die mit Golddraht eingebundenen, jeweils mit einer Diamantraute versehenen „Karneolstropfen".

Bestandteil der blauen Garnitur ist ein Saphir von 648 Karat. Er war ein Geschenk von Zar Peter dem Großen, dem August der Starke die Rückgewinnung seiner polnischen Krone nach der Schlacht bei Poltawa verdankte und ihm deshalb eine triumphale Reise durch Sachsen ermöglichte. Im Juwelenzimmer mit seinen vergoldeten, rot unterlegten Spiegelwänden finden wir neben weiteren Garnituren so berühmte Meisterwerke wie den *Mohren mit der Smaragdstufe* des Bildhauers Balthasar Permoser und des Hofjuweliers Johann Melchior Dinglinger und den *Obeliscus Augustalis*.

Der „*Mohr*", im 17. Jahrhundert eine eher bewundernd gemeinte Bezeichnung, stellt – erkennbar am Körperschmuck – einen südamerikanischen Ureinwohner dar, der die aus Kolumbien stammende Smaragdstufe auf einem Tablett anreicht. Eine Idee Augusts des Starken, die Balthasar Permoser kongenial umsetzte.

Der Begriff Smaragdstufe beschreibt die auf dem Tableau liegende Gesteinsformation mit 16 teils außergewöhnlich großen ungeschliffenen Smaragden, die aus einer kolumbianischen Smaragdmine stammen. Das Kunstobjekt ist von beachtlicher Größe (Höhe 63,8 cm) und besteht aus lackiertem Birnbaumholz. Neben den

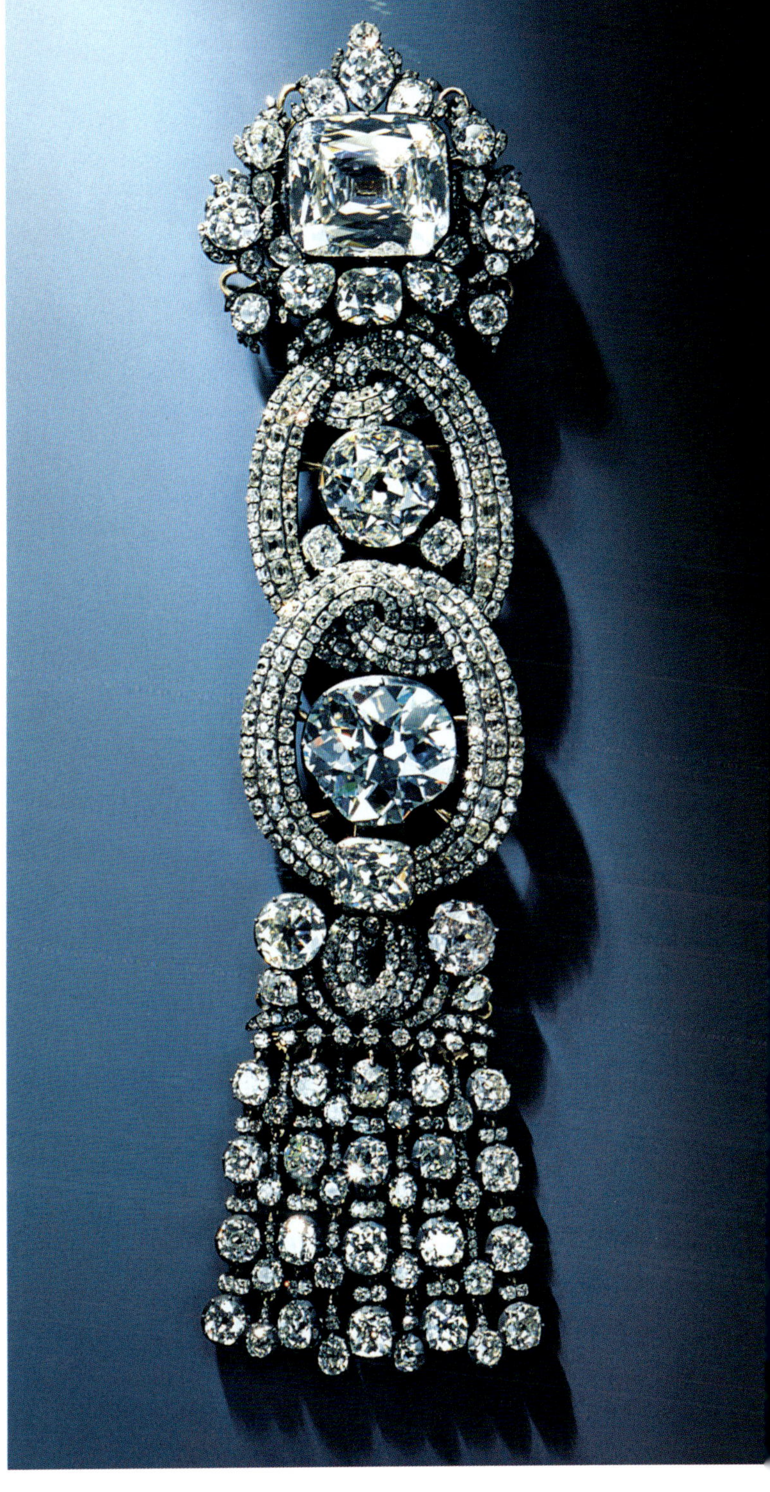

Obeliscus Augustalis ←
Johann Melchior Dinglinger, Christoph Hübner, Christian Kirchner, Dresden, um 1719–1722, Jaspis, Karneol, Marmor, Kehlheimer Stein, Böttgersteinzeug, Gold, Silber, teils vergoldet, Email, Elfenbein, Edelsteine, Gemmen, Kameen

Epaulette mit dem sogenannten Sächsischen Weißen aus der Brillantgarnitur
Franz Michael Diespach, Jean Jacques Pallard, Christian August Globig, Dresden, 1782–89, Brillanten, Silber, teils vergoldet

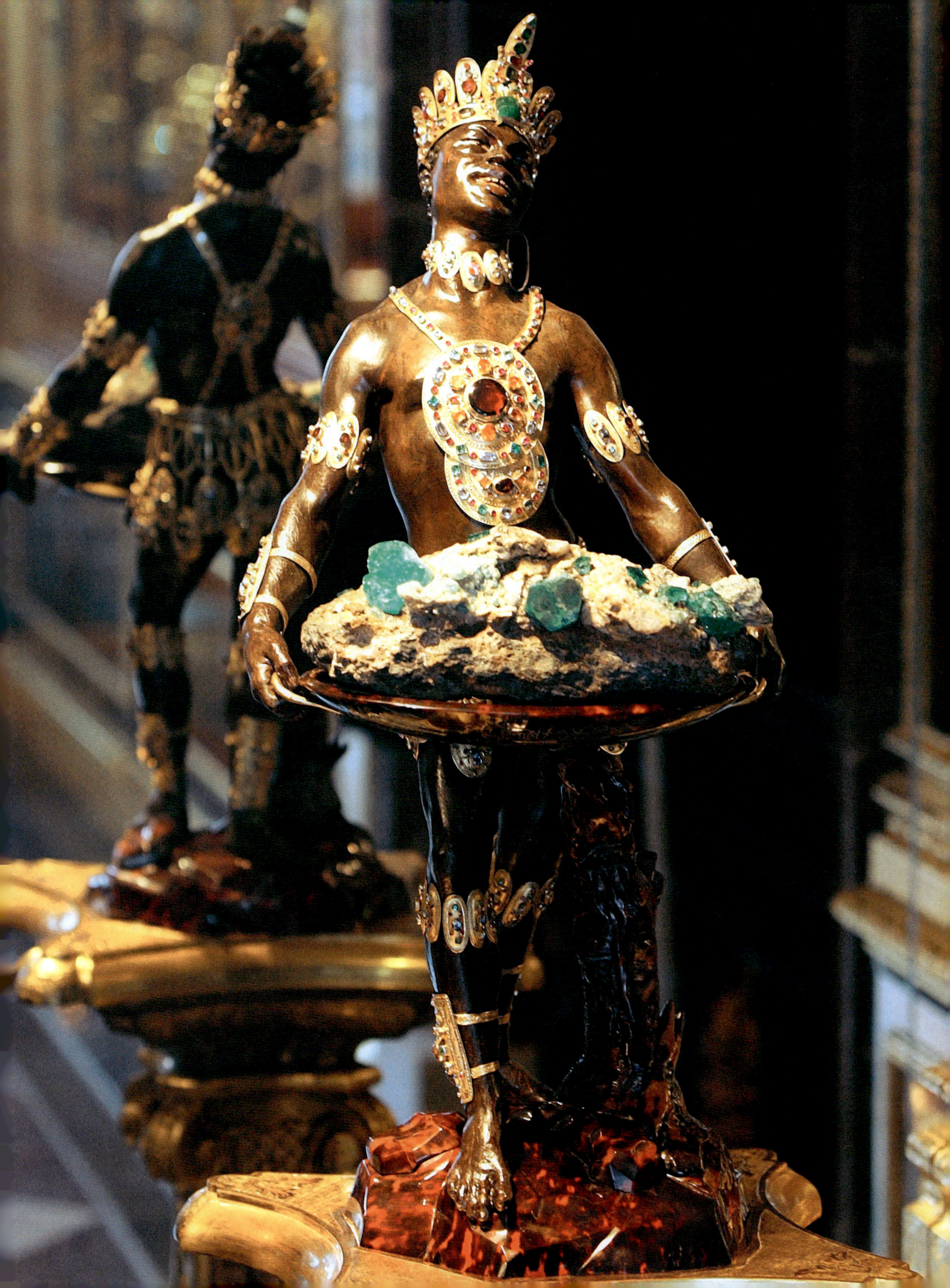

Smaragden sind Rubine, Saphire, Topase, Granate, Almandin und Schildpatt zu unterscheiden. Der Begründer der Dresdner Kunstkammer, Kurfürst August, erhielt die edlen Steine schon 1581 von Kaiser Rudolf I. aus Prag als Geschenk.

Der *Obeliscus Augustalis* verehrt August den Starken als erfolgreichen Herrscher und Schöpfer der „neuen Kunstkammer“. 240 Gemmen und Kameen, geschnittene Steine und goldemaillierte Figuren sind an einem übermannshohen Obelisken von 2,28 Meter Höhe versammelt. Das geradezu raumprägende Kunstwerk kostete den Preis eines stattlichen Schlosses.

Als der Hofjuwelier Franz Michael Diespach 1768/69 – nach dem Siebenjährigen Krieg und der kurzen Regentschaft des Kurfürsten Friedrich Christian – für den gerade volljährigen neuen Kurfürsten Friedrich August III. eine kleine Brillantgarnitur anfertigte, entstanden wesentliche Teile der *Epaulette* der Brillantgarnitur mit dem *Sächsischen Weißen*. Dieser Gewandschmuck war als repräsentative Ergänzung zur Hutagraffe mit dem *Dresdner Grünen* ausersehen, der heute im Watzdorf-Kabinett des Neuen Grünen Gewölbes eindrucksvoll in Szene gesetzt ist.

Als *Sächsischer Weißer* wird aufgrund seiner Größe und seiner Farblosigkeit ein knapp 50 Karat schwerer Diamant bezeichnet, den August der Starke am 1. Februar 1728 für 200 000 Taler von einem Hamburger Juwelier erworben hatte. Der Goldschmied André Jacques Pallard fertigte 1746 im Auftrag von Augusts Sohn und Nachfolger Kurfürst Friedrich August II. ein Kleinod des Ordens vom Goldenen Vlies. In dieses wurde neben dem Sächsischen Weißen auch der noch bekanntere *Dresdner Grüne* eingearbeitet. Im Dezember 1768 zerlegte der Prager Juwelier Franz Michael Diespach Pallards Werk, da der junge Kurfürst Friedrich August III. nicht Träger des Orden vom Goldenen Vlies war. Einen Teil verwendete Diespach für die *Epaulette*, die fast 20 Jahre darauf ihre endgültige Form erhielt. Die *Epaulette* aus der Brillantgarnitur wurde am 25. November 2019 in einem spektakulären Kunstdiebstahl aus dem Juwelenzimmer des Historischen Grünen Gewölbes entwendet.

Mohr mit der Smaragdstufe ← (historische Bezeichnung)
Balthasar Permoser, Johann Melchior Dinglinger, Wilhelm Krüger, Martin Schnell, wohl 1724, Baumholz, Silber, vergoldet, Smaragde, Rubine, Saphire, Topase, Granate, Almandin, Schildpatt, Smaragdstufe

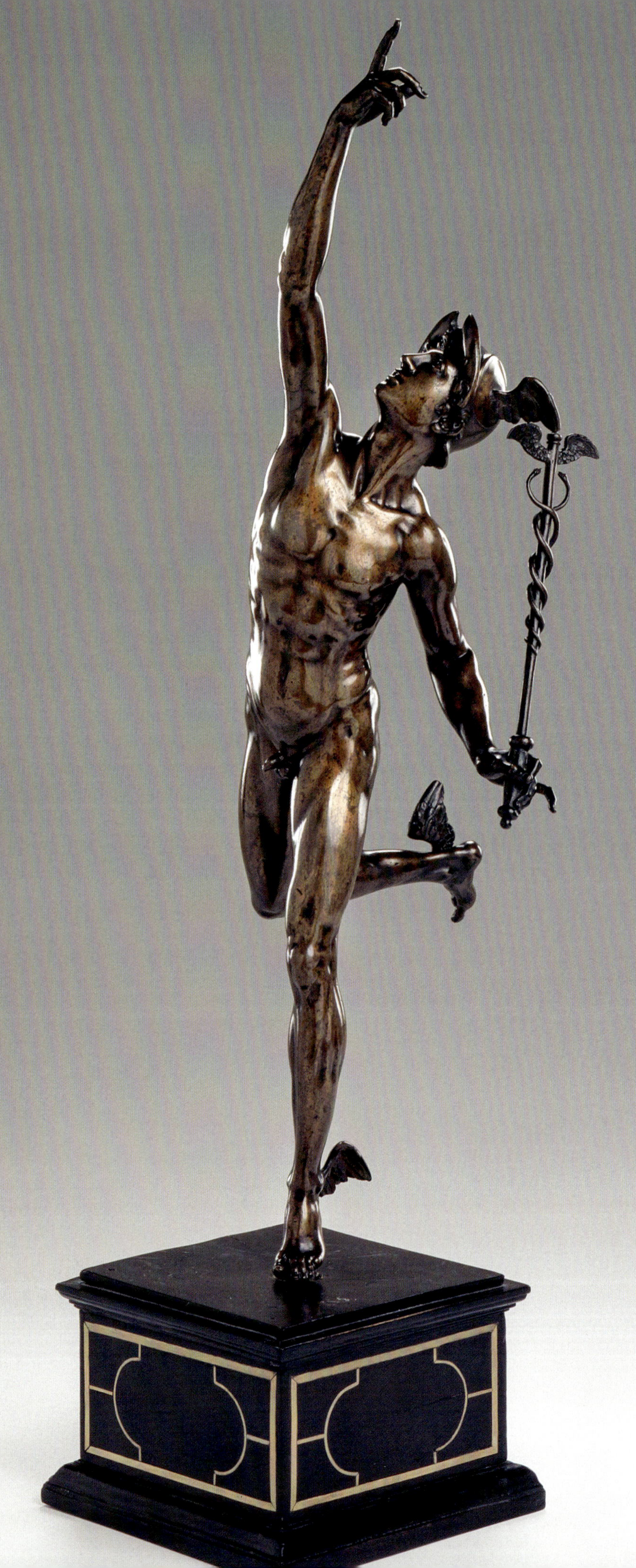

Bronzezimmer

Während heute die Bronzekunstwerke am Ende des illustren Rundgangs durch das Historische Grüne Gewölbe stehen, begann man einst in dem knapp 40 Quadratmeter großen Bronzezimmer in bräunlichen Eichenholztönen die Besichtigung.

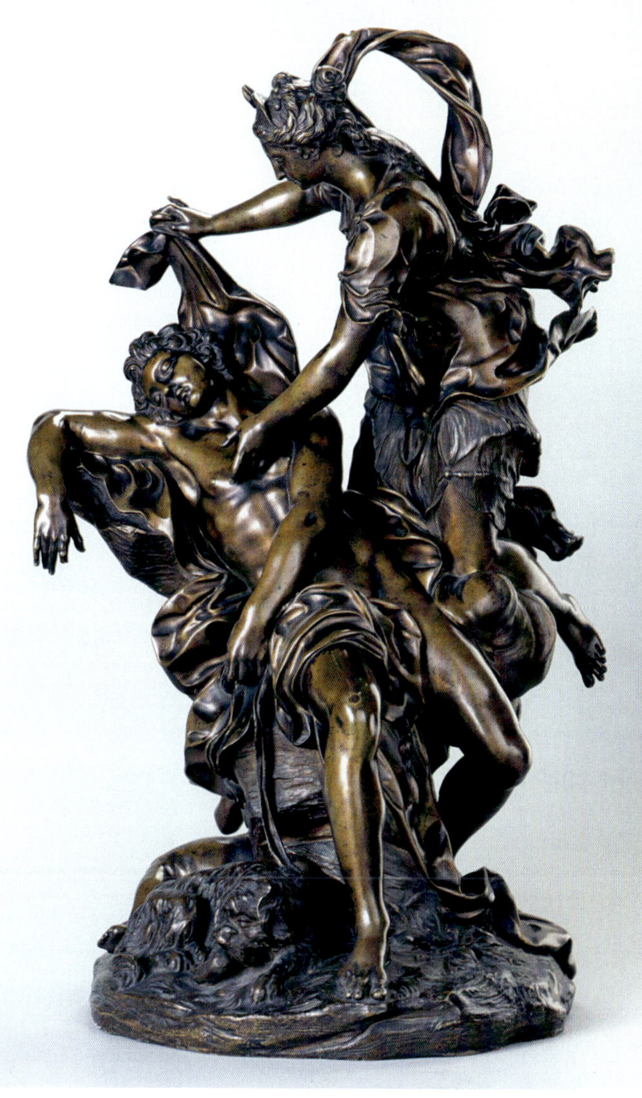

Selene und Endymion
Corneille van Cleve, Bronze auf Boulle-Postament

Unter den 80 auf Postamenten und Wandkonsolen präsentierten Bronzen fällt die einfühlsam gestaltete Gruppe *Selene und Endymion* des Barockbildhauers Corneille van Cleve auf, der um 1700 in Frankreich arbeitete. Das antike Sujet folgt einer bewegenden Liebesgeschichte: Endymion, ein junger Hirte edler Abstammung, ist der schöne und ewig junge Liebhaber der Mondgöttin Selene. Sie wird später mit Artemis, römisch Diana, der Göttin der Jagd, gleichgesetzt. Selene lässt Endymion mithilfe des Zeus einschläfern, um ihn in ewiger Jugend zu bewahren. Jede Nacht besucht sie ihn, um ihn heimlich zu küssen.

Die dynamisch gestaltete Gruppe lebt vom Gegensatz zwischen dem auf einem Felsblock ruhenden Endymion und der von oben heranfliegenden Göttin. Sie hebt behutsam das über den Schlafenden gebreitete Tuch, um sein Gesicht zu erblicken. Nicht einmal der zu Füßen des Jünglings liegende Hütehund erwacht. Der Betrachter wird zum heimlichen Beobachter einer intimen Szene. So muss der auf der Rückseite des Felsens sitzende Cupido eigentlich gar nicht seinen Zeigefinger mahnend an die Lippen legen. Wir alle sind stille Genießer, Voyeure im Guten.

Für 690 sächsische Reichstaler gelangte die Figurengruppe als eine der größten Bronzen des 1715 in Paris erworbenen Konvoluts in den Besitz Augusts des Starken. Corneille van Cleve war ein äußerst produktiver Bildhauer, der für kirchliche Auftraggeber sowie für den Hof von Versailles arbeitete und 1681 in die Akademie gewählt wurde. 1704 stellte er *Selene und Endymion* im Pariser „Salon" aus.

Der Dresdner Merkur des Giovanni da Bologna im *Raum der Renaissancebronzen* war Anfang 1587 ein diplomatisches Geschenk des Großherzogs der Toskana Francesco I. de' Medici an Christian I., Kurfürst von Sachsen. Erst im Jahr zuvor hatte er die Regentschaft angetreten und konnte stolz darauf sein, vom großen Medici beschenkt zu werden.

Mercurius war der römische Gott des Handels. Und so war die Geste zugleich Einladung wie auch „Messestück", Qualitätsbeweis und Unterpfand merkantiler Möglichkeiten. Die Attribute Stab, Flügelhelm und geflügelte Schuhe, dann und wann auch ein Geldbeutel in der rechten Hand, waren leicht zu deuten. Künstlerisch war die Bronze auf Holzpostament mit Ebenholzfurnier und Messingeinlagen von immerhin 61,8 Zentimetern Höhe ein ungleich schwerer Brocken. Der tanzende Merkur ist heute eine der bekanntesten Kompositionen Giambolognas und steht als Paradebeispiel für die virtuose Überwindung der gestalterischen und materiellen Grenzen der Plastik.

Der tanzende Merkur ←
Giovanni da Bologna, Florenz, vor 1587, Bronze

IV

8
7
6
9
5
10
4
11
3
12
1
2

LEGENDE

1 Saal der Kunststücke
2 Mikrokabinett
3 Kristall-Kabinett
4 Erster Raum des Kurfürsten
5 Zweiter Raum des Kurfürsten
6 Raum der königlichen Pretiosen
7 Dinglinger-Saal
8 Email-Kabinett
9 Raum der reisenden Pretiosen
10 Neuber-Raum
11 Sponsel-Raum
12 Watzdorf-Kabinett

Westflügel
1. Stock

DAS NEUE GRÜNE GEWÖLBE

Aus der *Geheimen Verwahrung* gelangte man in den ersten Jahren des Grünen Gewölbes über eine direkte Treppe aus dem Erdgeschoss hinauf in die Gemächer des Kurfürsten im Obergeschoss des Westflügels. Nachdem wohnliche Räume für die Kurfürstenfamilien im Georgenbau entstanden und immer bequemer eingerichtet worden waren, wurde das erste Obergeschoss im Westflügel unter Kurfürst Christian I. vor allem als Churfürstliche Ratsstube genutzt – mit Warteraum, einer Schrankstube für Akten, einer Brandkammer, einer eigenen Wachstube und dem Kirchsaal in der Nordwestecke gleich neben der Schlosskapelle, die über zwei Geschosse reichte.

Die Damenräume schlossen sich ganz am südlichen Ende des Westflügels neben einer kleinen Küche und im Obergeschoss des Südflügels an, wo in der Zeit Christians I. auch der Kurfürst sein Schlafgemach und eine Stube hatte. Dort betritt man heute den Vorsaal zum Neuen Grünen Gewölbe mit einem eindrucksvollen Blick auf die Sgraffiti-Dekorationen des großen Schlosshofes. Im Vorsaal selbst sind Probeverspiegelungen, Stuckaturen und -dekorationen aufgestellt. Sie erinnern an die Geschichte der Rekonstruktion der Inneneinrichtungen des Dresdner Schlosses nach den Kriegszerstörungen, insbesondere während des Wiederaufbaus ab Mitte der 1980er-Jahre, vor allem aber in den 1990er-Jahren bis heute.

Bevor wir die Belletage des Schlosses nach rechts mit der Fürstengalerie und dem Renaissanceflügel weiter erkunden, biegen wir links in die seit 2004 modern ausgestattete Sphäre, in der die Kunstkammerobjekte selbst im Mittelpunkt stehen. 200 Schaukästen und Vitrinen in zehn Räumen zeigen – kunstgeschichtlich und thematisch geordnet – über 1000 Kunstwerke aus drei Jahrhunderten.

Berühmt sind das *Goldene Kaffeezeug*, der *Hofstaat zu Delhi am Geburtstag des Großmoguls Aureng-Zeb*, die *Elfenbeinfregatte*, aber auch die überaus kostbare *Hutagraffe mit dem Dresdner Grünen*, einem naturgrünen Diamanten von 41 Karat. Beginnen wir mit den Kunstwerken aus der Renaissancezeit.

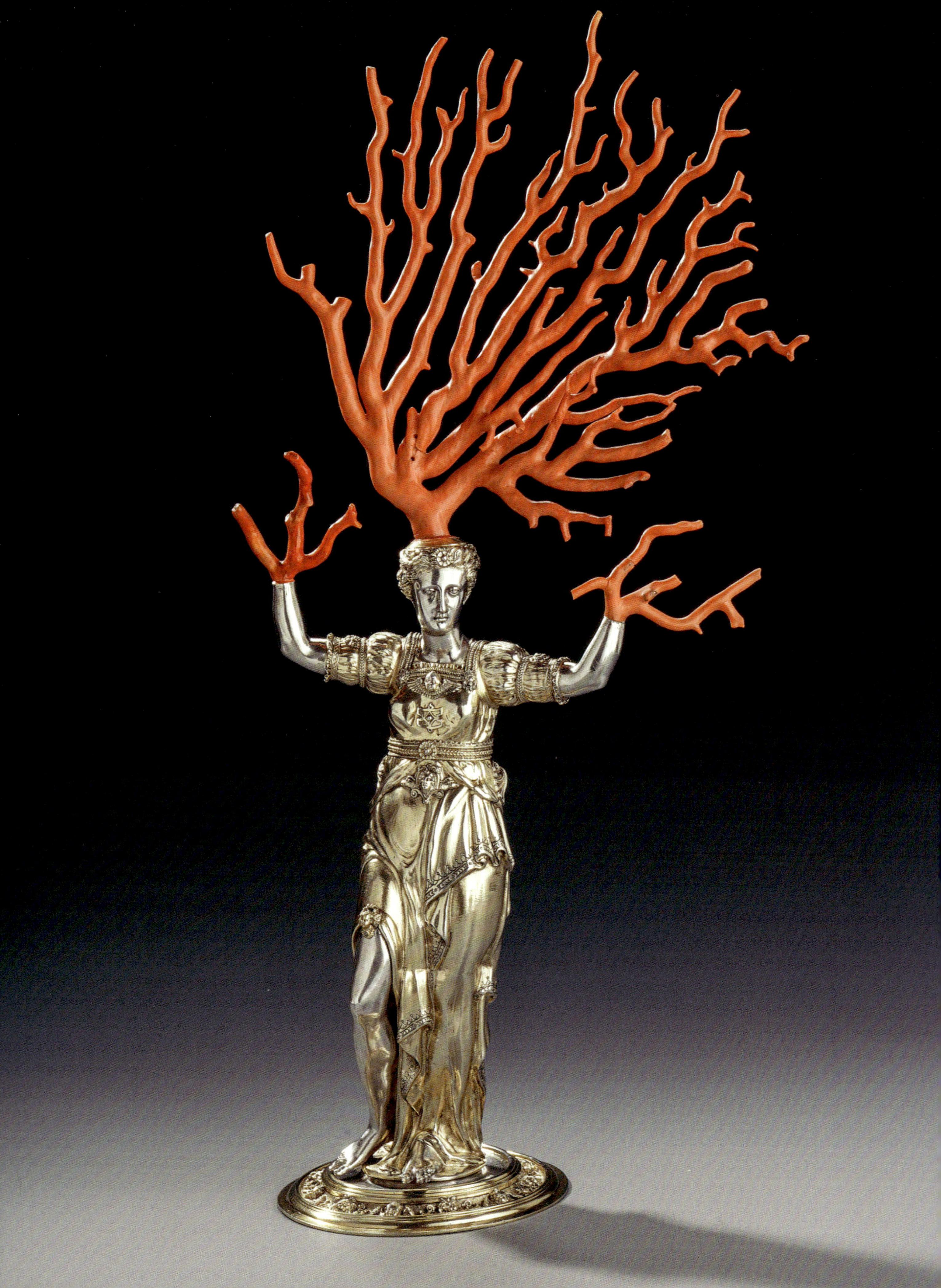

Saal der Kunststücke

Pokal der Daphne ←
mit den Korallenzinken
Abraham und Wenzel Jamnitzer, Nürnberg, um 1580–86

Kunstkammerstücke aus der zweiten Hälfte des 16. Jahrhunderts stehen im Mittelpunkt der Präsentation im „Saal der Kunststücke"; eines der schönsten Stücke ist die sich kongenial verwandelnde *Daphne als Trinkgefäß* von Wenzel und Abraham Jamnitzer aus vergoldetem Silber und einer Koralle. Das Skelett der zu den Nesseltieren gehörenden *Roten Koralle* war ein essenzieller Werkstoff für Kunstkammerstücke, verband er doch die Reiche der Tiere, Pflanzen und Mineralien. Wenzel Jamnitzer schuf eine 65 Zentimeter große, schlanke Göttinnenfigur mit gekonntem antikisierenden Faltenwurf, gehüllt in ein vergoldetes Gewand, deren Verwandlung in einen Lorbeerbusch soeben im Gange ist. Anstatt Lorbeer, der bekanntlich rasch welken kann, verwendete er göttlich-unsterbliche Korallenzinken. Aus Fingern werden winzige Korallenzweige.

Erzählt wird die Geschichte der Nymphe Daphne, für die Amor das Herz des Gottes Apoll entflammte. Auf einer dramatischen Verfolgungsjagd flehte Daphne ihren göttlichen Vater Peneios an, ihre allzu aufreizende Gestalt zu verwandeln. Als Apoll sie erreichte, war sie schon zu einem Lorbeerbaum mutiert; ein ganzer Hain davon umgibt bis heute die Orakelstätte des Gottes in Delphi.

Der obere Teil der Figur ist am Gürtel abnehmbar. Man könnte aus ihr trinken. Wie bei den meisten Kunstkammerstücken war solch profaner Gebrauch allerdings nie beabsichtigt. Der erste Guss des Kunstwerks befindet sich heute auf Schloss Écouen nördlich von Paris. Die Dresdner Figur ist aus derselben Gussform gefertigt worden und unterscheidet sich nur in Details.

Kugellaufuhr
Hans Schlottheim, um 1600

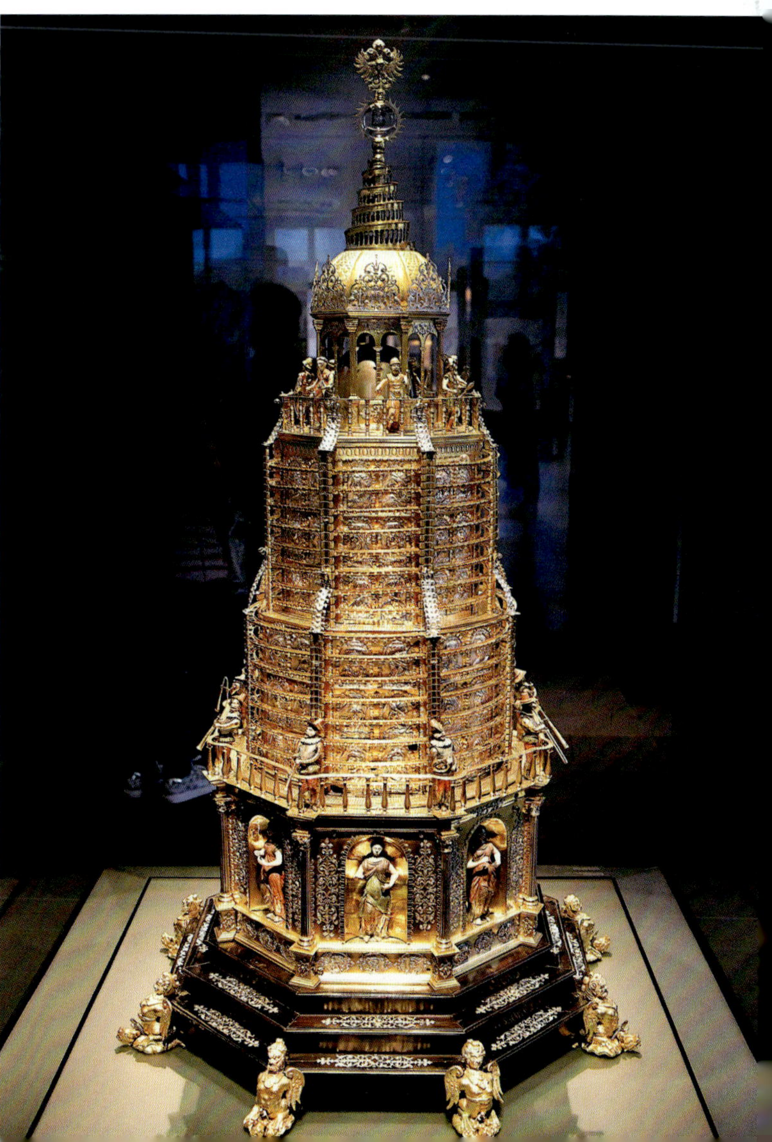

Uhrmacher Hans Schlottheim erhielt im Juli 1601 eine Vorauszahlung von 300 Gulden, übersandt von Sophie, der Witwe Kurfürst Christians I. Sein Auftrag: die Herstellung eines einzigartigen Uhrenautomaten – eine Kugellaufuhr aus teils vergoldetem Silber, Ebenholz und Elfenbein mit mechanischen Automatikfunktionen und Musikwerk. Er wiederholte und übertraf damit ein bereits von ihm selbst gefertigtes Werk. Das erste Exemplar dieser Uhr hatte Kurfürst Christian I. an Kaiser Rudolf II. in Prag verschenkt, nachdem es zunächst in der kurfürstlichen Kunstkammer stand. Im Februar 1603 lieferte Schlottheim die neue große Kugellaufuhr und berechnete sie inklusiv der erhaltenen Anzahlung mit insgesamt 2400 Gulden. Verschenkt wurde sie am letzten Tag desselben Jahres als Neujahrsgabe von dem jungen Kurfürsten Christian II. an seine Gemahlin Hedwig, Tochter des Königs Friedrich II. von Dänemark.

Die Uhr hatte die Form eines achteckigen Turmes von über 1 Meter Höhe und war ein echtes Wunderwerk der Technik. Um die damals noch nicht so präzise arbeitenden mechanischen Uhren zu verbessern, hatte der Hofuhrmacher Rudolf II. eine Erfindung beigesteuert: Eine Bergkristallkugel rollte die 16 Windungen einer Spirale hinab, während in genau derselben Zeit eine

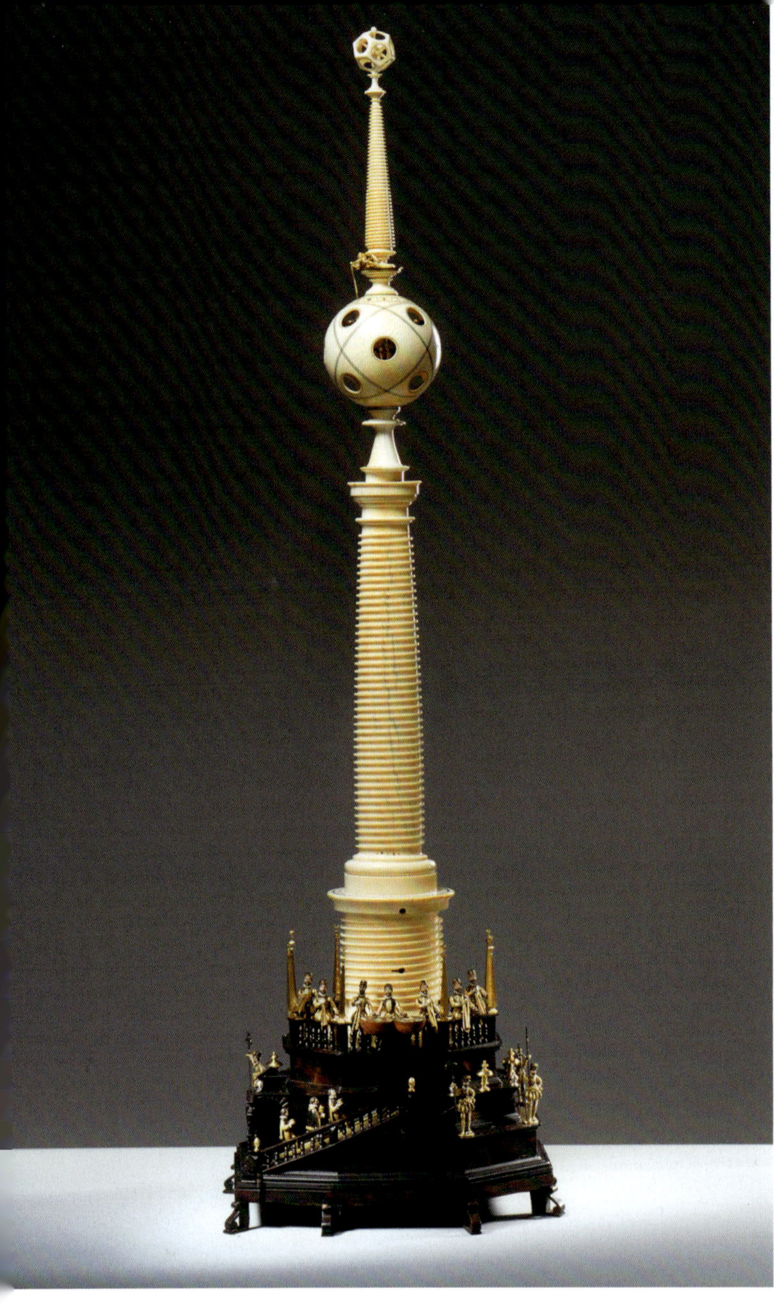

Mechanik im Inneren des Gehäuses eine zweite Kristallkugel hinaufhob. In diesem Moment – nach genau einer Minute – quittierte der Gott Saturn auf der oberen Turmbrüstung das Vorrücken des Minutenzeigers mit einem Glockenschlag. Die Planetengottheiten neben ihm waren ebenso mit dem Uhrwerk verbunden wie auch die Musikanten auf der unteren Turmgallerie, die sich entsprechend bewegten.

Neben dem Ziffernblatt paradieren Allegorien der sieben freien Künste, Grammatik, Rhetorik, Dialektik, Musik, Astronomie, Geometrie und Arithmetik. Der das Kunstwerk krönende habsburgische Doppeladler zeigt auf dem inneren Schild das herzoglich-sächsische Wappen und darunter eine weitere Kristallkugel als Symbol in einer Aureole, die die Herrschergeschlechter gleichsam in einen kosmischen Kontext erhebt. Unterhalb der Götterfiguren auf der Turmgalerie passiert die rollende Bergkristallkugel eine illustre Ahnenreihe und die Zeitspanne von beinahe zwei Jahrtausenden.

Die antiken Münzen nachempfundenen Kaiserbildnisse lassen erkennen, in welche „Ahnengalerie" sich Kaiser Rudolf II. gestellt sah. Sie beginnt mit Julius Caesar, zeigt die römischen und mittelalterlichen Kaiser und endet unterhalb des Ziffernblattes mit seinem Bildnis – daneben das seines jungen sächsischen Freundes Christian II.

Ebenfalls beweglich und mit der Uhr verbunden war der auf dem Boden des Altans der unteren Galerie eingravierte immerwährende Kalender. Zweimal am Tag erklang ein Spielwerk, dessen Melodie die auf der unteren Turmplattform stehenden Hofmusikanten und Stadtpfeifer sogar zu spielen schienen.

Hohe Elfenbeinsäule mit Uhr und Musikautomat
Egidius Lobenigk und Hans Schlottheim, 1589

Eine weitere Gruppe von Exponaten im *Saal der Kunststücke* bilden die Elfenbeindrechseleien. Seine einmalige Elastizität und zugleich Beständigkeit machten den faszinierenden Naturrohstoff zu einem geradezu idealen Material, bizarre Gebilde, aber auch erstaunliche Figurenkombinationen in vorausberechnete Kurven zu kleiden und, sowohl in der Senkrechten wie in der Waagerechten, fast schwindelerregend auszuführen.

Das Beherrschen damals noch urtümlicher Drehbänke, Kenntnisse der Mechanik und der Mathematik und das künstlerische Einfühlungsvermögen mussten zusammenspielen. Die in diesem Fach in Dresden tätigen Meister – wie Wecker aus München und Lobenigk aus Köln – waren Künstler und Ingenieure in einem. Es gehörte zum guten Ton im Hause Wettin, dass Renaissancefürsten wie August und Christian I. auch selbst drechselten.

Auf einer speziell konstruierten Drechselbank schuf Egidius Lobenigk 1589 die *Hohe Elfenbeinsäule mit Uhr und Musikautomatenwerk*. Der Uhrmacher war Hans Schlottheim aus Augsburg, in jenem Jahr jedoch persönlich in Dresden zugegen, um das Meisterwerk aus gedrechseltem Elfenbein, Silber, Eisen, Ebenholz, Eiche und etwas Seidentaft mit entsprechender Mechanik auszustatten.

Es misst stattliche 1,17 Meter und ruht auf einer ebenholzfurnierten Basis mit silbervergoldeten und emaillierten Spielmannsfiguren. Darin verbirgt sich ein komplettes Orgelwerk mit Blasebalg und einer programmierten Walze. Aus den Öffnungen an den Seiten ertönte stündlich ein Orgelstück. Mit der Orgelmechanik ist ein Laufband verbunden, auf dem drei Pagen Geschenke zu einer Toröffnung bringen. Ebenfalls angeschlossen ist ein Mechanismus, der dafür sorgt, dass die Trompeter am Sockel des Säulenschaftes beim Ertönen der Musik ihre Instrumente heben und der Pauker die Klöppel schwingt. Die Paukenschläge selbst werden von einer unabhängigen Mechanik im Inneren der Turmbasis erzeugt, die einen Eisenstab auf ein Trommelfell aus Ziegenlederpergament wirbeln ließ.

Im Zusammenspiel mit dem Uhrwerk im unteren Teil der Elfenbeinsäule sorgt ein weiterer Antrieb dafür, dass über drei Spindeln aus Eisen sich auch Elemente in der oberen Turmkugel bewegen. Durch die Öffnungen sieht man sieben Pagen auf einer Scheibe einen Tisch umkreisen, an dem eine fürstlich gekleidete Gruppe von Zechern Platz genommen hat. Eine der Spindeln lässt drei der Herren und zwei der Damen ihre Humpen zum Mund führen und die Köpfe bewegen. Die dritte Spindel setzt einen kleinen Polyeder ganz oben auf der Turmspitze wie von Geisterhand in Bewegung.

Der liegende Putto auf der Scheibe über der Turmkugel bewegt sich im Stundentakt einmal um seine Achse und zeigt die Zeit an. Das Ziffernblatt besteht aus römischen Zahlen, die in schwarzer Farbe um die Drehachse der Elfenbeinkugel aufgetragen sind. Ein aus 20 gleichseitigen Dreiecken bestehender Ikosaeder toppt das Werk. Das Zusammenspiel von Musik, Mechanik und Uhrwerk war ein Spitzenprodukt seiner Epoche und zugleich ein Renaissancekunstwerk erster Güte.

Kirschkern mit 185 geschnitzten Köpfen
Deutschland, kurz vor 1589

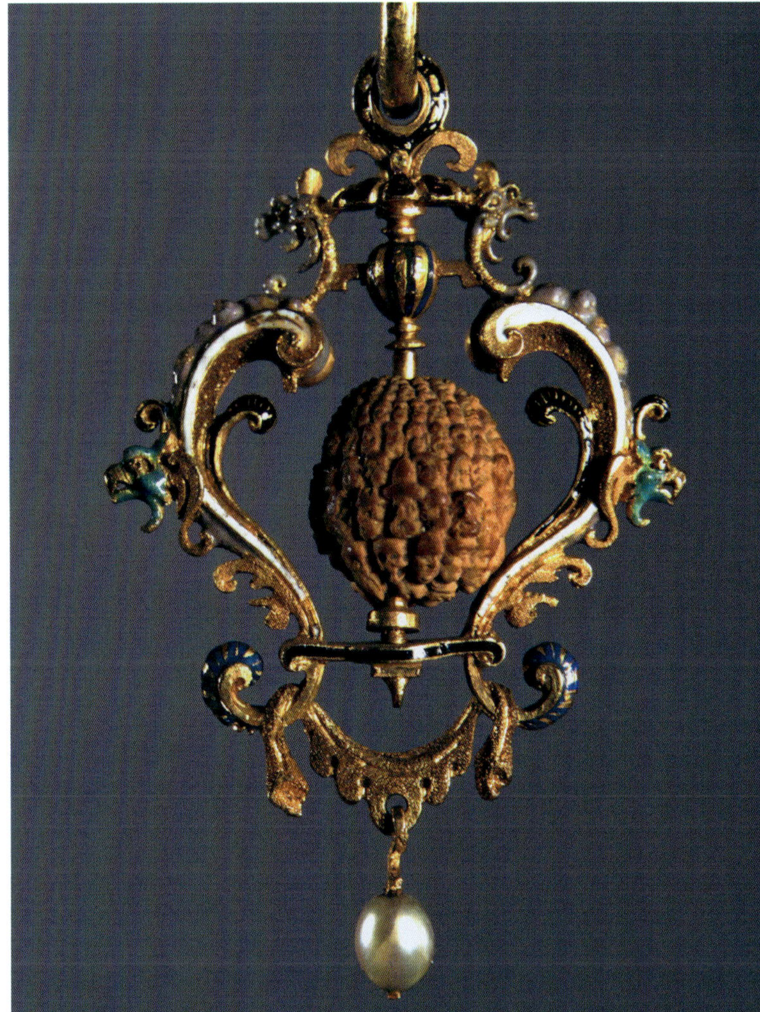

Mikrokabinett

Im Mikrokabinett der Renaissancekunststücke wird nicht nur die von Lobenigk und seinen Kollegen buchstäblich „auf die Spitze" getriebene Meisterschaft an Mikroschnitzereien und -drechseleien aus Elfenbein vorgeführt. Selbst aus so profanen Materialien wie Sandstein oder eben gar simplen Kirschkernen, wie sie Dorfbuben durch die Gegend spuckten, sind durch Meisterhand kurfürstlich-kunstkammertaugliche Werke entstanden.

Dem berühmten *Kirschkern mit den 185 Köpfen* war schon zu Zeiten Augusts des Starken, als die ersten illustren Gäste allein der Ausstellungsstücke wegen die Kunstkammer besuchten, ein Vergrößerungsglas beigelegt. Dennoch dauerte es eine Weile, bis ein Kunstkammer-Inspektor herausfand, dass es nur 113 geschnitzte Häupter geistlichen und weltlichen Standes sind, die der Kern beherbergt. Gestiftet hatte ihn der kaiserliche Rat und Reichspfennigmeister Freiherr Christoph von Loß auf Schloss Pillnitz seinem Kurfürsten Christian I., dessen Hofmarschall er kurz darauf wurde.

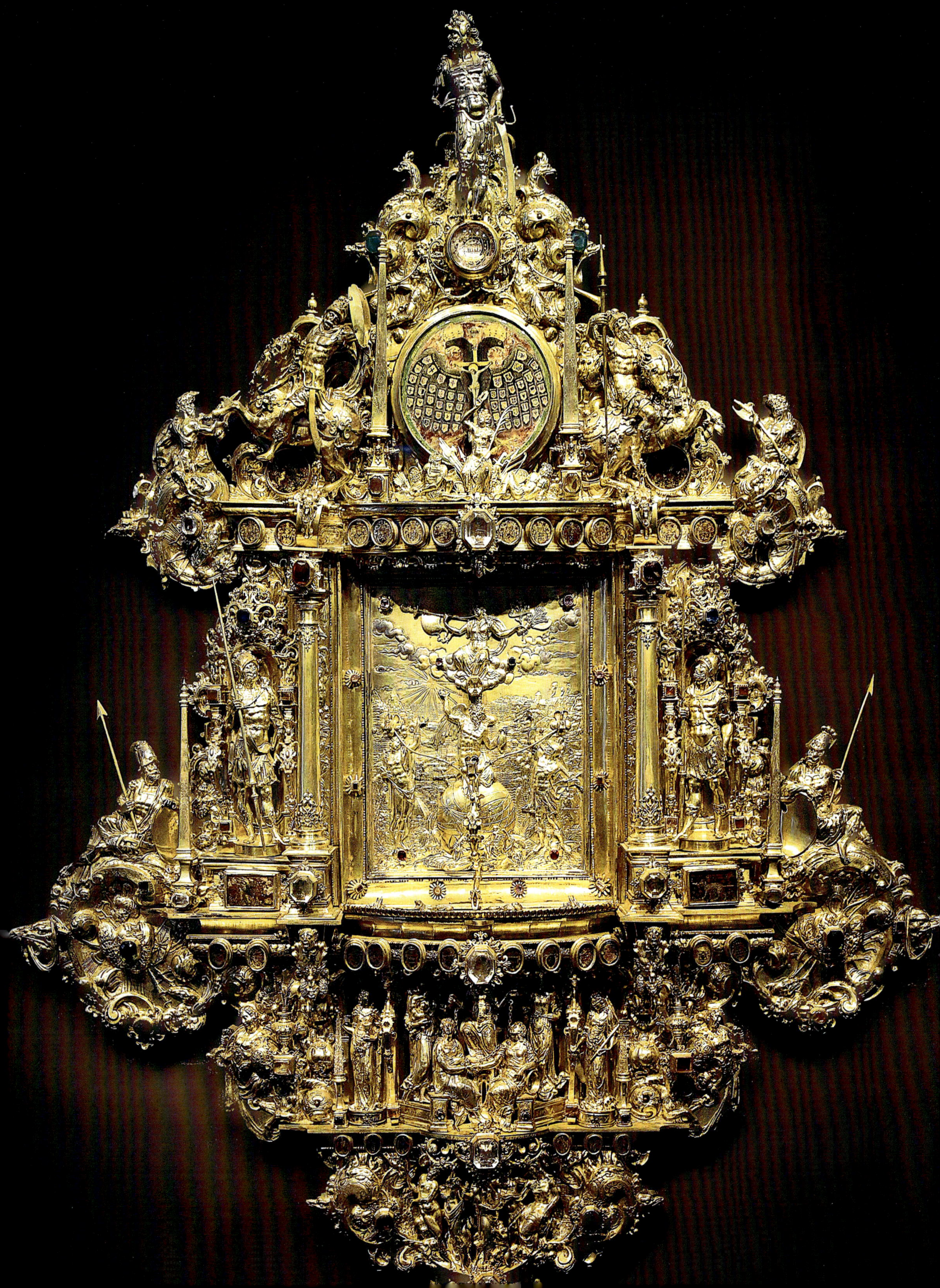

Schon in der Antike wurde von Virtuosen erzählt, die einen Vers von Homer auf ein Sesamkorn schrieben oder Kampfwagen in der Größe eines Insektenflügels bauten. Mit fantasievollen Schnitzereien verzierte Muskatnüsse, Marillen- oder sogar Pfefferkörner fanden als Wunderwerke handwerklicher Kunstfertigkeit ihren Platz nun wieder in fürstlichen Kunstkammern der Renaissancezeit.

Lüneburger Spiegel

Gleich nach Verlassen des Mikrokabinetts sucht man nach dem Lüneburger Spiegel, der in einem monumentalen vergoldeten Prunkrahmen aus Silber in Form eines über 1 Meter hohen und 85 Zentimeter breiten Epitaphs verborgen ist. Wo man ihn sucht, sitzt Chronos als Personifikation der Vergänglichkeit auf einer Erdkugel und schaut besorgt zur allegorischen Darstellung der auf Wolken thronenden göttlichen Wahrheit hinauf, die mit ihrer Posaune das Jüngste Gericht ankündigt. Spieglein, Spieglein an der Wand, gibt es Krieg im Sachsenland?

Eine beeindruckende Fülle von aus Silber gegossenen und getriebenen Figuren, von Fruchtbündeln und Trophäen, Tierköpfen, Mischwesen und Masken lenken ab. Darüber hinaus mehr als 30 medaillonförmige Hinterglasmalereien und beachtliche Edelsteine, Amethyste, Granate, magische Bergkristalle, aber auch einige geschliffene Strasssteine beleben den architektonisch straff gegliederten Rahmen mit dem hinter den Allegorien versteckten Spiegel.

Man musste die kunstvolle Deckplatte abnehmen, wenn man hineinblicken wollte – vorausgesetzt, man wusste, wie und wo. Amalgamierte Spiegel, soeben in Italien erfunden, waren begehrte, immens teure Luxusprodukte; Spiegelscherben brachten auch damals schon Unglück, und nicht immer konnte oder wollte man im Fürstenhaus in den Spiegel schauen.

Das Hauptthema des Rahmens ist der Traum des babylonischen Herrschers Nebukadnezar aus dem Buch Daniel. Daniel prophezeite, dass die Reiche Assyrien, Persien, Griechenland und Rom untergehen und das ewig göttliche Reich der Wahrheit und Erlösung folge. Auf dem Spiegelrahmen wird Gottes Reich etwas vordergründig mit dem Heiligen Römischen Reich deutscher Nation gleichgesetzt. Dessen Symbol: der kaiserliche Doppeladler mit den Wappen der zugehörigen Länder, Sachsen und Österreich voran. Darunter die Statua Danielis.

Das Spiegelfeld rahmen links und rechts zwei stehende Krieger im Harnisch: Alexander der Große als Vertreter des griechischen und Julius Cäsar als Vertreter des römischen Weltreichs. Bei den beiden reitenden Kriegern in der darüberliegenden Zone handelt es sich um Nimrodt den Assyrer und Cyrus von Persien.

Unterhalb des Spiegels findet sich eine Allegorie der Guten Regierung, symbolisiert durch die thronende Gestalt, die von Personifikationen der Tugenden umringt ist. Die Szene noch darunter, in der Spitze des Spiegelrahmens, führt mit dem Urteil des Paris exemplarisch die Folgen einer zu kurz gedachten Entscheidung vor Augen – vielleicht eines Hirten, nicht aber eines Kurfürsten würdig.

Lüneburger Spiegel in epitaphförmigem Prunkrahmen ←
Luleff Meier, Dirich Utermarke
1587/1592

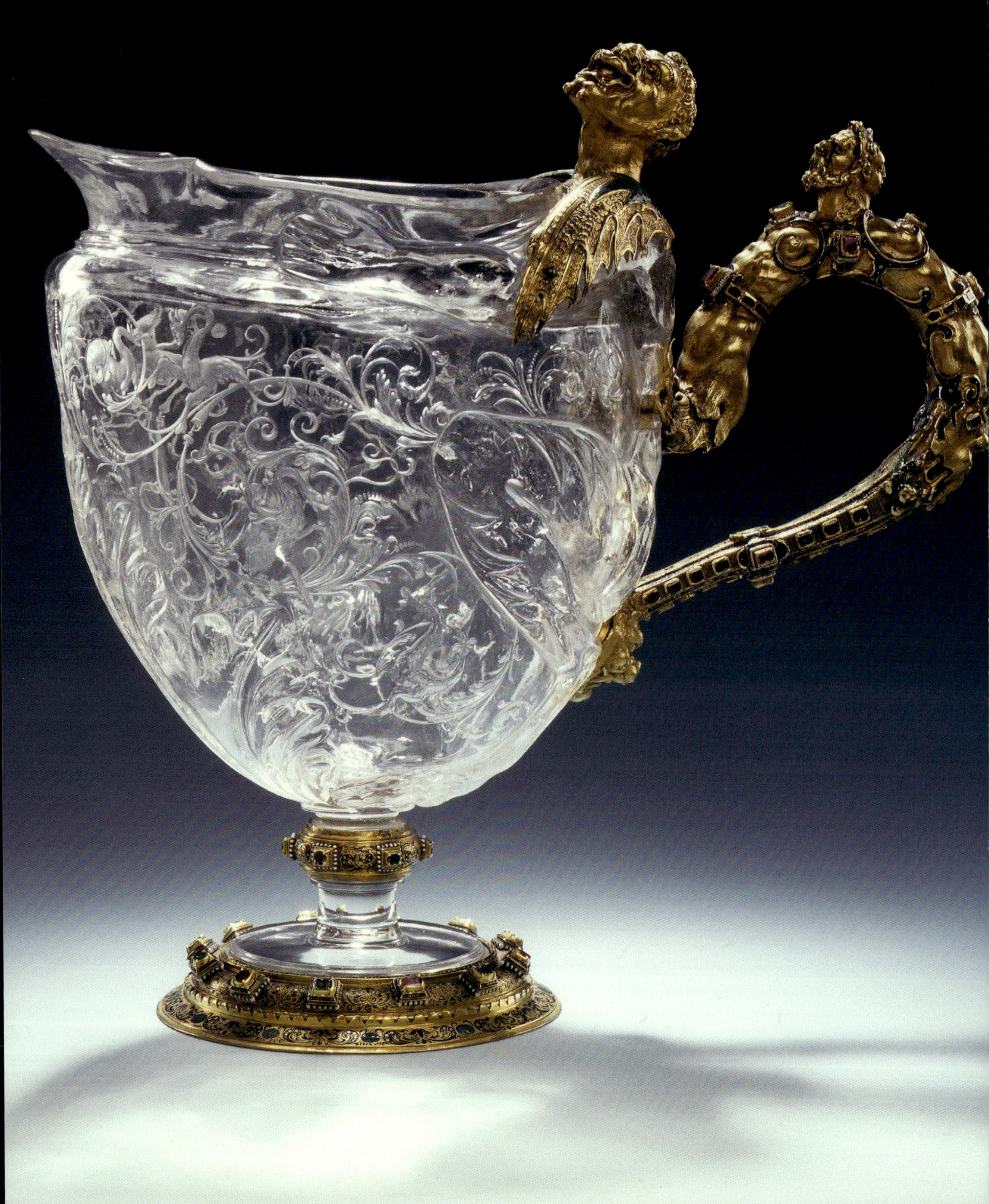

Kristall-Kabinett

Die feinsten und komplexesten Bergkristall-Gefäße wurden gegen Ende des 16. Jahrhunderts von Mailänder Meistern hergestellt. Sie schliffen das Kristall in Steinmühlen, angetrieben mit Wasserkraft durch Mühlräder von beträchtlicher Größe. Schließlich mussten immense Kräfte freigesetzt werden, um die harten Steine kunstvoll zu schleifen.

Neben der Technik war die genaue Kenntnis von Materialeigenschaften und Kristallstruktur Voraussetzung des Erfolgs der Schleifkunst – Bergkristall wurde gegen Struktur geschliffen. Hauchdünn geschliffenes Kristall ist wesentlich zerbrechlicher als in einer Form geblasenes Glas. Insofern sind alle gelungenen Bergkristallarbeiten technisch-künstlerische Wunder. Sie wurden oft in emailliertes Gold gefasst, gar mit Rubinen und Smaragden besetzt.

Ein schönes Beispiel dafür ist aus der Werkstatt der Gebrüder Saracchi in Mailand die *Henkelkanne mit eingeschnittener Teufelsgestalt*. Die Arme des Teufels sind aus Kristall geschnitten. Seinen über den Gefäßrand emporgereckten Kopf schuf der Goldschmied. Der vollständig aus Gold gefertigte Henkel wird aus einer weiblichen und einer männlichen Halbfigur gebildet, die an Schultern und Köpfen miteinander verbunden sind, sozusagen vom Teufel besessen.

Reiner Quarz ist vollkommen transparent und farblos und wird, wenn er gut ausgebildete Kristalle entwickelt, als Bergkristall bezeichnet. Im antiken Griechenland glaubte man, Bergkristalle seien zu ewigem Eis erstarrtes Wasser. In der christlichen Liturgie galt Bergkristall als Zeichen göttlicher Reinheit und Glaubensstärke und fand daher auch bevorzugt Verwendung für die Anfertigung von Reliquienbehältnissen.

Ohne Mohs ist nichts los

Harte Stoffe ritzen weiche. Das ist der Kernsatz des mit seiner Härteskala zum Begriff gewordenen Mineralogen Carl Friedrich Christian Mohs. Denn mit dem Platz auf der Härteskala der Minerale von 1 bis 10 ist ihr Wert verbunden, mithin ihr Preis. Die Härte wird durch den mechanischen Widerstand bestimmt, den ein Stoff einem anderen entgegensetzt. Härtere Zähne nutzen sich weniger ab. Härtere Brillengläser zerkratzen weniger. Ein härterer Stein lässt sich vom weniger harten nicht ritzen. Nonplusultra: Mohshärte 10 – Nimbus des Diamants. Rubin oder Saphir haben Mohshärte 9, wie alle Korunde; Topas – Mohshärte 8; Quarz und Bergkristall – 7. So wird die chemisch reine, farblose Form dieser Minerale genannt. Neben Größe, Struktur, Schliff und anderen Einflussgrößen bestimmt bis heute die auf der Härteskala nach Mohs ausgedrückte Eigenschaft eines Steins maßgeblich seinen Wert und somit seinen Preis. Ohne Mohs nix los.

Henkelkanne mit eingeschnittener Teufelsgestalt ←
Saracchi Werkstatt der Kristallschneider, um 1580

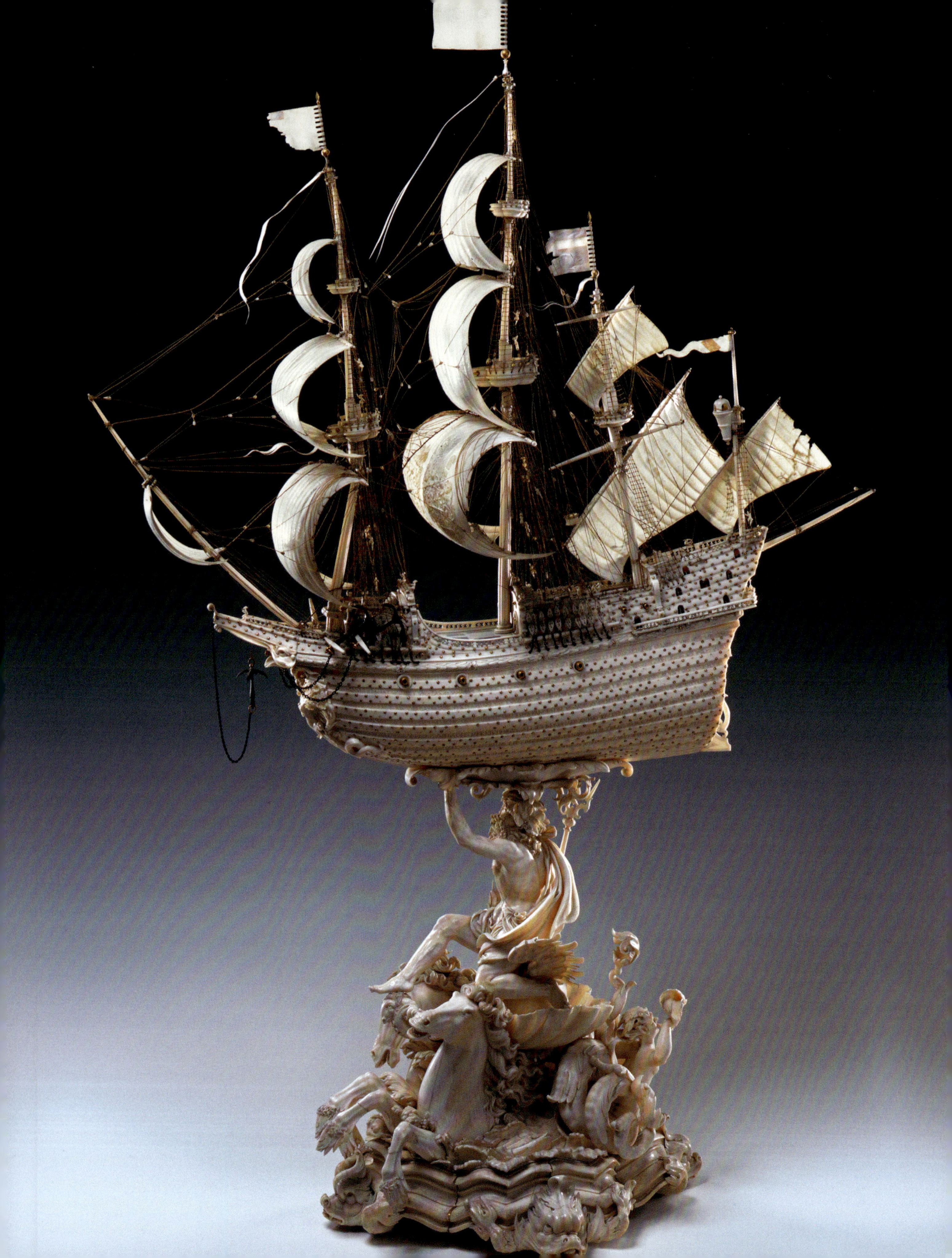

Die Räume der Kurfürsten

Gleich im ersten der beiden Räume der Kurfürsten geht es göttlich weiter. Kein geringerer als Meeresgott Neptun befördert die *Große Fregatte aus Elfenbein* von Jacob Zeller. Nur wenige Monate vor seinem Tod am 28. Dezember 1620 vollendete der erst 39-jährige Bildhauer, Kunstdrechsler und Elfenbeinschnitzer aus Regensburg dieses einmalige Kunstwerk. Wohl wissend um den Wert seiner Fregatte, fügte Zeller seiner von einem Tritonen präsentierten Signatur einen Passus hinzu, nach dem er sie sowohl erdacht als auch selbst gefertigt hat: „Jacobus Zeller C. S. bestalter Kunstdrechsler fecit et iventavit 1620".

Das künstlerisch und technisch Unerhörte gelang Zeller mit den scheinbar vom Wind geblähten, pergamentdünn aus Elfenbein geschnittenen Hauptsegeln. In feiner Reliefschnitzerei sind hier die Wappen des kurfürstlichen Paares Johann Georg I. von Sachsen und seiner Gemahlin Magdalena Sibylla von Brandenburg eingearbeitet. Winzige Matrosen aus Elfenbein erklettern die Takelage aus Golddraht. Selbst Kanonen, Ketten, Nägel und Anker aus Gold fehlen nicht. Acht inskribierte Banderolen um seinen Rumpf machen das Schiff zu einem dynastischen Monument. Die Namen der Vorgänger des Kurfürsten Johann Georg I. werden bis um Christi Geburt aufgeführt, reichen also bis in jene Zeit zurück, als ein gewisser Harderich die Stammesgruppe der Angrivarier, Chauken und Cherusker anführte, aus der die Sachsen hervorgingen. Im Sommer 1620, zehn Jahre nach seiner Berufung aus Prag nach Dresden, stellte der Künstler dem Kurfürsten die ebenso runde wie stattliche Summe von 3000 Gulden für die genealogische Ahnenfolge in Gestalt einer Fregatte in Rechnung.

Das Sachsenschiff wird von Neptun als Teil einer geschnitzten Figurengruppe von Meereswesen gestemmt, die auf bekannte Gefahren wie auf eine stürmische See und auf unwägbares Herrscherglück verweist, denen sich Johann Georg I. besonders am Beginn des Dreißigjährigen Krieges gegenüber sah.

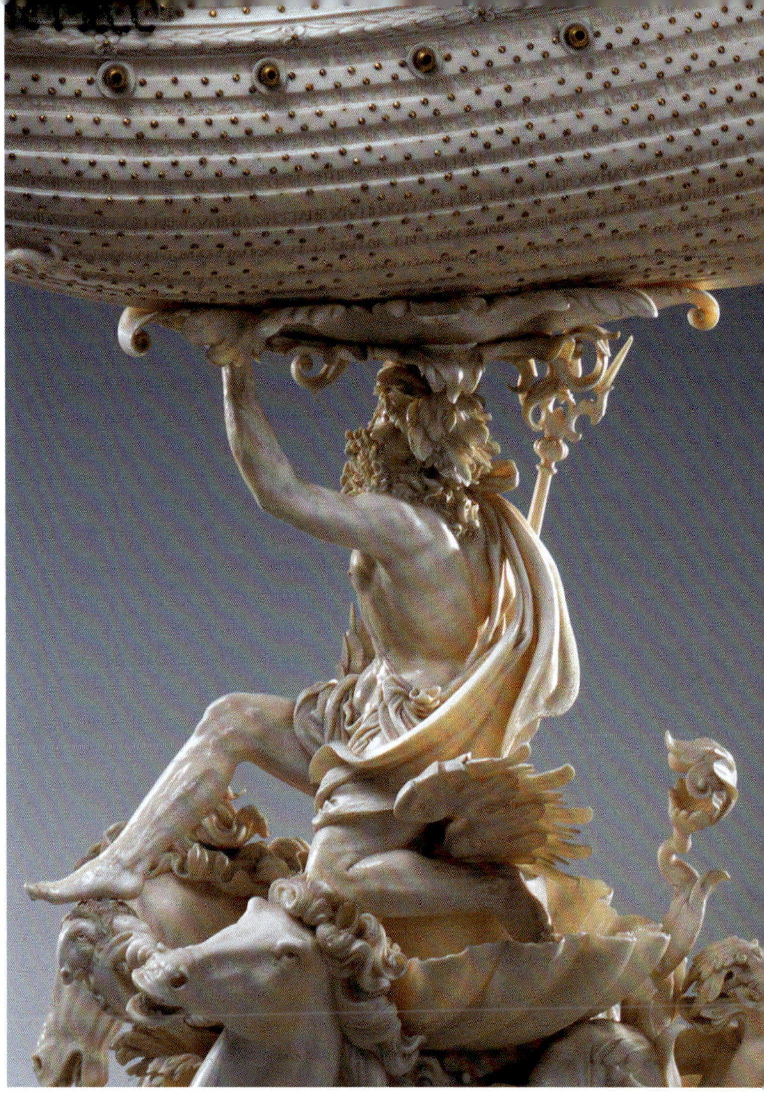

Große Fregatte aus Elfenbein, von Neptun getragen
Detail

Große Fregatte aus Elfenbein, von Neptun getragen ←
Jacob Zeller, 1620

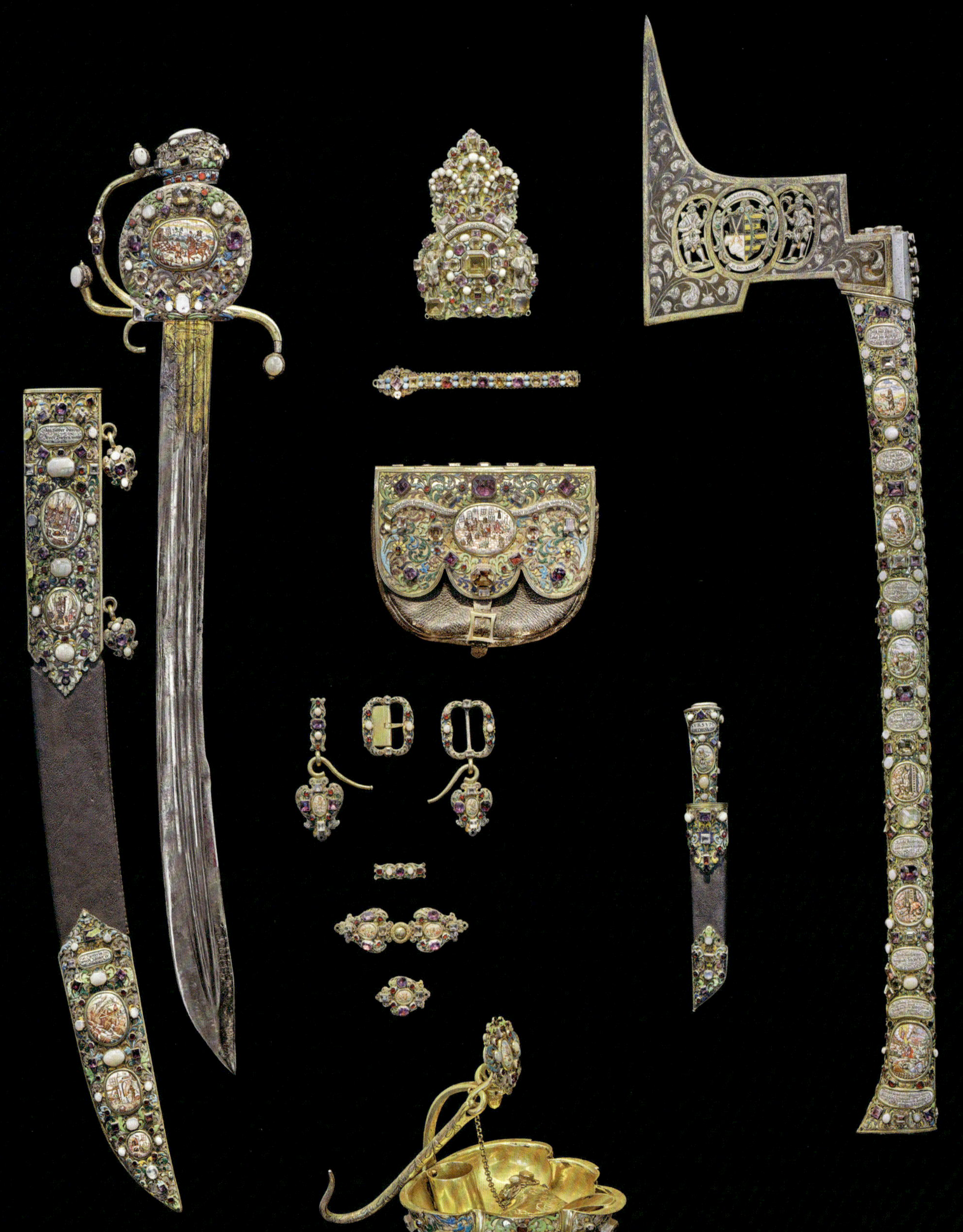

Im *Zweiten Raum der Kurfürsten* begeistert die Bergmannsgarnitur Johann Georg II., Großvater Augusts des Starken und erster Barockfürst Sachsens. Begonnen mit den mittelalterlichen Silberfunden bei Freiberg, die mit dazu beitrugen, das Schloss erblühen zu lassen, war der Reichtum der Kunstkammer wesentlich auf die Erfolge des Bergbaus gegründet.

Samuel Klemm aus Freiberg schuf die Garnitur für ein großes Hoffest, das im Februar 1678 stattfand und zu dem Johann Georg seine jüngeren Brüder einlud, die in Weißenfels, Merseburg und Zeitz residierten. Der Kurfürst war oberster Bergherr Sachsens und unterstrich seine diesbezügliche Würde, indem er zünftig zum Festaufzug der „Durchlauchtigsten Zusammenkunft" erschien. Dazu hatte man alle Fassaden des Dresdner Schlosses renoviert und sogar den Schlossturm erhöht. Allein drei Jahre lang hatte Klemm an der Bergmannsgarnitur gearbeitet. Opernaufführungen, Schauspiel und Ballett bildeten einen großartigen Auftakt zum Dresdner Barock. Carussells mit Reiteraufzügen, Turnierkämpfe, Jagd- und Ritterspiele hinterließen bei dem noch jugendlichen August dem Starken, der bei seinem Großvater aufwuchs und daran teilnahm, einen bleibenden Eindruck.

Ausschließlich sächsisches Silber und sächsische Edelsteine wurden zur Bergmannsgarnitur verarbeitet: Bergkristall, Milchquarz, Rauchtopas, Granate, Amethyst und Opal. Tscherpermesser und Bergbarte tragen Namen und vollständige Titulatur des Herrschers: *J. G. D. A. H. Z. S. J. C. V. B. C.: Johann Georg der Andere (der Zweite), Herzog zu Sachsen, Jülich, Cleve und Berg, Churfürst.* Auf der Rückseite des Schaftes der zur Garnitur gehörenden Bergbarte sind die Wappen der Länder und Herrschaften seines Kurfürstentums verzeichnet.

Die Bergbarte war aus der Axt der Bergleute entstanden. Bergwerke abzuteufen, hieß auch, Gänge und Wasserkünste mit Stempelholz und Planken zu errichten und zu sichern. Im 17. Jahrhundert wurde sie zum Standesattribut der höheren Bergbeamten und Besitzer der Gruben, die nach dem Abklingen des Silberbergbaus nun Schmucksteine wie Zöblitzer Serpentin, Marmore, aber auch Edelsteine, seltene Tone und Erden, darunter Porzellanerde, zu finden und zu nutzen wussten.

Die Bergmannsgarnitur des Kurfürsten Johann Georg II. ←
Samuel Klemm, 1675–77

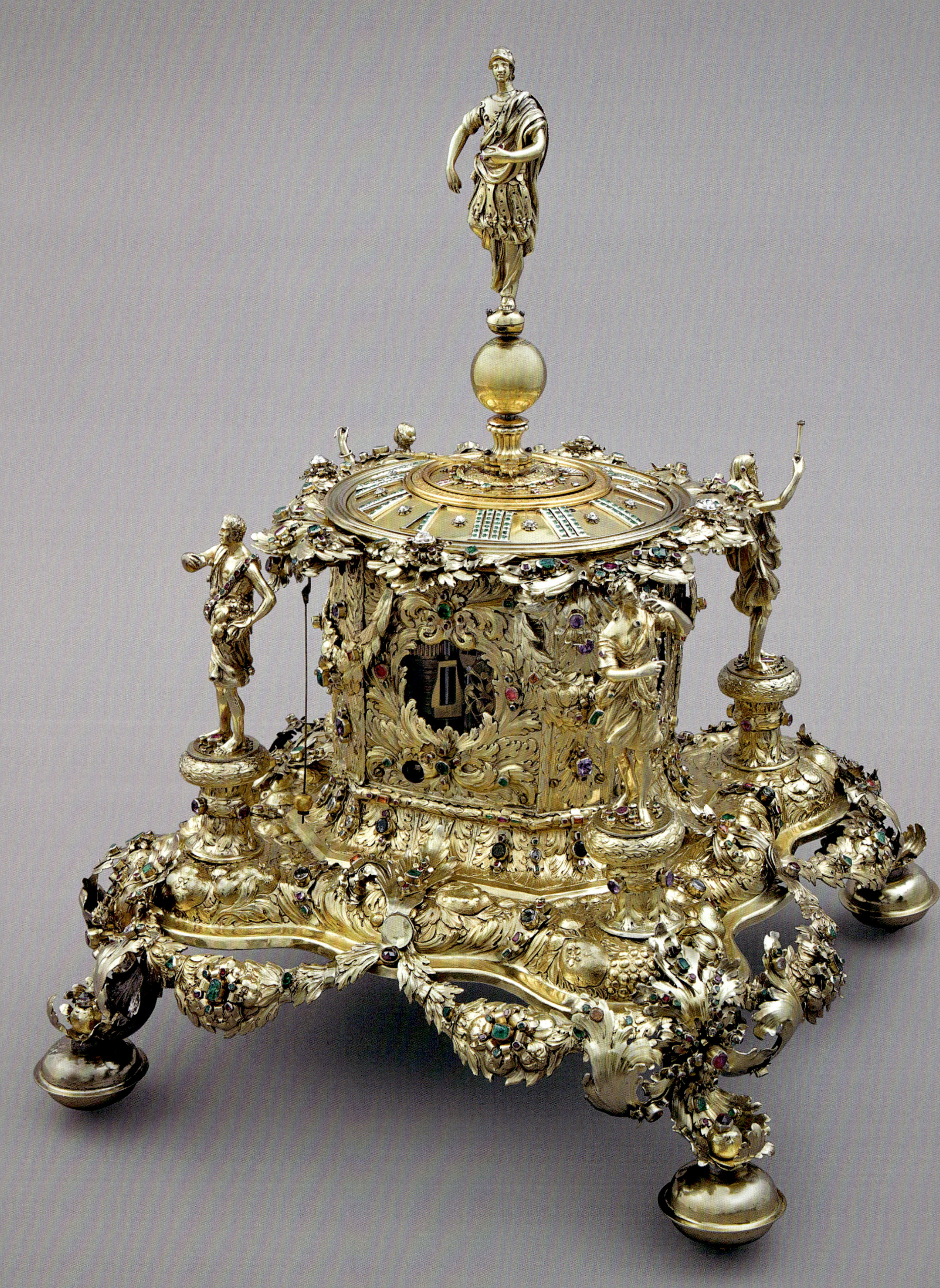

Raum der königlichen Pretiosen

Begeben wir uns nun in die Zeit des Hochbarock, geprägt von August dem Starken, der 1694 nach dem Tod seines älteren Bruders Johann Georgs IV., Kurfürst von Sachsen und 1697 König von Polen wurde. Bereits 1693 hatte er Christiane Eberhardine von Brandenburg-Bayreuth geheiratet. Die barocke Prunkuhr, nicht weit vom Eingang zum Raum der königlichen Pretiosen, war im Besitz seiner Gemahlin und ist ein prächtiges Beispiel einer horizontalen Tischuhr, geschmückt mit exquisiten Steinen. Dieser Uhrentyp hatte sich schon um 1600 entwickelt und war im Laufe des 17. Jahrhunderts besonders beliebt. Das Ziffernblatt ist horizontal nach oben ausgerichtet und mit einer bekrönenden Statue versehen, die einen stabförmigen Zeiger hält, um die Stunde zu weisen. In diesem Fall ist es Athene, mit der Christiane Eberhardine gern verglichen wurde (wie August der Starke mit Apoll – in deren Verkleidungen sie in jungen Jahren bei Hoffesten auftraten). Gemeinsam mit vier weiteren silbervergoldeten Figuren an den Ecken der fast quadratischen Prunkuhr stellt sie zugleich einen der fünf Sinne dar. Abgesehen von ihrer ausgezeichneten Verarbeitung und der reichen Dekoration im beschwingten Akanthusstil mit vielen wertvollen Edelsteinen – eine Schöpfung des Augsburger Goldschmiedes Abraham II. Drentwett –, hat diese Uhr es auch in sich: Uhrwerk und Technik sind der Renaissanceidee des Figurenautomaten verpflichtet. So kann Athene während der Stundenanzeige ihren rechten Arm und den Kopf bewegen. Zugleich zeigt sie Datum und Mondphasen an und kann auch als Wecker fungieren. Viermal pro Stunde ertönte ein im Sockel verborgenes Schlagwerk mit drei Glocken und intonierte so die Viertelstunden. Die Minuten wurden sogar sichtbar gemacht: Eine Bergkristallkugel rollte einmal in 60 Sekunden rund um das nur mit einem Stundenzeiger versehene Ziffernblatt. Während sie verschwand, wurde im Inneren der Uhr eine zweite Kugel emporgehoben und konnte in der nächsten Minute ihren Lauf beginnen.

Das äußerst präzise Uhrwerk war von einem Pendel gesteuert, das sichtbar im Inneren der Uhr tickte. Es heißt, als Christiane Eberhardine 1727 starb, sei die Uhr stehengeblieben. August der Starke überantwortete das wertvolle Stück nach einer respektvoll verbrachten Trauerperiode seiner Schatzkammer Grünes Gewölbe.

Etwas mehr als eine Dekade hatten zu Beginn des 18. Jahrhunderts Kombinationen von Gefäßen und Figuren aus edlen exotischen Materialien Hochkonjunktur, wie etwa Gehäuse von Nautilus-Kopffüßern, großen Schnecken oder Muscheln, Straußeneiern, Perlmutt und Elfenbein. Eine ganze Schar hochkarätiger Goldschmiede und Juweliere wie Köhler, Döring und natürlich die Dinglinger-Brüder, aber auch Bildhauer wie

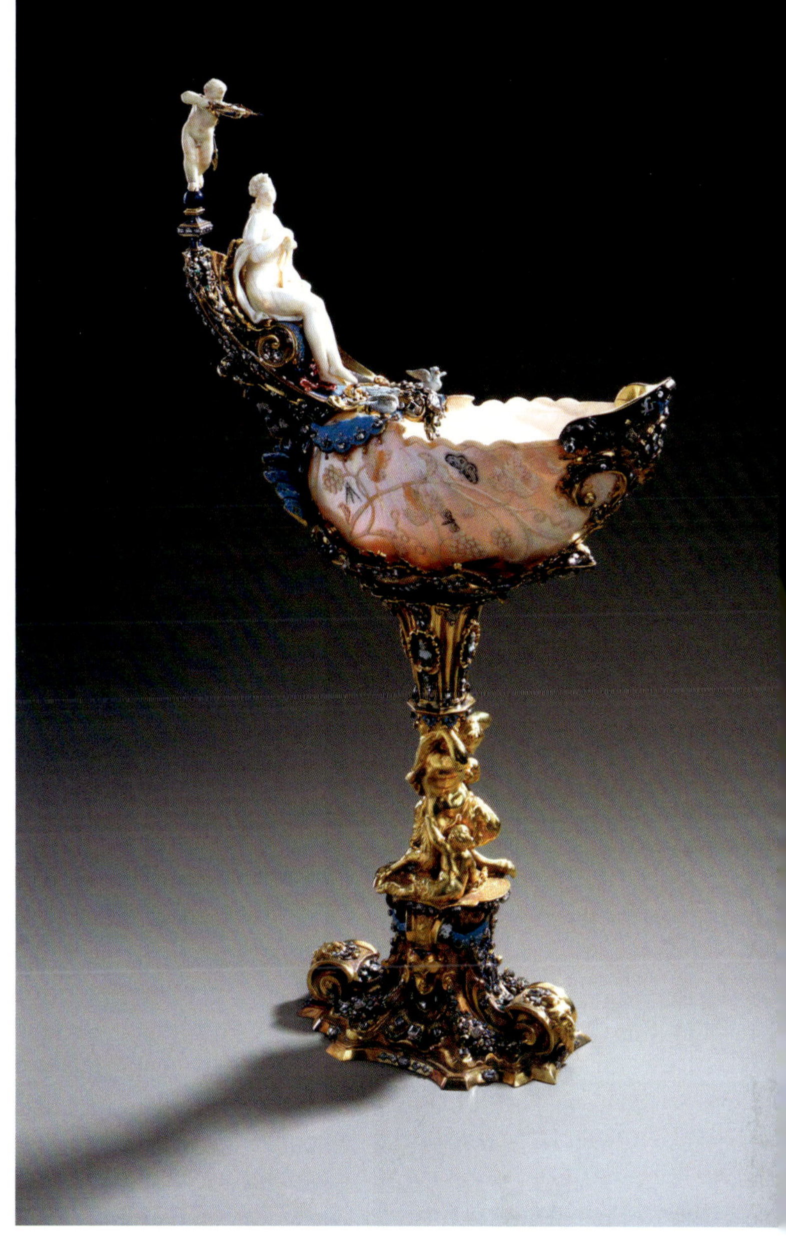

Venusschale
Gottfried Döring,
zwischen 1704–18

Prunkuhr aus dem Besitz der Christiane Eberhardine ←
Abraham II. Drentwett,
um 1680–85

Groteskfigur – der Koch, der auf dem Bratrost geigt →
wohl Frankfurt am Main,
erstes Viertel des
18. Jahrhunderts

Balthasar Permoser im Grünen Gewölbe
Es wird berichtet, dass es August der Starke war, der während seiner Kavalierstour durch Italien als junger Herzog den seit Jahren in Florenz erfolgreich tätigen Bildhauer und Elfenbeinschnitzer Balthasar Perrnoser nach Dresden verpflichtete. 1690 trat der eigenwillige und selbstbewusste Künstler aus dem oberbayerischen Chiemgau seinen Dienst als Hofbildhauer des Kurfürsten an und blieb 42 Jahre in Dresden. Sein Verdienst war es, die hochbarocke Figurenauffassung Italiens nördlich der Alpen verbreitet zu haben. Permoser leitete nicht nur die Skulpturenwerkstatt des Dresdner Zwingers und kreierte dessen Bildprogramm, auch für die Katholische Hofkirche erschuf er großartige Plastiken. Nirgends aber ist sein künstlerisches Schaffen in Holz und Elfenbein so gut repräsentiert wie im Grünen Gewölbe.

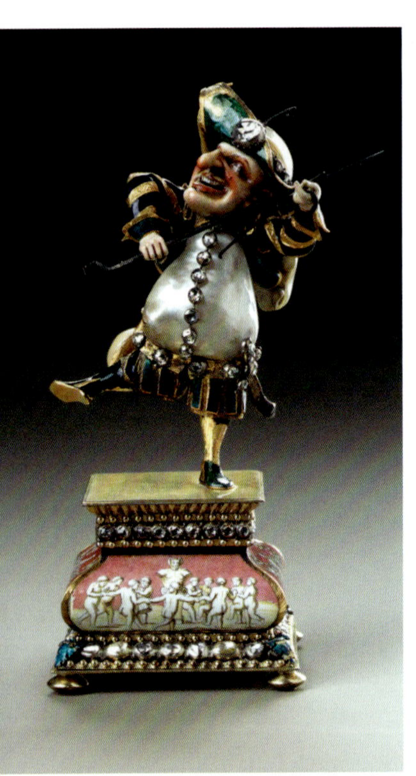

Balthasar Permoser, Paul Heermann, Kirchner, Thomae und andere lieferten sich einen kollegialen Wettstreit, wer wohl die originellsten, vornehmsten und bestausgestatteten Kunstwerke fertige, um einander in der Gunst ihres Herrn, Augusts des Starken, zu übertreffen. Der wiederum wollte nicht nur Polen und Österreicher politisch gewinnen und von Dänen, Franzosen, Italienern, Spaniern, Briten und Preußen neidisch bewundert werden, sondern ganz privat auch vor allem die Damenwelt beeindrucken.

Venusschale wurde er meist genannt, der *Nautiluspokal mit Venus*, Gesprächsstoff an den Höfen Europas. Perlmutterschnitzer Cornelis van Bellekin, Elfenbeinschnitzer und Bildhauer Paul Heermann und als Spiritus Rector der Goldschmied Gottfried Döring, der 1725 auch als Autor im Pretioseninventar genannt ist, haben ihn erschaffen. Döring war aus dem schlesischen Görlitz nach Dresden gezogen und von 1686 bis zu seinem Tod 1718 als Goldschmied bei Hofe tätig, 1703 wurde er von August dem Starken offiziell zum Hofjuwelier ernannt. Viele seiner Arbeiten verraten den Einfluss Dinglingers, der dessen Schwester geheiratet hatte. Dinglinger war das Genie unter den Dresdner Goldschmieden. Sechs Jahre älter als August der Starke, war er für ihn auch durchaus Gesprächspartner in Kunstdingen. Johann Melchior Dinglinger, Sohn eines oberschwäbischen Messerschmieds aus Biberach an der Riss, brachte zwei Brüder mit nach Dresden. Der eine Emailleur, der andere ein begnadeter Goldhandwerker. Zugleich konnte Dinglinger nach gewissen Anlaufschwierigkeiten sowohl mit einheimischen wie den vielen zugereisten Meistern und auch Hofchargen und Ministern auskommen. Ähnlich Malerfürsten von Dürer bis Rubens, in Sachsen Cranach, hatte er auch ein politisches *standing* und zudem wirtschaftliche Verbindungen.

Die Grotesken bilden eine eigene Werkgruppe von etwa 40 Arbeiten einer eher seltenen bis seltsamen Gattung des Juwelierhandwerks. Sie ist verbunden mit einer nach heutigem Maßstab wenig korrekten und nicht immer geschmackvollen, jedoch höchst skurrilen Welt höfischen Treibens, das sich in den gekonnt gefertigten, mit Edelsteinen, Gold und Email gefassten miniaturhaft kleinen Figuren widerspiegelt. Ihr Kern ist in der Regel eine zumeist ungewöhnlich große, unregelmäßig gewachsene „monströse“ Perle, als *barocco* bezeichnet, die schließlich der ganzen Kunstepoche zu ihrem Namen verhalf.

Ein schönes und noch einigermaßen harmloses Beispiel der höfischen Dresdner Groteskfiguren ist der *Koch, der auf einem Bratrost geigt*. Urheber ist der Frankfurter Juwelier Guillaume Verbecq, selbst hugenottischer Provenienz und von feinsinnigem Humor. Mit einem breiten Grinsen im Gesicht fidelt unser Koch, sein kurzes Bein in vermeintlich graziöser Pose austreckend, voller Inbrunst auf – einem Bratrost. Die skurrile Figur, deren gedrungener Körper von einer birnenförmigen Perle gebildet wird, trägt ein maßgeschneidertes blau- und grün-gold gestreiftes Habit und einen grünen, breitkrempigen Bolero.

Dabei besticht die Liebe zum Detail, mit der mannigfaltige Gegenstände – eine Feldflasche und die kleine von der Schulter baumelnde Gans – wiederum aus monströsen Perlen gefertigt wurden. Auf der Vorderseite des Sockels umtanzt ein Reigen musizierender Putti eine Priaposherme, Standbild des in Rom verehrten drastischen Fruchtbarkeitsgottes, während die Seiten- und Rückwände Fruchthörner und -girlanden zieren.

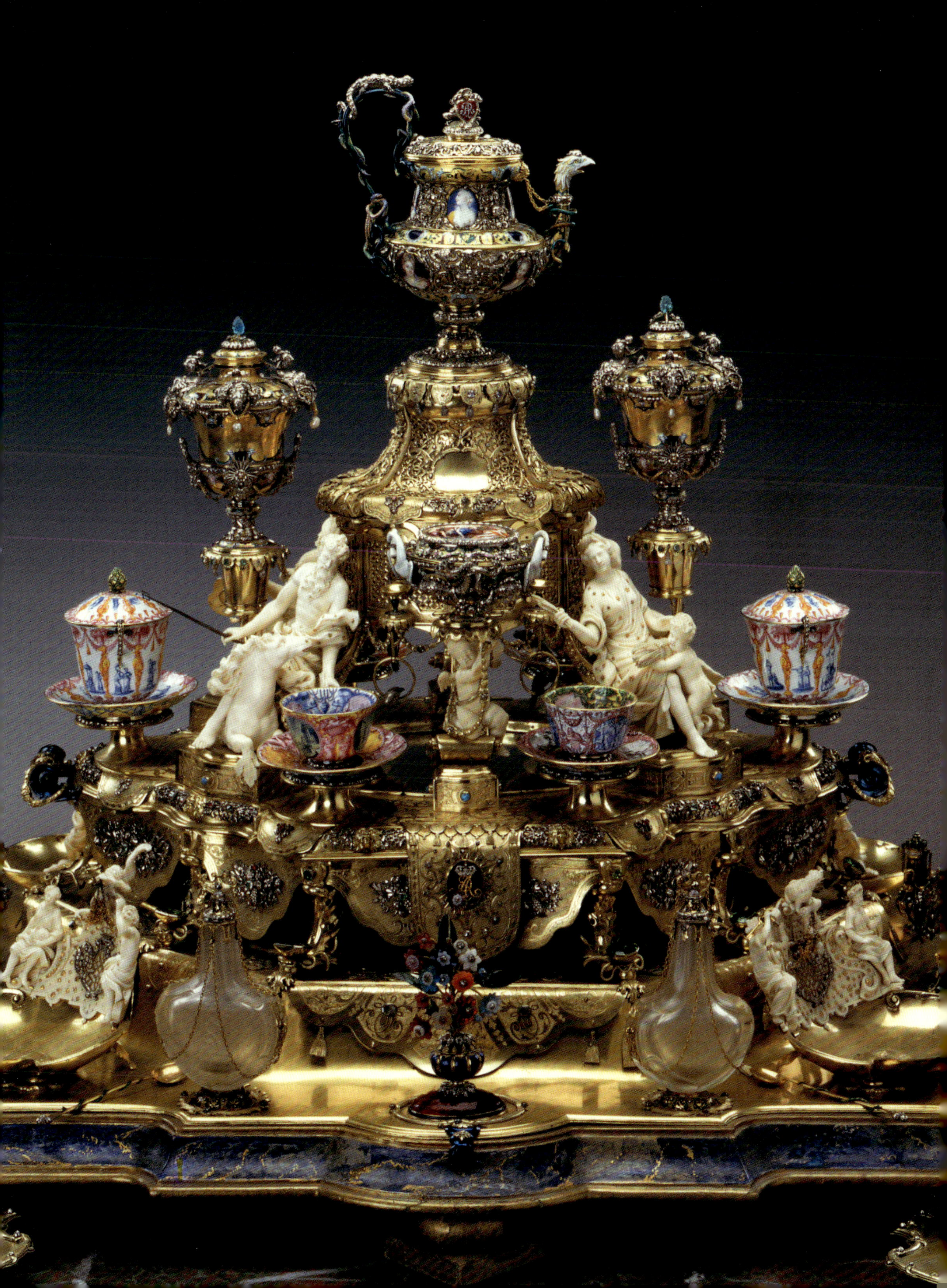

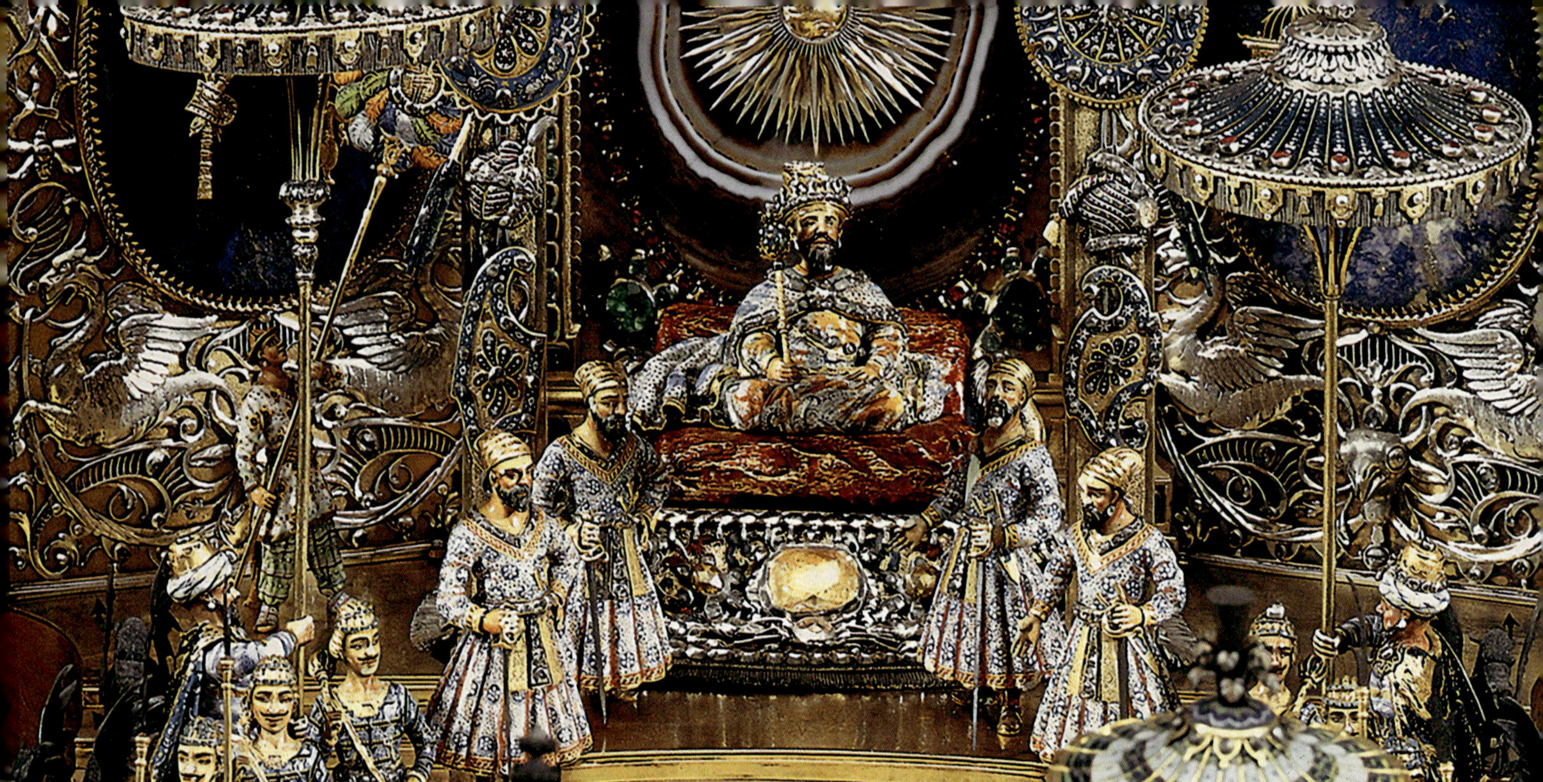

Der Hofstaat von Delhi am Geburtstag des Großmoguls Aureng-Zeb
Johann Melchior, Georg Christoph und Georg Friedrich Dinglinger, 1701–08, Detail

Dinglinger-Saal

Betreten wir nun den Saal, der dem Hofjuwelier Johann Melchior Dinglinger gewidmet ist.

Das *Goldene Kaffeezeug*, im Original *Pretiosen Coffe Zeug*, war Dinglingers erstes Hauptwerk als offizieller Hofjuwelier Augusts des Starken, fertiggestellt und noch pünktlich vor dem Christfest 1701 persönlich nach Warschau ausgeliefert.

Elfenbein durfte nicht fehlen – das Exotikum aus dem Mutterland des Kaffees. Unvorstellbar: 5600 Diamanten und vielfarbige Edelsteine! Die Gesamtkosten waren höher als die für den Umbau von Kurfürst Moritz Wasserschloss zum barocken Moritzburger Jagdschloss Augusts des Starken.

Das Bildprogramm zeigt die Personifikationen der vier Elemente (Feuer, Wasser, Luft und Erde) von Paul Heermann, der wie Thomae auch in Leipzig tätig war und zu den Mitarbeitern Permosers zählte. Tassen, Schalen und Glasflakons, aber auch mythologische Figuren sind jeweils einem der vier Weltelemente thematisch zugesellt. Dinglingers *Coffe Zeug* ist schlicht der Inbegriff eines Prunkservice. Es besteht aus 45 Gefäßen, die zu einer goldenen Pyramide getürmt sind. Was man auf den ersten Blick für Porzellan halten könnte, ist Email, aufgebracht auf reines Gold.

Im Emaillekabinett des Dinglinger-Saals finden wir berückende Emaillearbeiten, darunter das *Gastmahl der Kleopatra*; die meisten von Dinglingers Bruder Georg Friedrich, dem begnadeten Emailleur. Etwas makaber das Kinder-Bacchanal, auf dem minderjährige Pagen mit Alkohol Bekanntschaft machen und zur Belustigung der übrigen Hofgesellschaft trunken umherstolpern, umspielt von kleinen Hunden.

Der Hofstaat des Großmoguls

← **Das Goldene Kaffeezeug**
Johann Melchior und Georg Friedrich Dinglinger, Paul Heermann, 1697–1701

Dinglingers Arbeiten *Der Hofstaat von Delhi am Geburtstag des Großmoguls Aureng-Zeb* und der *Apis-Altar* waren zugleich erste Studien zur kulturhistorischen und völkerkundlichen Thematik, die er nicht nur zusammenstellte, sondern auch inklusive aller Planung,

Logistik und horrendem Materialeinsatz vorfinanzierte. So schuf er den *Großmogul* in eigener Initiative, stellte ihn jedoch nach der Nachricht vom Tod Aureng-Zebs im Herbst 1707 August dem Starken vor. Das Geburtstagsfest in der Blüte des Lebens (in der sich August damals selbst gerade befand) entsprach genau der Vorstellung europäischer Monarchen vom Prunk der Mogulpaläste, dem Aureng-Zeb als strenggläubiger Muslim gerade hatte entsagen wollen.

August II. erwarb das Wunderwerk im März 1709 für beinahe 60 000 Taler: Ein Werk „dergleichen ... noch niehmaln von einem künstler ist vorgestellt worden, auch nach der zeit nicht geschehen wird". Es besteht aus einem silbernen, teilweise vergoldeten Miniaturtheater in Gestalt einer Puppenstube mit 132 aufgestellten Figuren und 32 Geschenken aus emailliertem Gold, besetzt mit 4909 Diamanten, 160 Rubinen, 164 Smaragden, einem Saphir, 16 Perlen und 2 Kameen (391 Edelsteine und Perlen sind im Laufe der Zeit abhandengekommen). Das Werk ist 58 Zentimeter hoch, 142 breit, 114 tief und steht bis heute auf jenem Tisch, den der Hofbildhauer Benjamin Thomae für seine Aufstellung im Grünen Gewölbe geschnitzt hat. Gefertigt wurde es von Johann Melchior Dinglinger, seinen Brüdern Georg Friedrich als Emailleur und Georg Christoph als Goldbearbeiter und Juwelier sowie zwölf weiteren Gehilfen zwischen 1701 und 1708 ohne Auftrag – jedoch „vom König durchaus encouragieret".

Dinglinger fügte der Ausfertigung des Kunstwerks eine genaue Beschreibung auf Pergamentrollen bei, die das damalige Wissen Europas über Indien zusammenfasste. Weder August noch sein Hofgoldschmied waren je in Indien gewesen. So folgte der Schöpfer illustrierten Reiseberichten und Überlieferungen kunstgeschichtlicher, völkerkundlicher und archäologischer Thematik. Die Dramaturgie des Festumzugs, komprimiert in ein Bild, das die Abläufe von fünf Tagen gleichsam abstrahiert, folgt in strenger Symmetrie der Ordnung barocker Hoffeste. Die über einen Quadratmeter umfassende Miniaturarchitektur, in ihrer Dreiteilung fast wie eine Opernbühne aufgebaut, bildet den indischen Palasthof ab. Auch die Kleidung und Haltung der Figuren ist den Beschreibungen der Reiseberichte nachempfunden. Allein die Darstellung der Geschenke verlangte den Einsatz von Fantasie, wobei Elemente altägyptischer, chinesischer, griechischer, indianischer und sogar altgermanischer und keltischer Kulturen einflossen. So entstand ein Hauptwerk der europäischen barocken Juwelierkunst von enzyklopädischer Bildung, zugleich das erste größere Werk aufkommender Chinamode in Deutschland, die die Exotik der asiatischen Tropen, von Afrika und vom südlichen Amerika in sich vereint.

Bei manchem Geschenk folgte der geniale Kreator ganz offensichtlich auch Anregungen aus der heimischen Kunstkammer, wenn eine Schlag- und Repetieruhr – damals mitteleuropäischer Hightechstandard –, Rüstkammerstücke oder eine Kanne mit Becken nach Muster aus dem Grünen Gewölbe überreicht werden.

Alle Großen des indischen Mogulreichs, die oft auch dynastische Funktionen innehatten, suchten bei drohendem Verlust von Gnade, Einfluss, Leben oder Vermögen mit kostbaren und fantasievollen Gaben die Gunst des Herrschers zu erhalten. Weitere Geschenke brachten Abordnungen benachbarter Reiche wie China, Persien und Äthiopien.

Großmogul Aureng-Zeb war für einige Jahre Zeitgenosse Augusts des Starken gewesen, beherrschte seit 1658 einen großen Teil des indischen Subkontinents, ein überaus fragiles Gebilde, in dem örtliche Maharadschas die wahre Kontrolle ausübten und sich unterschiedlicher Religionsrichtungen befleißigten. Er starb 88-jährig im März 1707.

Augusts Kaffeeliebe

Um 1700 gab es in London mehr Kaffeehäuser als Teestuben. Aber auch in Leipzig wurde ab 1694 im Café „Zum Arabischen Coffe Baum" bereits Kaffee ausgeschenkt. Besitzer war der Goldschläger und -plättner Adam Heinrich Schütz. 1716 heiratete der 51-jährige Hofschokoladier Johann Lehmann in zweiter Ehe Adam Heinrich Schütz 17-jährige Tochter Johanna Elisabeth und kaufte von seinem Schwiegervater und den Geschwistern seiner Gemahlin das Haus in der Kleinen Fleischergasse. Lehmann hatte zuvor schon eine Kaffeewirtschaft am Markt betrieben und wechselte nun mit Bewilligung des Rates hinter Barthels Hof. August der Starke, regelmäßiger Messebesucher, der am Markt logierte, und Liebhaber alles Exotischen, folgte ihm gern ins neue Etablissement und soll dabei mit dessen junger Frau allzu gute Bekanntschaft geschlossen haben. Als Dank für die großzügige Gastfreundschaft ließ er Bildhauer Permosers Gehilfen Johann Benjamin Thomae sein bis heute weltberühmtes Portalrelief fertigen: ein Osmane reicht einem barocken Putto eine Schale „Heeßen", wie es in Leipzig heißt. Ein blühender Kaffeebaum sprengt die Bedachung, in der der Name des Cafés leuchtet mit dem Zusatz Johan Lehmann 1719. Und kündet dabei in der Überlieferung von August dem Starken, der hier seine Kaffeeliebe entdeckte (im doppelten Sinn). Dinglingers erstes größeres Werk als Hofjuwelier, das Goldene Kaffeezeug, stand damals allerdings schon etliche Jahre in der Kunstkammer.

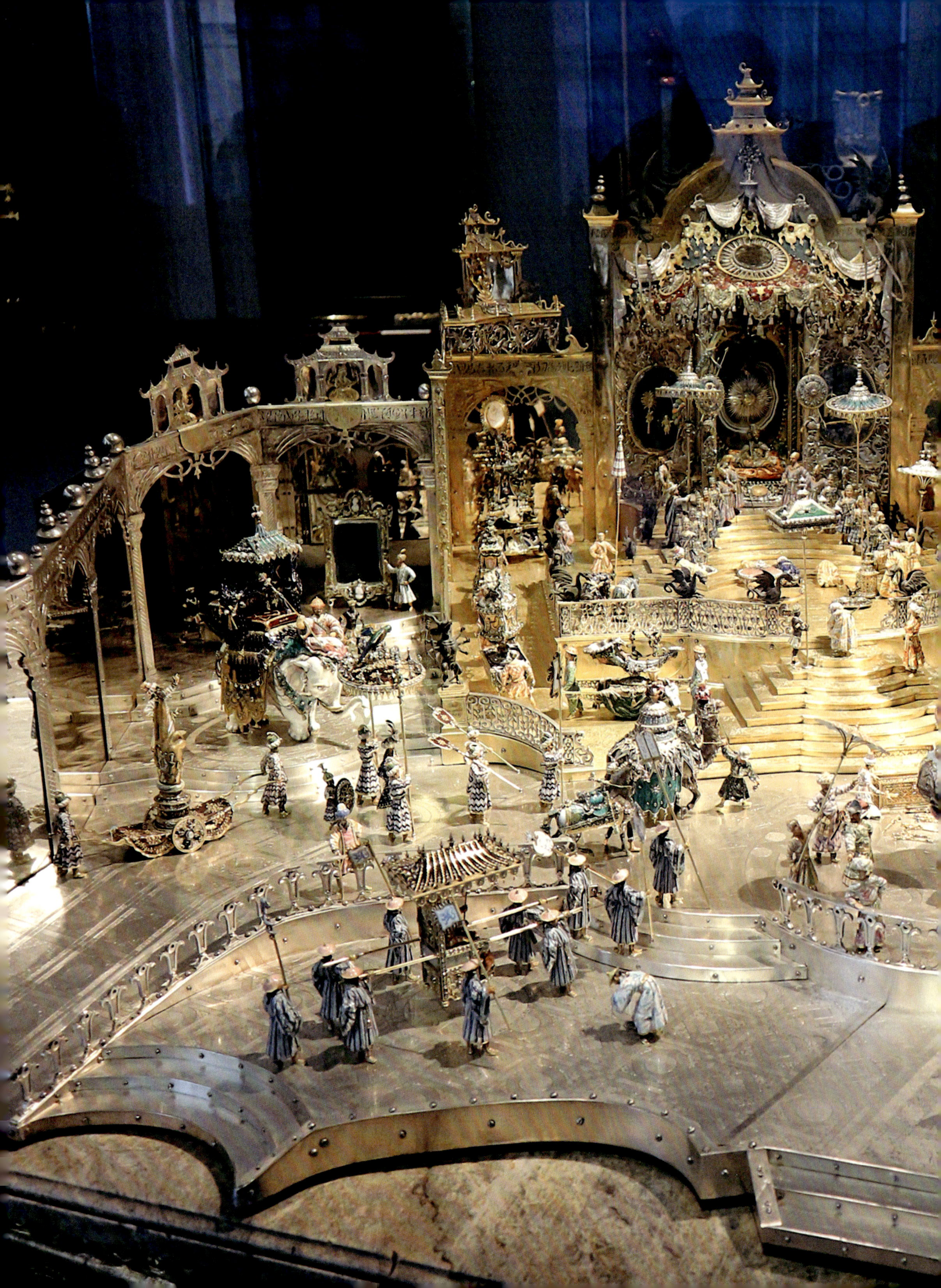

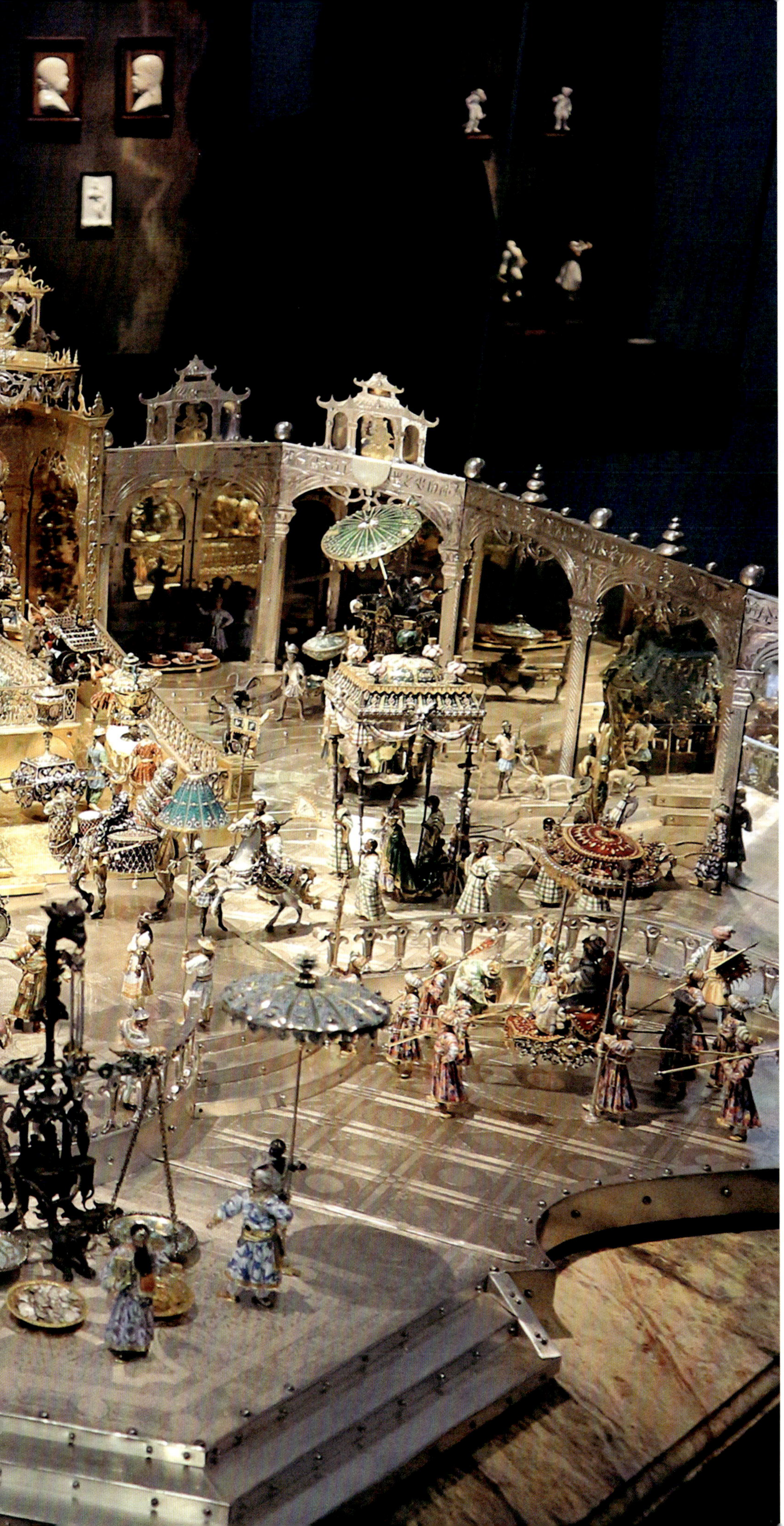

Mogulnherrscher und die Kunst

Ihren kulturellen Platz fanden die zum Islam bekehrten Nachfahren Dschingis Khans, weil seit dem 8. Jahrhundert in Indien islamische Heere die neue Lehre verbreitet hatten und seit dem 11. Jahrhundert starke islamische Sultanate bis hinein nach Südindien entstanden waren. Mit der Religion hielten islamische, indirekt christliche, persische und sogar europäische Kunsteinflüsse Einzug. Genährt von der Nachfrage des Mogulnhofes speziell nach Edelsteinen und Juwelierskunst entstand eine Blüteepoche im 17. und beginnenden 18. Jahrhundert, die bis heute Modeschmuck inspiriert. Als Sunniten kannten die Moguln kein Bilderverbot, sodass griechische Einflüsse in Löwenkopfbeschlägen und Delphinornamenten einwandern konnten. Die Emailtechnik kam aus Europa nach Indien, wo es zunächst nicht gelang, glatte Flächen zu brennen. Gerade durch die unebene Oberfläche entsteht aber eine ganz neue, reflektierende Ästhetik, die in der Folge vor allem in Verbindung mit Edelsteinen bewusst genutzt wurde.

Der Hofstaat von Delhi am Geburtstag des Großmoguls Aureng-Zeb

Johann Melchior Dinglinger – Goldschmiedfürst und Unternehmer

Dinglinger war als Sohn eines Messerschmieds aus Biberach an der Riß ein geborener Schwabe. Die meisten Künstler und Hofbeamten in Dresden kamen von viel weiter her. Aber dass Dinglinger in London gearbeitet hatte, sich auf den eleganten Barockstil von Paris verstand und Italien liebte, das war doch eine Ausnahme. Als er am *Großmogul* arbeitete, machte ihm der Dresdner Stadtrat Dampf: Er beschäftigte neben den Brüdern bis zu 14 Gehilfen – und überstieg damit die von den Zünften limitierte Werkstattgröße. Klar, dass er den ortsansässigen Goldschmieden, zumal noch kein Meister, suspekt war. Wahrscheinlich intervenierte der Hof, denn er bekam Ausnahmerecht. Jedoch reagierte er zugleich „sozial verträglich" und heiratete eine Dresdner Goldschmiedstochter; die erste seiner insgesamt fünf Frauen, mit denen er 23 Kinder haben sollte. Er saß gern auf der Dachterrasse seines Stadthauses, ob nun mit Potentaten oder seiner großen „Patchworkfamilie". Dinglinger war August dem Starken von Anbeginn sympathisch. Beide eher opulente Erscheinungen, der eine säuselte Oberschwäbisch, der andere ein höfisch verbrämtes Obersächsisch. Er brachte es zum Handwerker-Fürsten mit Handelsbeziehungen bis nach Indien, Afrika, Russland, Polen, Österreich, Paris, London und Amsterdam; das Sächsische Kaffeezeug und der Großmogul waren Gesprächsstoff an den Höfen Europas.

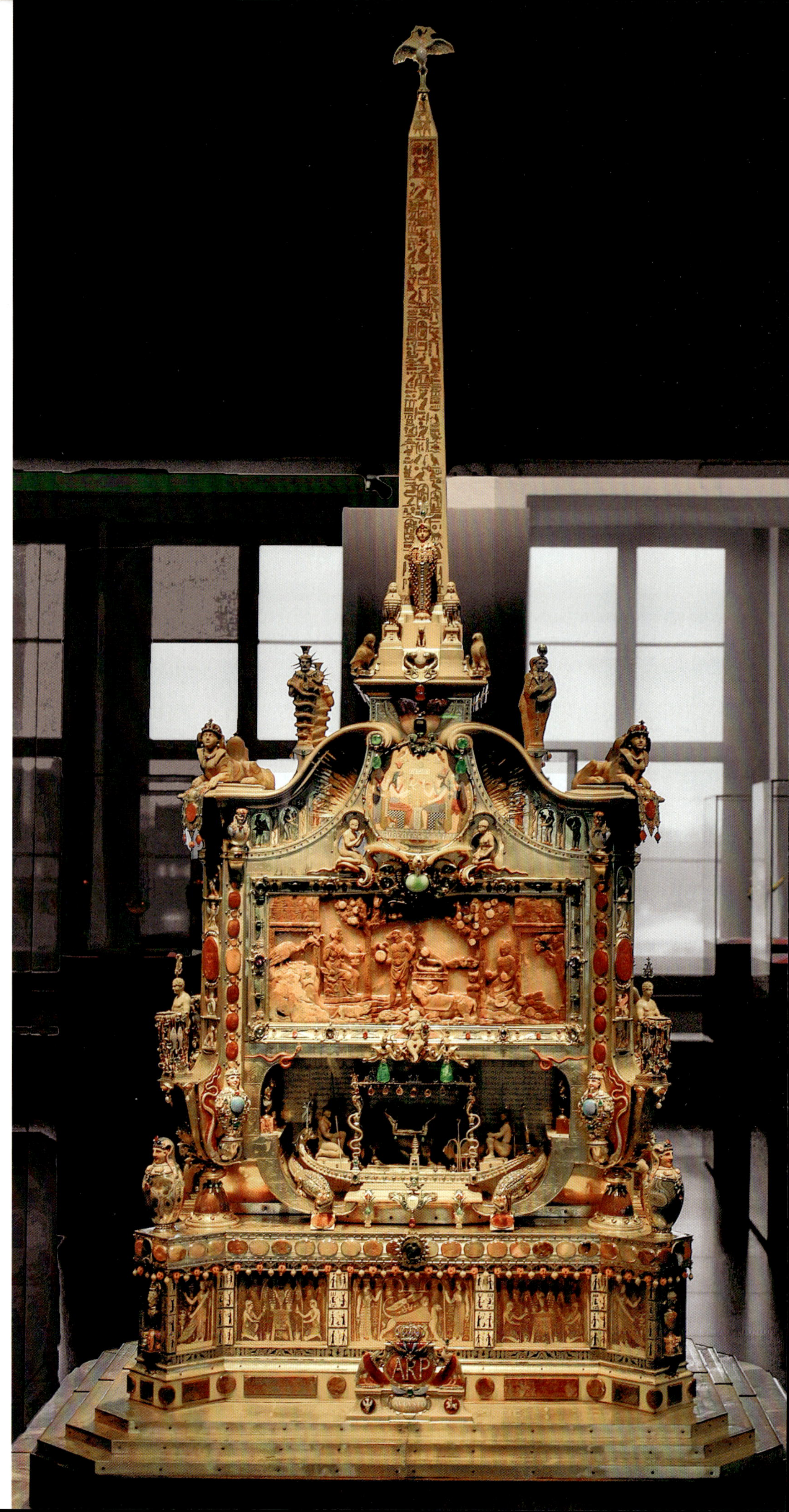

Apis-Altar

Auch Johann Melchior Dinglingers letztes Werk, der in seinem Todesjahr 1731 weitgehend fertiggestellte *Apis-Altar*, ist wie die meisten seiner großen Kunstwerke keine Auftragsarbeit, sondern entstand auf eigenes Risiko und zunächst selbst finanziert. In seiner Grundform knüpft der *Apis-Altar* an die christliche Tradition wandgebundener Altäre an. Gefertigt ist er aus polier- und schlifffähigem cremefarbenen Kelheimer Stein. Silbervergoldete, teils gravierte Platten sowie Figuren und Symbole aus der Mythologie des alten Ägypten prägen den von einem Obelisken bekrönten Pseudoaltar. In dessen ikonografischem Zentrum steht der Osiris-Kult, einer der wichtigsten Mythen der altägyptischen Antike. Oben auf dem Gebälk, zu Füßen des Obelisken und flankiert von zwei liegenden Sphingen, erkennt man die Statuetten des Serapis (links), dessen Kopf wohl ein Porträt Balthasar Permosers darstellt, und des Osiris in Mumiengestalt (rechts), wohl ein Porträt Dinglingers. In der Mitte prangt Isis, von Gold und Edelsteinen geziert. Auf der Spitze des Obelisken erhebt sich Thot, ein goldemaillierter Ibis. Osiris, der Gott des Nils, der Wiedergeburt und der Fruchtbarkeit, erscheint in seiner irdischen Verkörperung als Apis-Stier.

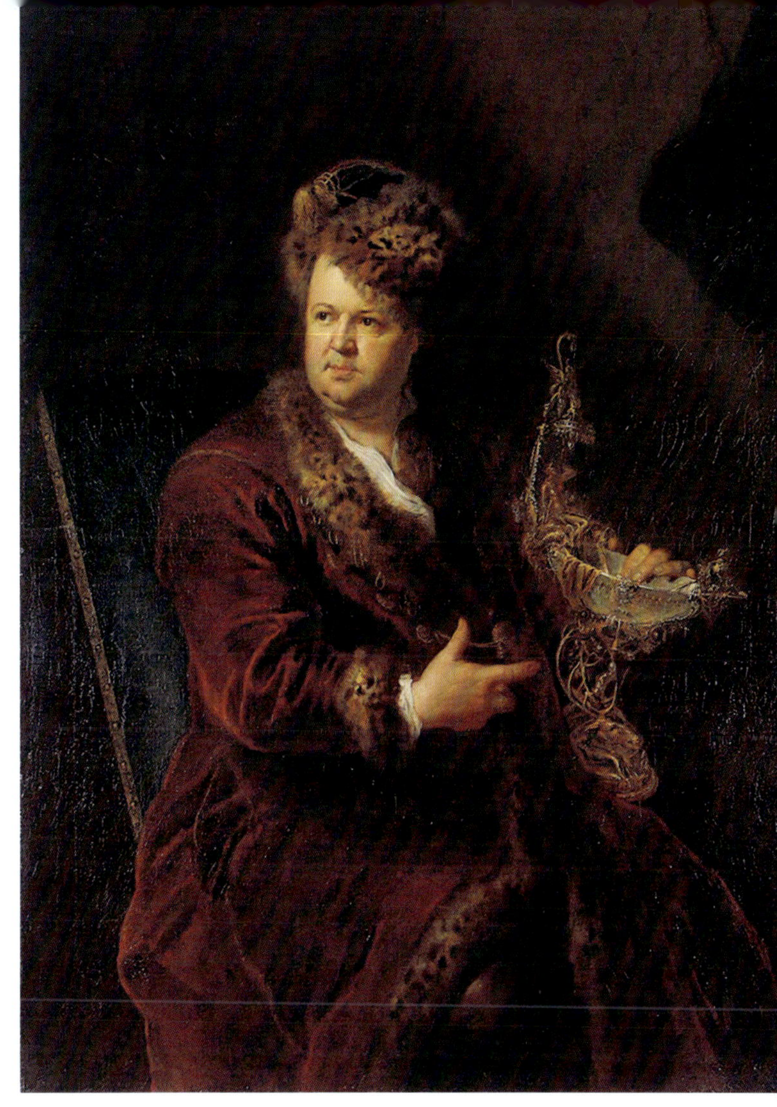

Johann Melchior Dinglinger ließ sich mit seiner Lieblingsschale verewigen

Ein Relief am Sockel des *Apis-Altar*s stellt Osiris auf der Totenbahre als menschliche Mumie dar. Es wird von Opferszenen eingerahmt. Gestützt von einer geflügelten Sonnenscheibe aus einem mächtigen Chrysopras und einer bizarren Perle wird auf einem runden Emailbild die verklärte Sphäre des göttlichen Paares und ihres Sohnes Horus vorgeführt. Eine Priestergruppe und eine Strahlenglorie umgeben die himmlische Familienidylle.

Osiris Hände ragen aus der Umhüllung hervor und halten als seine Hauptattribute Krummstab (Symbol des guten Hirten, ebenfalls von der christlichen Ikonografie übernommen) und Geißel (Symbol der Fruchtbarkeit). Die darüberliegende Nische hinterfängt eine auf vergoldeten Platten gravierte Hieroglyphenschrift. In der Vertiefung erkennt man die aus plastischen Figuren gebildete Überfahrt des Apis-Stieres auf einer Barke über den Nil. Mit Diamanten bedeckte Krokodile unterhalb von Barke und Nilpriester und mit sorgfältig emaillierten Opfergaben auf Konsolen oberhalb der Nische bestimmen atmosphärisch den Ort des Geschehens.

Der von Christoph Hübner geschnittene große Achat-Kameo – 41,6 Zentimeter breit und 17,6 hoch – stellt die Verehrung des Osiris nach seinem Tod, Isis und weitere Götter des ägyptischen Pantheons dar. Neben Hübner und dem Bildhauer Gottlieb Kirchner, der ab 1727 als Figurengestalter der Meißner Porzellanmanufaktur tätig war, haben dem betagten Juwelier sein Bruder Georg Friedrich und sein Sohn Johann Friedrich zur Seite gestanden. Letzterer vollendete Dinglingers künstlerische Auseinandersetzung mit den Mythen Ägyptens, wohl sein persönlichstes Werk, das die Weisheit einer dem Totenkult verpflichteten Kultur zu erfassen suchte. 1738 wurde es von August III. im Vermächtnis seines Vaters für das Grüne Gewölbe angekauft.

Apis-Altar ←

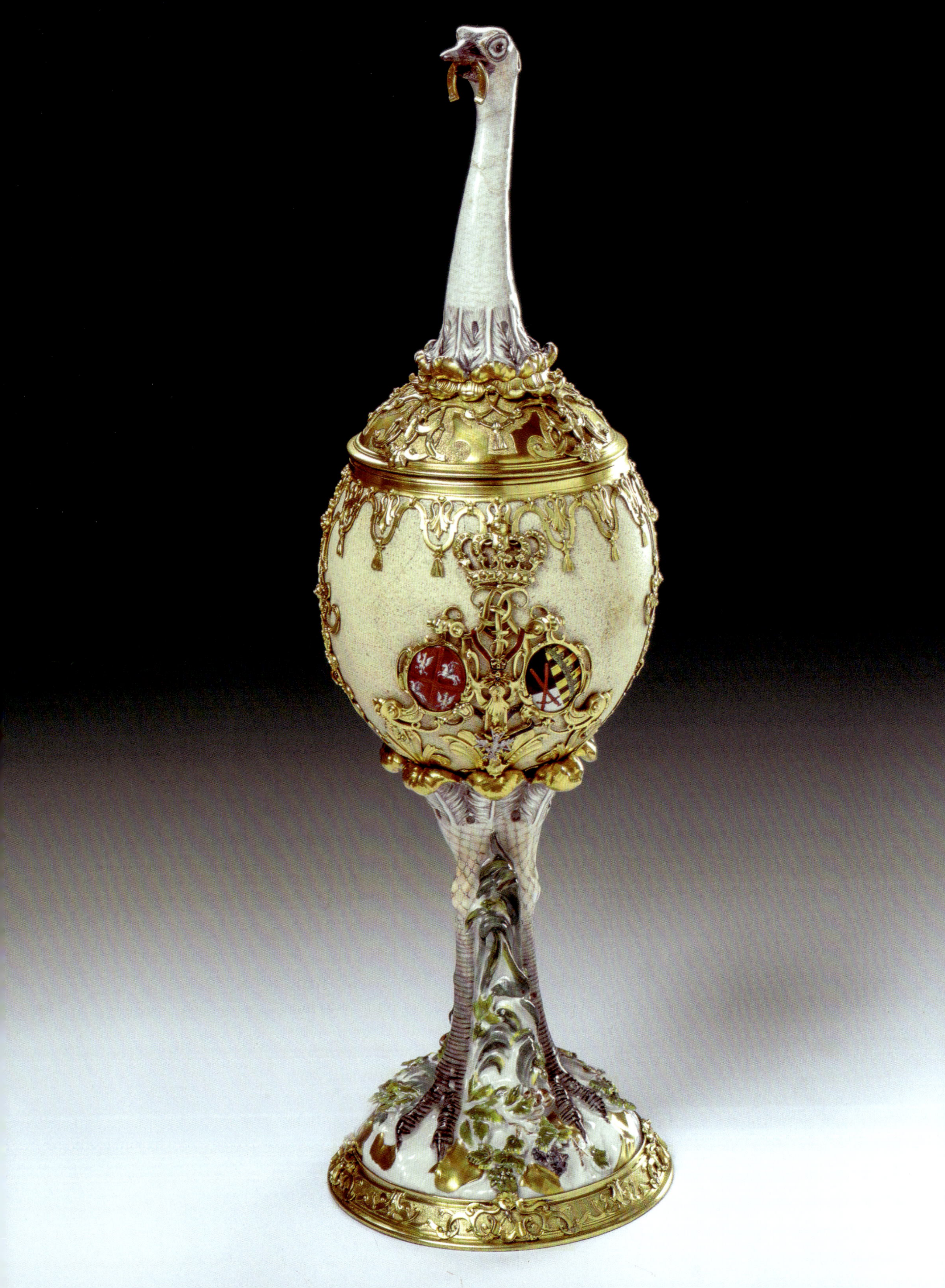

Raum der reisenden Pretiosen, Neuber-Raum und Sponsel-Raum

Die Präsentation von Etuis – historische Behälter zum Transport der Ausstellungsgegenstände – gehört zu den Überraschungen, die das Grüne Gewölbe bereithält. Es verwundert nicht, wenn man bedenkt, dass die Sammlung wie der Träger der Doppelmonarchie, Kurfürst von Sachsen und König von Polen, zeitweise zwischen den Residenzen pendelte – mitsamt der wertvollsten Stücke seiner Kunstkammer. Waren sie doch nicht nur Inspiration und schön anzuschauen, sondern Symbole der Macht.

Etuis als Reisekleid der Pretiosen sind kunstvolle Fertigungen – Material, Aufwand und jeweilige bizarre Formen der Behältnisse, den vielgestaltigen Werken, Figuren, Gefäßen und sonstigen Objekten angepasst – und gute Gründe, sie nicht im Depot zu halten. Die Kontur des zu transportierenden Kunstwerks wurde meist in Holz nachgebildet, das so entstandene Behältnis außen mit glattem Leder bezogen und häufig durch Goldprägung verziert – ein Kunstwerk reiste im Kunstwerk. Das Innere erhielt zumeist eine Polsterung und eine Ausfütterung mit Seide oder Rauhleder.

Es gab diese schützenden Hüllen für kleinste Emailanhänger und winzige Perlfiguren, für Prunkschalen, Bergkristallgefäße und Elfenbeinskulpturen wie für jede Großplastik. Zum Bestand des Grünen Gewölbes gehören heute noch annähernd 400 Lederetuis.

Auf dem Weg zum größten grünen Diamanten der Welt, der in einem besonderen Kabinett präsentiert wird, entdecken wir im *Neuber-Raum* den Prunkkamin des Goldschmieds und Steinschneiders Johann Christian Neuber aus der Periode nach August II. und August III. Neuber schuf – oft als diplomatische Geschenke – mit Gold und Schmucksteinen verzierte Schnupftabakdosen, Gefäße, Möbelstücke, darunter den *Prunktisch „auf den Frieden zu Teschen“* aus erzgebirgischen Hölzern mit kostbaren Pietre-dure-Inkrustationen. Ab dem Ende der 1760er-Jahre war er auch Kurator des Grünen Gewölbes. 1782 fertigte er seinen über 2 Meter hohen Prunkkamin mit zugehörigem Kaminbesteck, wozu sich ein in einem Lorbeerkranz sitzender Adler aus Porzellan und fünf Porzellanvasen mit Sockeln gesellten. Weitere von Neubers Spezialitäten sind die teils glasierten Porzellanverzierungen, deren schimmerndes Weiß mit seinen fantasievollen Schmucksteininkrustationen wundersam kontrastiert. Er signierte wie stets mit „Jean Christian Neuber à Dresde“.

Ein Zeitgenosse Neubers früher Jahre war der Porzellangestalter Johann Joachim Kändler, der gemeinsam mit dem Goldschmied Benjamin Herfurth noch zu Zeiten von August III. den spätbarocken *Straußeneipokal* schuf, anknüpfend an die bereits vorgestellten Renaissancekreationen Elias Geyers zu diesem Thema. Sie mit dem zu Beginn des 18. Jahrhunderts in Dresden erfundenen europäischen Hartporzellan zu verbinden, dafür steht dieses fast halbmeterhohe Beispiel.

Der folgende *Sponsel-Raum* hält stets begeisternde Sonderschauen bereit. Der Name dieses Teils des Neuen Grünen Gewölbes ist seinem langjährigen Direktor gewidmet, dem Kunsthistoriker Jean Louis Sponsel, der bis 1923 die Sammlung kuratierte.

August auf Reisen

Aufregung herrschte schon Tage zuvor im Dresdner Schloss. Dann rollten die Staatskarossen für August und seine wichtigsten Minister in den Großen Schlosshof. Der lange Tross blieb draußen stehen. Die Karawane von bis zu 120 Fahrzeugen wurde von den „Estafetten des Corps polnischer Tataren (Uhlanen)“ begleitet, die alle 3 Meilen (27 Kilometer) wechselten. In Dresden blieb nur eine „kleine Bedeckung“. Über die Augustusbrücke ging es durch Altendresden, nach dem großen Brand im August 1685 als Neue Königsstadt nahezu wiederaufgebaut. Am heutigen „goldenen Reiter“ vorbei genau in dessen Blickrichtung. Dann führte der Weg durch das Schwarze Tor hinaus. Von Königsbrück aus, wo die Übergabe der Reisekasse, Akten, Briefe, Wertpapiere und Kunstwerke an die „scharfe Bedekhung“ erfolgte, waren es noch 600 Kilometer bis Warschau, damals bei etwa 15 Kilometer pro Stunde eine Reisezeit von etwa 40 Stunden oder drei Tagen à 13 bis 15 Stunden.

Straußeneipokal ←
Benjamin Herfurth,
Johann Joachim Kändler, 1734

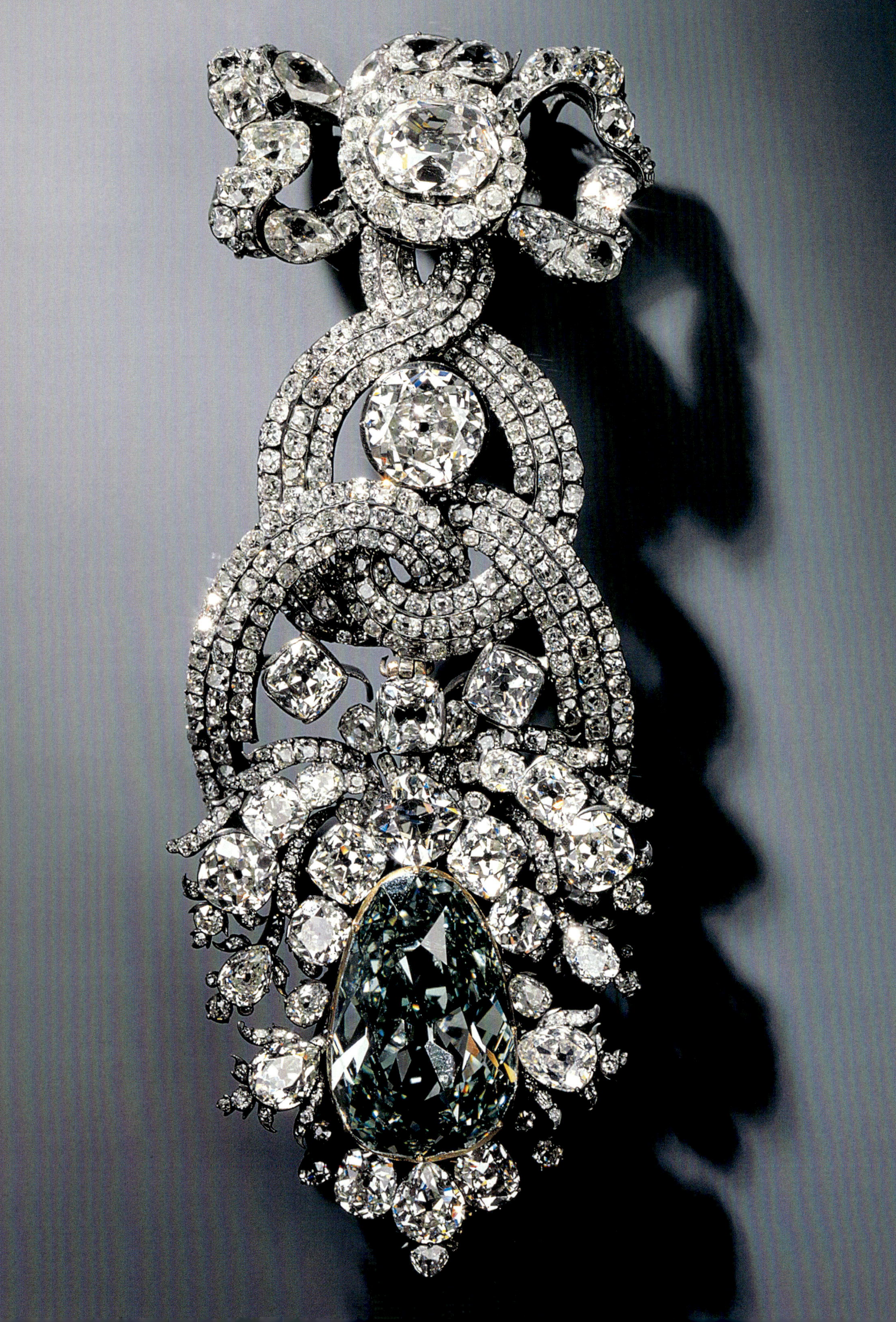

Watzdorf-Kabinett und der Dresdner Grüne

Das Watzdorf-Kabinett betritt man ehrfürchtig wie eine Kapelle. Benannt ist es nach der Dresdner Kunsthistorikerin Erna von Watzdorf aus dem sächsisch-thüringischen Ritter- und Adelsgeschlecht, aus dem auch ein Kabinettsmitglied Augusts des Starken entspross. Sie war Dinglinger-Forscherin und Kennerin des Augusteischen Dresdens und seiner Kunstwerke. Hier wird der *Dresdner Grüne*, der in eine prächtige Hutagraffe eingearbeitet ist, auf rotem Samt wirkungsvoll präsentiert. Seine leuchtendgrüne Färbung ist durch natürliche Radioaktivität in der Erde seiner indischen Fundstätte entstanden. Er ist tropfenförmig facettiert und geschliffen. Mit 41 Karat – etwa 8,2 Gramm– ist er der größte bearbeitete, von Natur aus grüne Diamant der Welt.

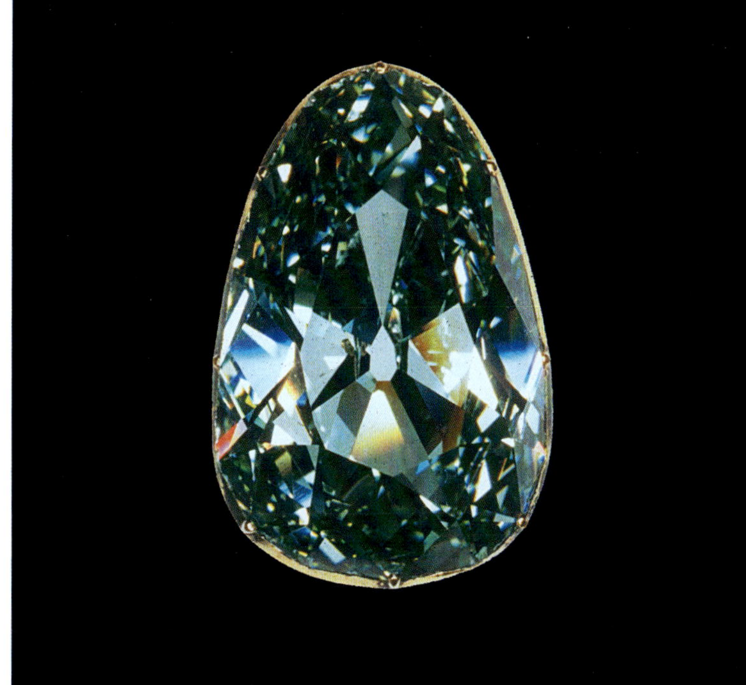

Dresdner Grüner

Dass es überhaupt einen solch großen grünen Diamanten gab, wurde erst 1722 in London bekannt, wo er aus einem Rohdiamanten von 119,5 Karat (23,9 Gramm) geschliffen wurde. 1742 kaufte Kurfürst und König August III., der Sohn Augusts des Starken, den ungewöhnlichen Stein kurz vor dem Frieden im Ersten Schlesischen Krieg auf der Leipziger Ostermesse. Verkäufer war der niederländische Diamantenhändler Delles. Die Kaufsumme soll 400 000 Taler betragen haben.

Hofgoldschmied Johann Friedrich Dinglinger, Sohn des berühmten Johann Melchior, arbeitete den Dresdner Grünen in den Orden vom Goldenen Vlies ein. Dann zog der Zweite Schlesische Krieg herauf. Als König August III. und Kaisertochter Maria Josepha am 1. Dezember 1745 vor den anrückenden preußischen Truppen ins habsburgische Prag flohen, nahmen sie die wertvollsten Schätze wie üblich mit, so auch den Vliesorden. Nach dem Weihnachtsfrieden von Dresden war auf der Rückkehr das „Goldene Vlies“ mit dem Grünen zerbrochen. So kreierte der Schweizer Juwelenkünstler Jean Jacques Pallard 1746 in Wien ein neues Vlies, weitaus prächtiger als das Dinglinger'sche, verwendete er doch die *Brillanten in Palmettenform* als Coulant (Verbindung zwischen Orden und Ordensband). Das Juweleninventar des Grünen Gewölbes beschreibt ihn 1750 als eine „Krone“, deren Mitte ein großer, viereckiger Brillant einnimmt, den zehn mittelgroße und viele kleine Brillanten umgeben. Der Dresdner Grüne, nun sozusagen „bekrönt“, wurde zum beherrschenden Mittelstein von Pallards floral gestaltetem „Feuereisen“ in diesem unwiderstehlichen Vliesorden. Er vereint die Formensprache des Rokoko mit der des Frühklassizismus.

Dann begann der Dritte Schlesische oder Siebenjährige Krieg. Die Schmuckstücke reisten mit nach Warschau. Die Königin blieb in Dresden und starb. August III. kam 1763 als geschlagener Fürst nach Dresden zurück und verstarb wenige Wochen später. Sein Sohn Friedrich Christian regierte nur 74 Tage. Noch im selben Jahr, am 17. Dezember 1763 wurde der erst 13-jährige Friedrich August III. Erbe. Auch der Erbe der Brillanten. Und Sachsen war pleite. Es musste Kriegskontributionen an Preußen zahlen. So wurde ein großer Teil des Brillantschmuckes zur Kreditaufnahme verpfändet.

Der junge Fürst benötigte alsbald eine repräsentative Juwelengarnitur. Da er keine Aufnahme in den Orden vom Goldenen Vlies fand, setzte Hofjuwelier Franz Michael Diespach 1768 Pallards „Feuereisen“ mit dem Grünen unverändert in die Hutagraffe ein.

Karat

Qīrāt – hörnchenförmig, vom altgriechischen κεράτιον über das arabische قيراط, so wurde das Samenkorn des Johannisbrotbaums nach seiner gebogenen Fruchthülse genannt. Da diese Samen alle gleich groß waren und etwa 0,2 Gramm wogen (so glaubte man jedenfalls), waren sie ein ideales Maß für geringe Gewichte, passend für Edelsteine. Im Mittelalter wurden sie mit drei Gersten- oder vier Weizenkörnern aufgewogen. Anders als dieses metrische Karat kennzeichnet die Maßeinheit Karat den Feingehalt des Goldes und gibt an, wie groß der Gewichtsanteil reinen Goldes an der Gesamtmasse einer Goldlegierung ist.

Hutagraffe mit dem Dresdner Grünen aus der Brillantgarnitur ←
Jean Jacques Pallard, Franz Michael Diespach, 1746

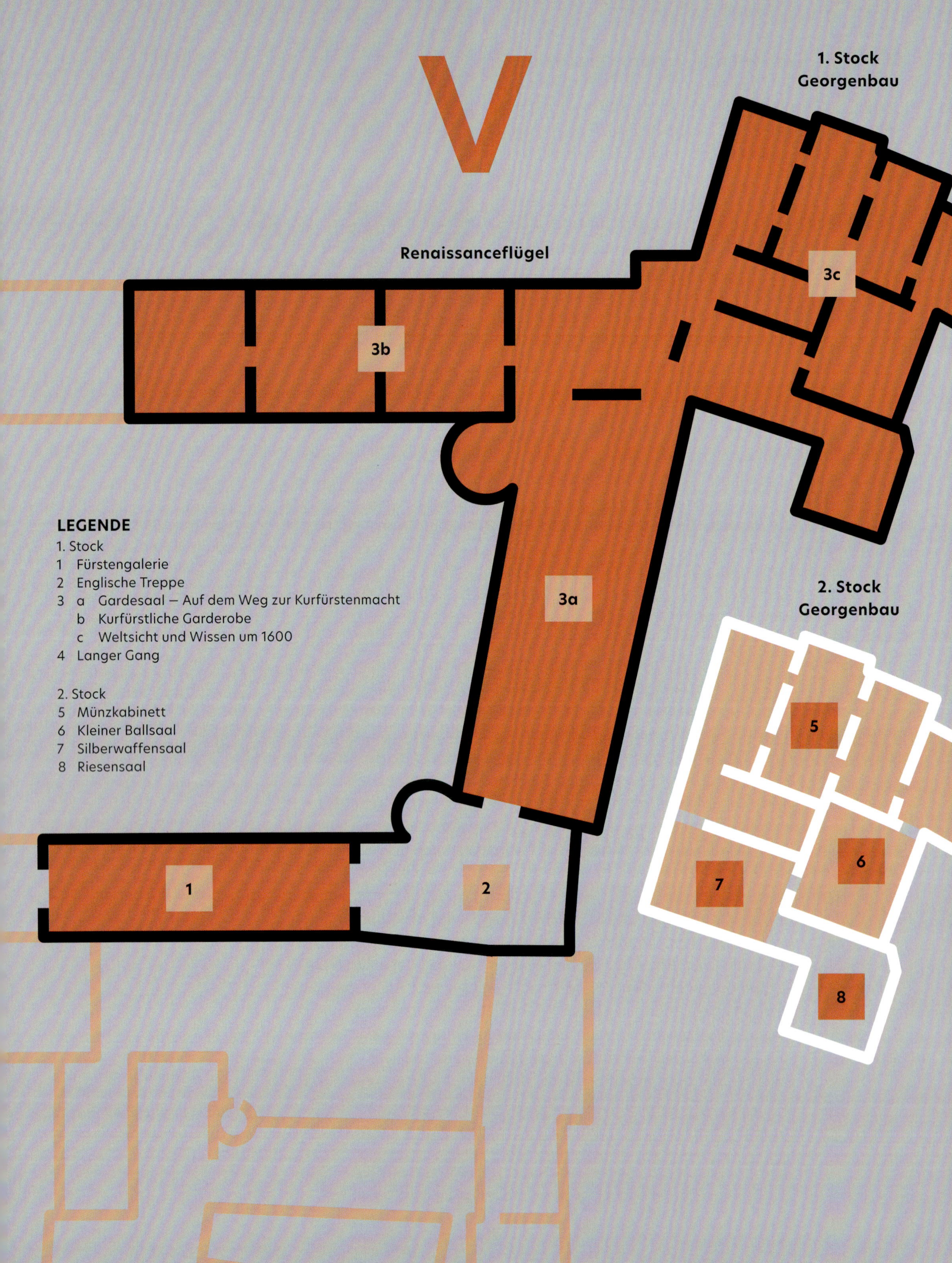
V
1. Stock
Georgenbau
Renaissanceflügel
3c
3b
3a
LEGENDE
1. Stock
1 Fürstengalerie
2 Englische Treppe
3 a Gardesaal – Auf dem Weg zur Kurfürstenmacht
b Kurfürstliche Garderobe
c Weltsicht und Wissen um 1600
4 Langer Gang
2. Stock
5 Münzkabinett
6 Kleiner Ballsaal
7 Silberwaffensaal
8 Riesensaal
2. Stock
Georgenbau
5
6
7
8
1
2

FÜRSTENGALERIE, RENAISSANCEFLÜGEL, GEORGENBAU, RIESENSAAL & LANGER GANG

Die Fürstengalerie

Wo sich im 16. und 17. Jahrhundert die Appartements der Kurfürstinnen, die Kammern und die Wochenstube befanden, eröffnet sich heute die weiträumige, etwa 40 Meter lange Fürstengalerie. Hier hängen die Porträts der Herrscher, der Wettiner, im Osten beginnend mit Moritz, dem ersten Kurfürsten, der ins Schloss Einzug hielt und seine Umgestaltung einleitete, bis zu August dem Starken und seinem Sohn und ihren Gemahlinnen im Westen der Fürstengalerie.

Kurfürst Friedrich Christian markiert den Übergang zu Büsten aus Marmor, Stuck und Bronze: Von Kurfürst Friedrich August III., ab 1806 König Friedrich August I. von Sachsen, bis zu König Friedrich August III. (mit der Königswürde wurde neu gezählt), der 1918 abdankte.

4

Die Gemälde der ersten Kurfürsten stammen von Heinrich Göding, dem Hofmaler in der zweiten Hälfte des 16. Jahrhunderts. Sein Hauptwerk war das *Turnierbuch*. Für den Langen Gang stellte er 29 Ritterturniere in kleinen Ölgemälden dar. Die Kurfürst-Könige August – Vater und Sohn – und ihre Gemahlinnen malte Louis de Silvestre, der Hof- und später geadelte Oberhofmaler aus Sceaux bei Paris. Von ihm stammen auch die Deckengemälde im Paradeschlafzimmer und im Audienzgemach, und er war königlicher Akademiedirektor.

Die Marmorbüsten des Kurfürst-Königs von Sachsen Friedrich August I. und des Königs Anton schuf Joseph Herrmann. Bekannt ist er für sein Denkmal, das er für seinen als Maler tätigen Vater in Loschwitz errichtete, der mutig zwei Schiffer aus dem Eis errettet hatte. Gipsabgüsse des großen Bildhauers Ernst Rietschel zeigen König Friedrich August II. und König Johann. Eine Bronzeplastik von Rietschels Meisterschüler Johannes Schilling stellt König Albert dar. Von ihm ist auch die Figurengruppe *Vier Tageszeiten* an der Treppe vom Schlossplatz zur Brühlschen Terrasse, die *Quadriga* auf der Semperoper und das *König-Johann-Denkmal* auf dem Theaterplatz.

Eine Marmorskulptur Carl Ludwig Seffners zeigt König Georg. Der Bildhauer arbeitete vorwiegend in Leipzig und rekonstruierte gemeinsam mit dem Anatom Wilhelm His

Gewehrgalerie im Langen Gang →

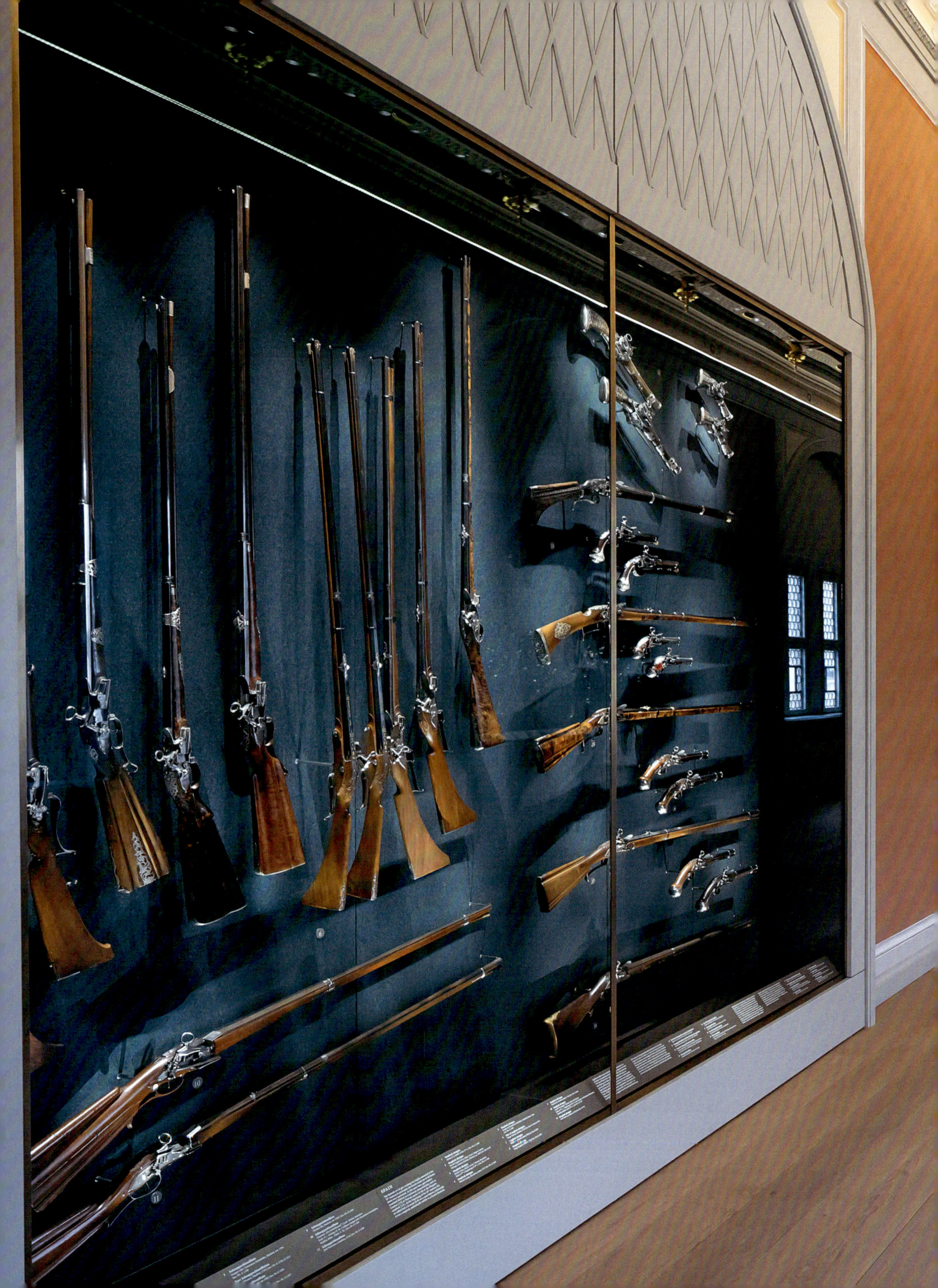

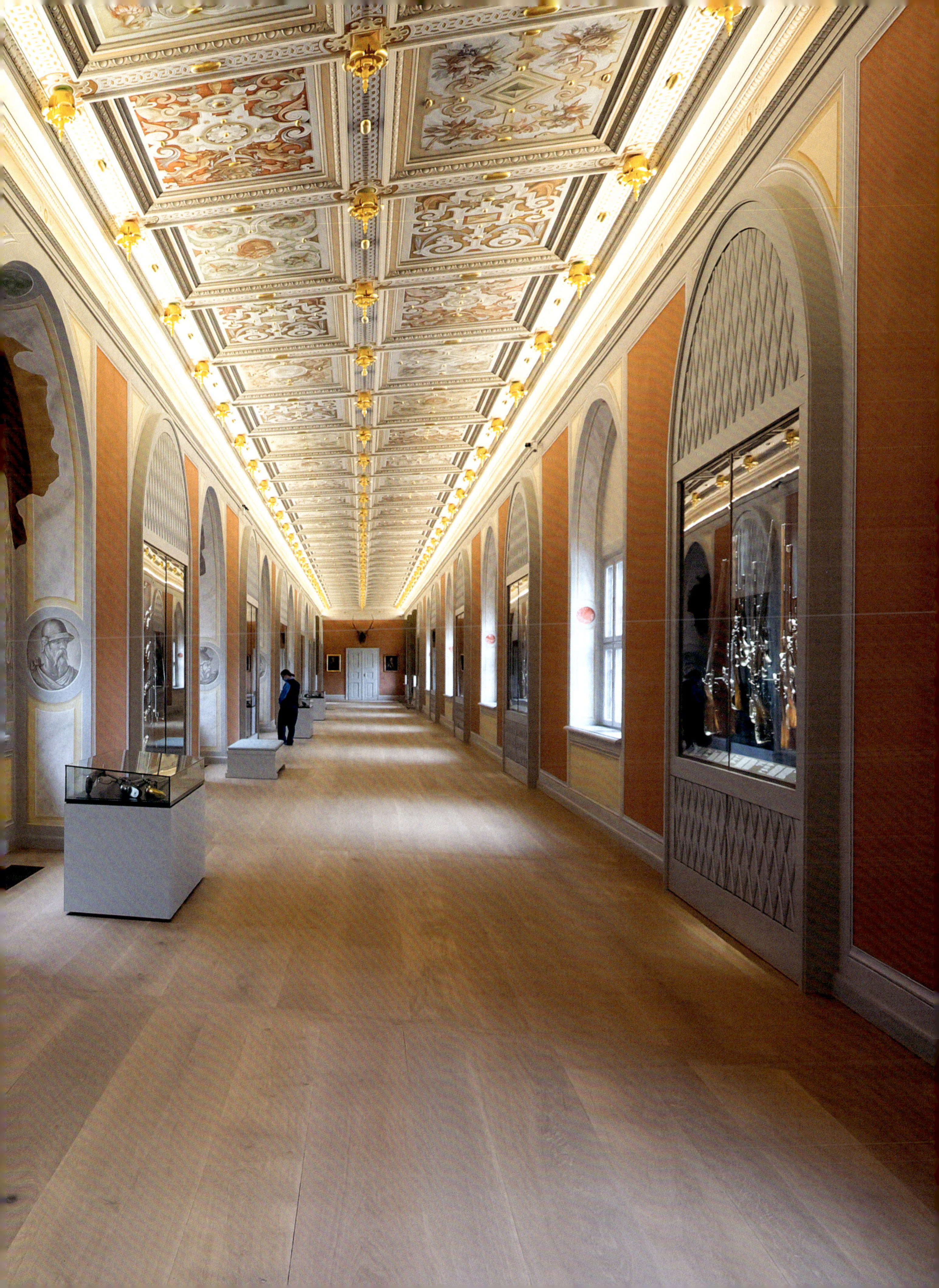

Das Adelsgeschlecht der Wettiner
Der Gang durch die Fürstengalerie bietet Gelegenheit, sich mit den Herrschern im Dresdner Schloss, ihrer Geschichte und ihren Geschichten zu befassen. Die Wettiner sind eines der ältesten Adelsgeschlechter der deutschen Geschichte und neben den älteren Welfen und dem Haus Hessen eines der wenigen des deutschen Hochadels, das sich bis vor das Jahr 1000 zurückverfolgen lässt. Sie nannten sich nach ihrer Burg Wettin an der sächsischen Saale, deren im Liedgut besungene „helle Strände" sich vom Fichtelgebirge in Oberfranken über Thüringen bis Barby an die Elbe ziehen.

Saale
Ihr slawischer Name *Sulawa* erinnert an die Salzvorkommen, die sie erschloss und zum Teil durchfloss, wodurch der Fluss wohl auch das im Lied besungene Weiß der Strände hervorbrachte. Die deutsche Benennung gleichnamiger Flüsse in Unterfranken und Niedersachsen korreliert mit der zweiten slawischen Silbe *awa* und bedeutet Aue, weidenbestandener Sumpf.

den Schädel Johann Sebastian Bachs, dessen Denkmal vor der Thomaskirche in Leipzig wohl Seffners berühmtestes Werk ist. Der volkstümliche letzte sächsische König, Friedrich August III., ist in einem Gipsabguss gut getroffen.

Auf der Ebene der Fürstengalerie, über separate Zugänge zu erreichen, befinden sich auch der große Vortragssaal, benannt nach Hans Nadler, und die Kunstbibliothek. Hans Nadler, Sohn des gleichnamigen Dresdner Malers, war besonders nach dem Zweiten Weltkrieg als Denkmalpfleger, Architekt und Bauhistoriker unermüdlicher Retter und Bewahrer der Dresdner Bausubstanz, nicht zuletzt des Schlosses selbst, der Oper und weiterer Gebäude vom Taschenbergpalais bis zur Dreikönigskirche.

Die Kunstbibliothek im Bibliotheksforum beinhaltet als primäre wissenschaftliche Bibliothek der Staatlichen Kunstsammlungen Dresden auch deren Archiv. Von hier aus werden die Handbibliotheken aller Museen und die öffentlich zugängliche Numismatische Bibliothek im Münzkabinett wie auch die Buchbestände im Studiensaal des Kupferstich-Kabinetts betreut. Den Lesern steht ein großzügiger Freihandbereich mit moderner Ausstattung offen.

Etwa in der Mitte der Büstenreihe zu Ehren der sächsischen Könige ist die Thematik liebevoll von einer *Puppenbühne* unterbrochen: „Mit viel Zartgefühl dürft Ihr hier die Fäden ziehn", lautet ihr Motto. Sie erinnert an Gastspiele herausragender Marionettenspieler am sächsischen Hof noch bis ins 19. Jahrhundert. Schon die ersten Hofkomödianten im 17. und 18. Jahrhundert, der Preuße Schmiedel und der Steiermärker Fröhlich, waren zugleich Puppenspieler und begründeten die lange Tradition des Puppen- und Marionettenspiels am sächsischen Hof.

Über einen Absatz der Englischen Treppe erreichen wir nun nach links den Ost- oder Renaissanceflügel des Schlosses. Bevor wir den Gardesaal betreten, bewundern wir den gediegenen Marmorfußboden und Reste der Kamine aus rotem Kalkstein.

→ **Prunkharnisch mit Morion für König Erik XIV. von Schweden**
Eliseus Libaerts, Antwerpen, 1563–64

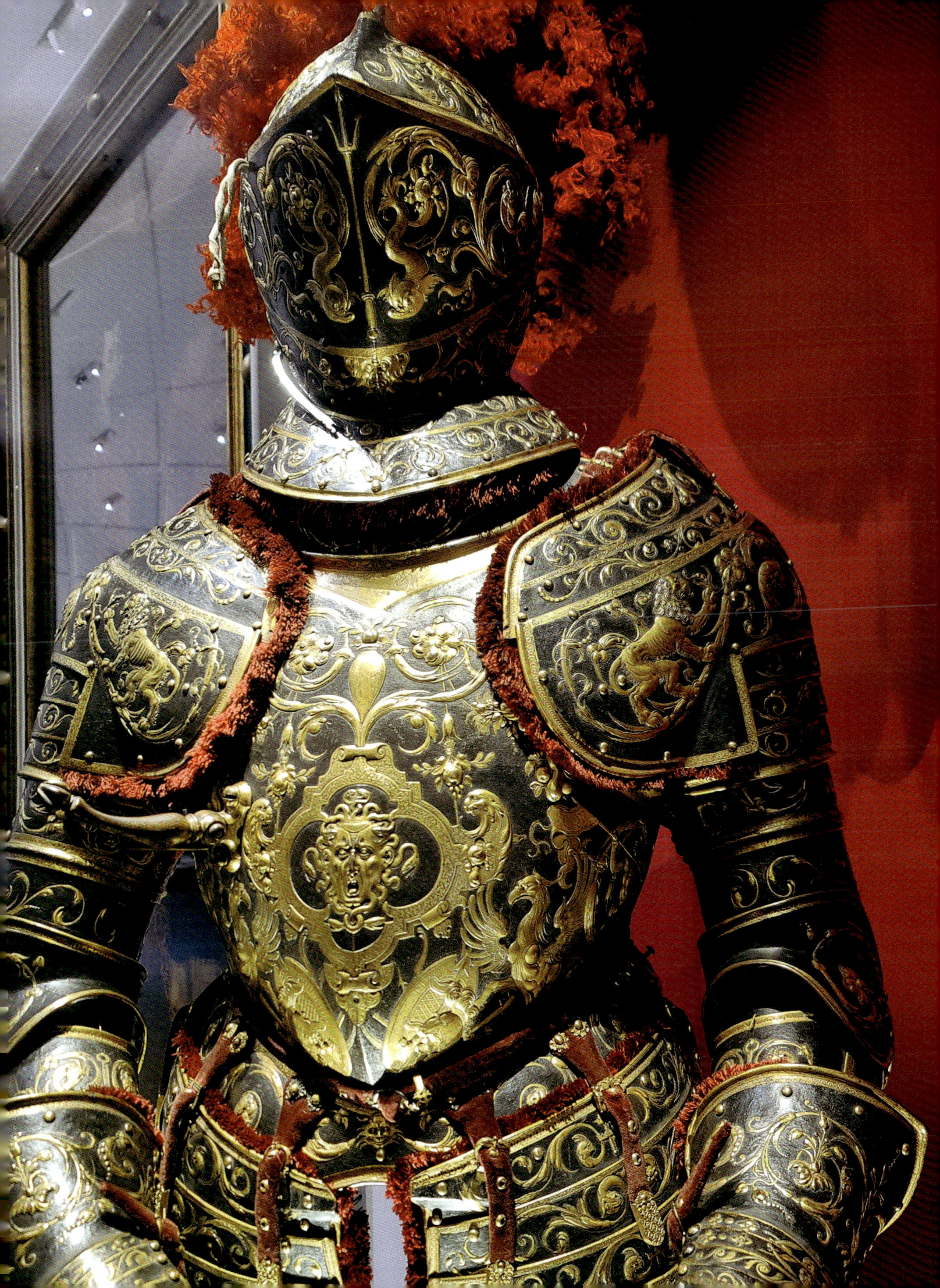

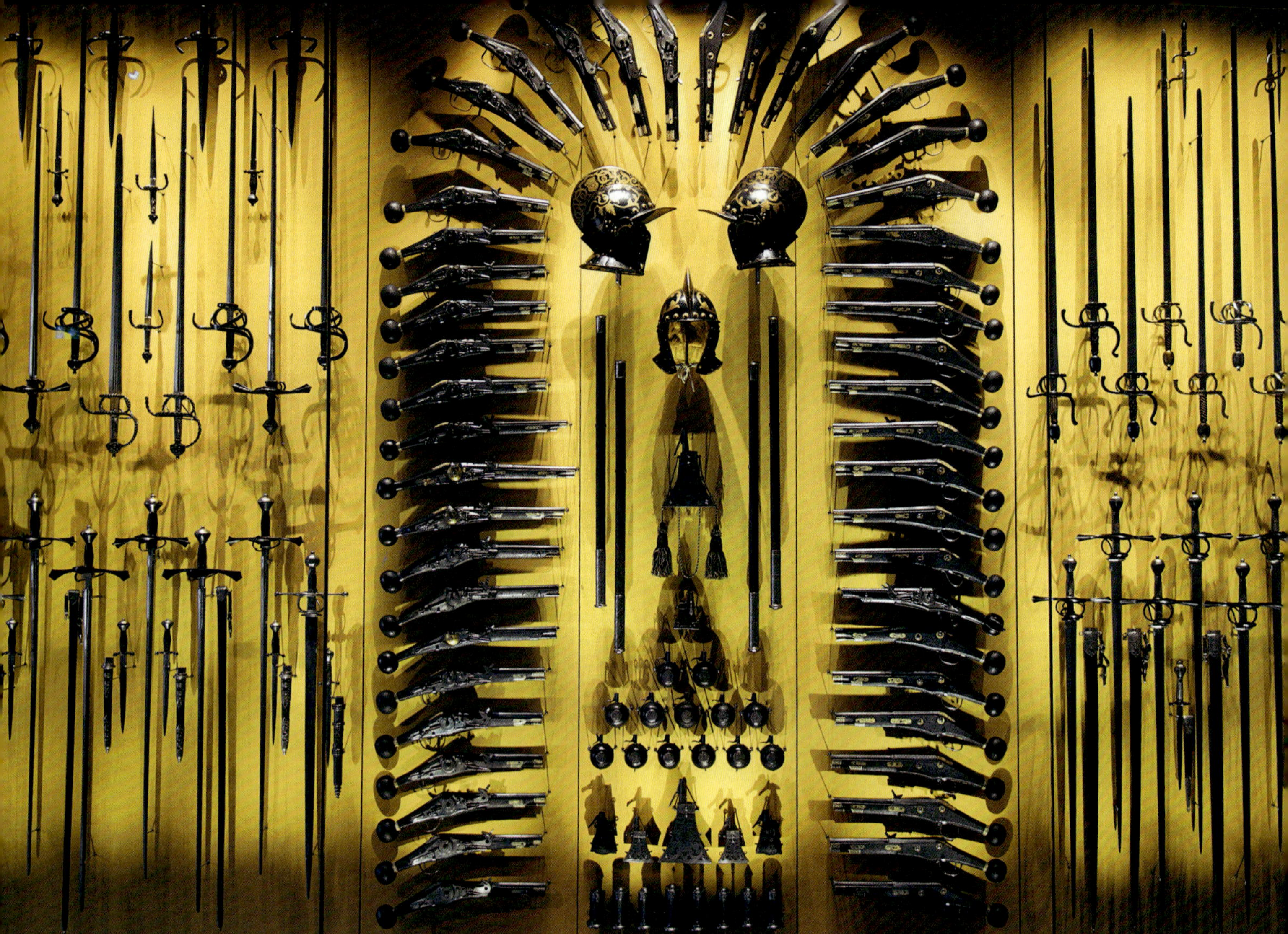

Auf dem Weg zur Kurfürstenmacht
Gardesaal, Trabantenwaffen, 1550–1620

Renaissanceflügel

Auf dem Weg zur Kurfürstenmacht

Im Ostflügel empfängt uns der Gardesaal mit Exponaten der Ausstellung „Auf dem Weg zur Kurfürstenmacht“: Rüstkammerstücke mit Turnier-, Prunk- und Feldwaffen vom 16. bis zum 18. Jahrhundert. Die gesamte Sammlung umfasst etwa 10 000 Gegenstände, angefertigt von Gold- und Waffenschmieden, Kunsthandwerkern, Malern und höfischen Kostümschneidern aus ganz Europa. Es handelt sich um den weltweit größten Schatz an Prunkwaffen aus der Reformationszeit und des frühen Barock.

Angelpunkt der Präsentation ist das Kurschwert des Kurfürsten August von Sachsen, das er sich 1566 anlässlich seiner Belehnung in Augsburg durch Kaiser Maximilian anfertigen ließ. Es führt nicht mehr die Zeichen des deutschen Königs, wie das Kurschwert Friedrichs des Streitbaren, sondern das Wappen des Herzogtums Sachsen und den Reichserzmarschallschild mit den gekreuzten Schwertern. Der Zweihänder ist größer und reicher ausgestattet als jedes andere Kurschwert der Vorfahren. So modern es damals war, ist es doch historisierend gestaltet mit Fiederknauf, gotischem Maßwerk und Lilienendungen, um die lange Tradition anzudeuten, in der die Kurwürde stand.

Die Bezeichnung Kurschwert geht vom altdeutschen Wort *küren* für „wählen“ aus. Die Würde der deutschen Kurfürsten, zu denen drei Landesfürsten, drei Fürstbischöfe und der böhmische König gehörten, bestand darin, den römischen Kaiser deutscher Nation zu bestimmen. Kurschwert, Lanze, Zepter, Globus und Krone bildeten ein Ensemble, das für die Legitimation der Ausübung von Herrschaftsmacht stand – zusammen mit Kurhut und hermlinbesetztem Kurmantel für August ein hohes Würdezeichen.

Farbenfroh grüßt eine Gruppe von Fußtrabanten – die Leibgarde des Kurfürsten, rekonstruiert mit Originalwaffen. Fürstliche Leibwachen waren im 16. Jahrhundert neben den Festbesatzungen die einzigen ständig unter Waffen stehenden Truppen eines Territorialstaats. In Kursachsen repräsentierten die Leibwachen zu Fuß – sogenannte Leibtrabanten – und zu Ross – Reisige – die Fürstenmacht. Um 1555 wurden sie von Kurfürst August in den Dresdner Hoffarben Schwarz-Gelb gekleidet – noch heute vom Fußballverein Dynamo wie auch von den Dresdner Verkehrsbetrieben verwendet.

Trabanten und Reisige sorgten für Schutz im Schloss und auf Reisen, hierarchisch ausgestattet entsprechend ihres Ranges mit Helmen, Helbarten, Partisanen, Glefen, Rapieren und Dolchen, Radschlossbüchsen und -pistolen. Die Trabanten trugen Wappen und Initialen ihrer Fürsten am Revers. Ihre Glanzzeit erlebten diese Garden unter Christian I., der sie neumodisch mit Wams und Pluderhosen ausstattete. Dann änderten sich die Zeiten, Moden und Bewaffnungen.

Der besondere Charme der Renaissanceausstellungen im Dresdner Schloss beruht darauf, dass eine Vielzahl originaler Gewänder und Accessoires sozusagen lebensecht präsentiert werden. Dazu gehören die Turniergruppen, aber auch beeindruckende Einzelstücke, die eine bewegende Geschichte erzählen. So wie die Paraderüstung Eliseus Libaerts für König Erik XIV. von Schweden. Sie wurde 1563–64 gefertigt, jedoch von Dänen im Kampf erbeutet. Christian II. von Sachsen erwarb sie 1604 für seinen Bruder Johann Georg I., der sich darin porträtieren ließ. Eliseus Libaerts war ein bekannter flandrischer Goldschmied aus Antwerpen, der sich um 1560 als Rüstungsdekorateur und Treibkünstler spezialisiert hatte.

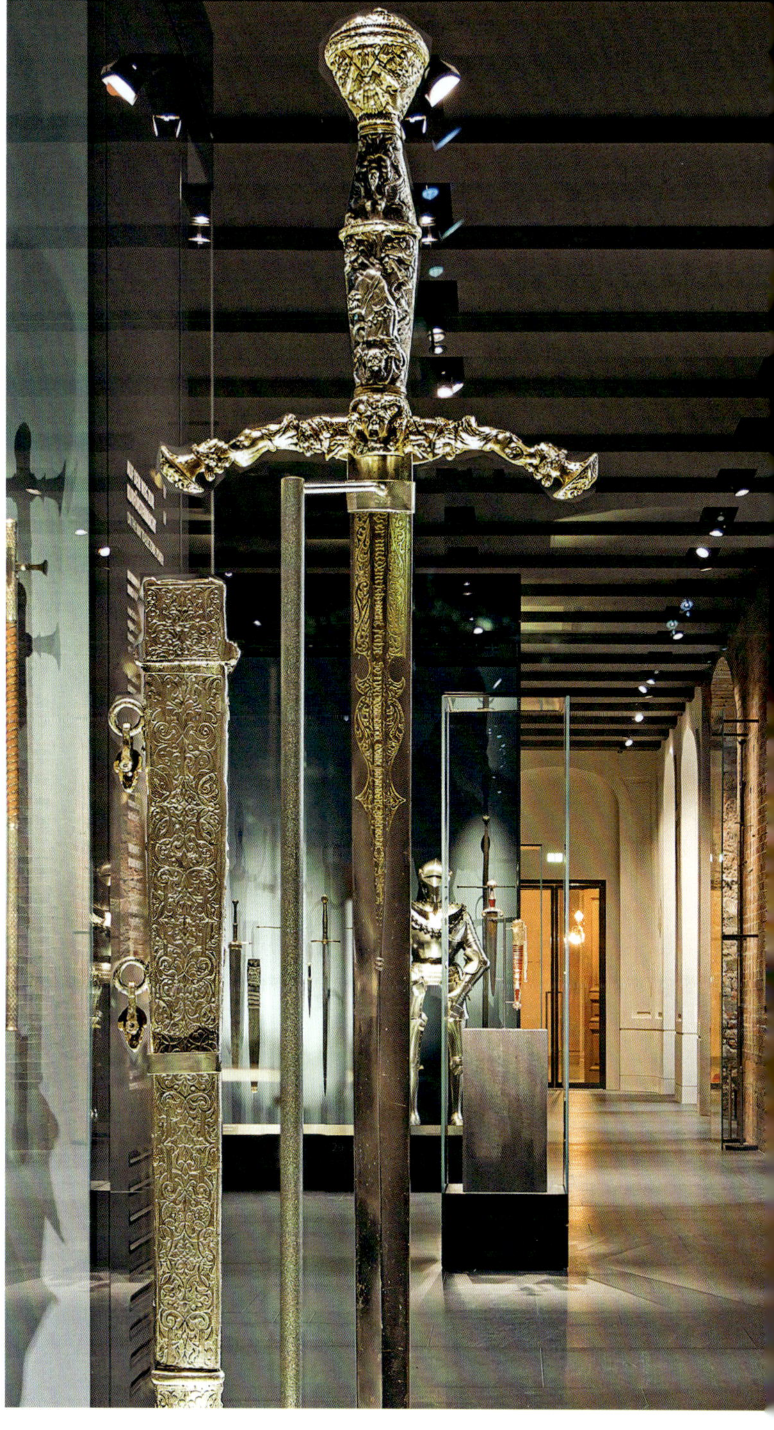

Kurschwert und Scheide
Nürnberg und Passau, 1566

Kleidung – Tracht und Robe – und Accessoires waren in Mittelalter und früher Neuzeit Ausdruck der Stellung, der Funktion und sozialer wie landsmannschaftlicher Herkunft. Entsprechende Bekleidungsbeispiele der höfischen Gesellschaft sind in dieser Präsentation zugleich Kunstwerke höchsten Ranges, so Wams und Pluderhose Christians I.

Das sorgfältig restaurierte Original des Moritzmonuments von Hans Walther II. hat seinen Platz ausgangs des Gardesaals erhalten (siehe S. 10).

Kurfürstliche Garderobe →

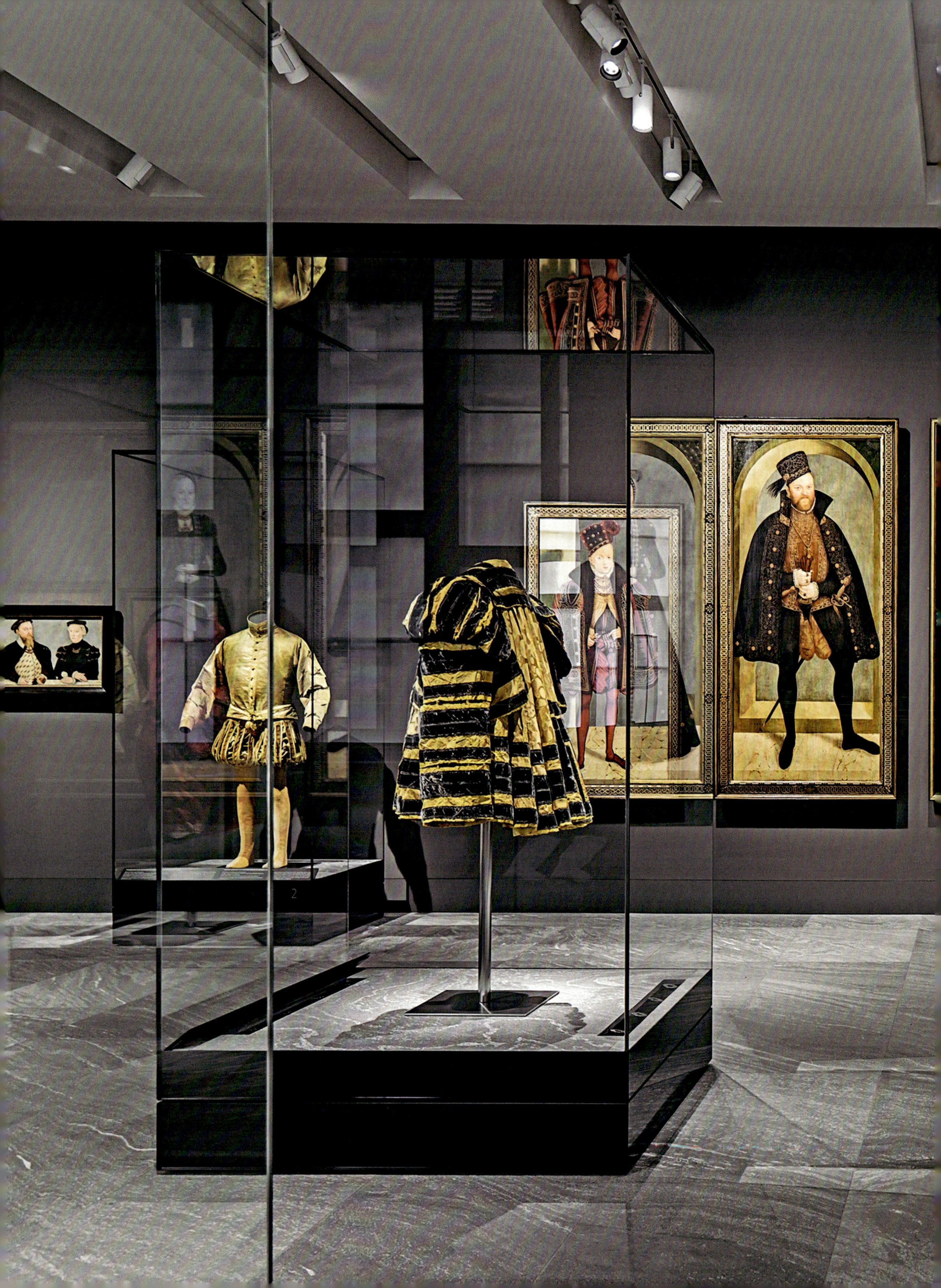

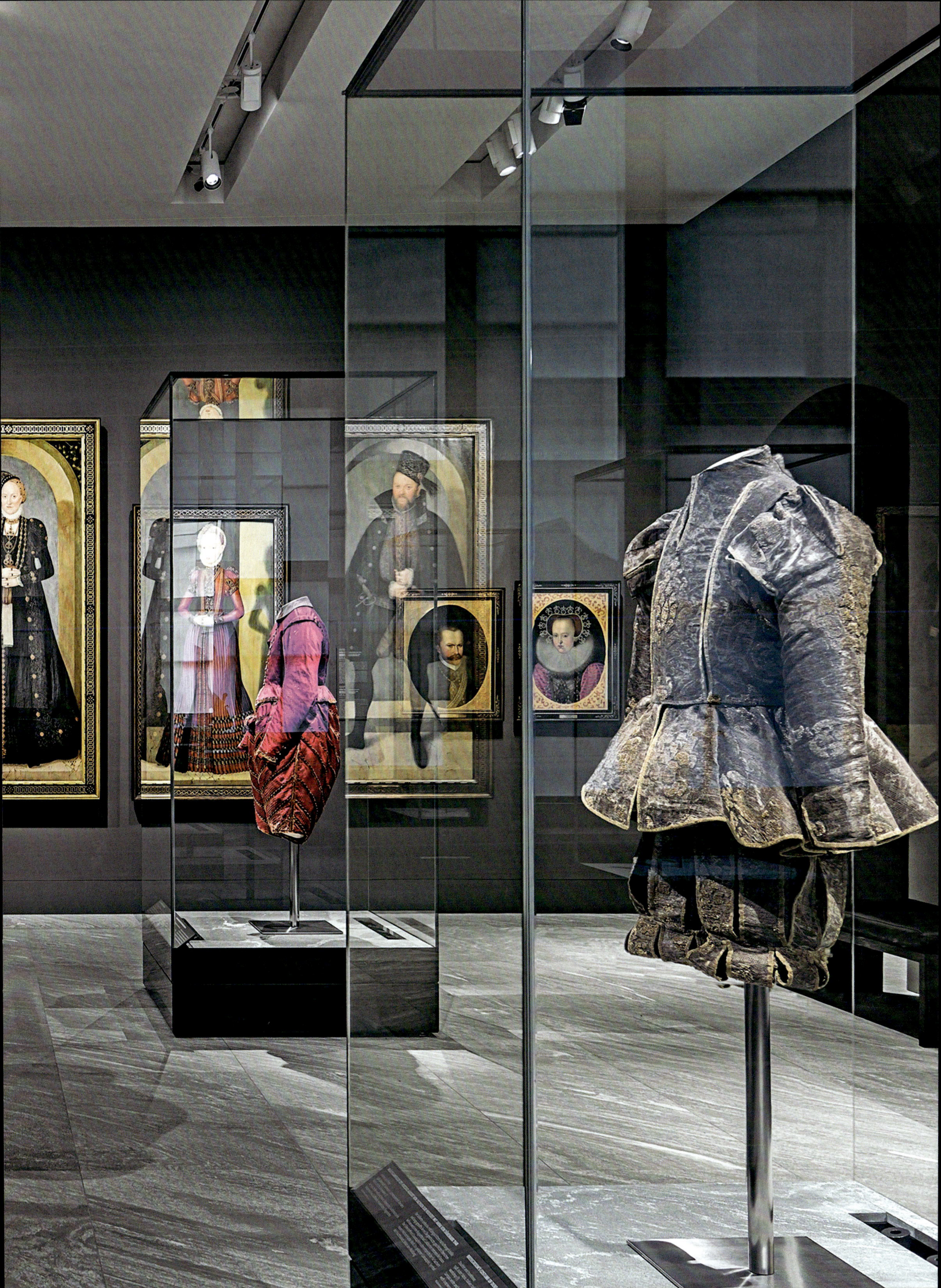

Auf Tuchfühlung
Über 40 Fachleute, Textil- und Metallrestauratoren, Wissenschaftler, Museologen, Fotografen und Kostümgestalter haben in mehreren Jahrzehnten dafür gesorgt, dass die Haute Couture aus der Zeit zwischen 1550 und 1650 perfekt präsentiert ist. Bemerkenswert an der Präsentation ist, dass die Figurinen den Gewändern und nicht umgekehrt angepasst wurden. Der Korpus stellt dabei nicht einfach ein Kleid zur Schau, sondern stabilisiert zugleich die kostbaren und empfindlichen Stoffe, schützt vor Brüchen und Knittern. Bestimmte Risse und Schlitze waren nach dem modernen Prinzip der Ripped Jeans jedoch bereits im 16. Jahrhundert aufwendig eingearbeitet worden: Der Träger sollte sich so besser bewegen können. Außerdem geben bestimmte Einschnitte Einblick in den Aufbau der Stoffe und Draperien und stellen die wertvollen Tuche aus Samt und Seide, Brokat und Taft aus. An Medienstationen können die Besucher mit ihnen sogar auf Tuchfühlung gehen, Muster vergrößern und erfahren, was die Fürstin oder der Kurfürst darunter trugen. Ergänzt wird die Präsentation um Gemälde sowie ausgewählte Prunkwaffengarnituren: Die kunstvoll verzierten Kriegsgeräte dienten der Komplettierung des Outfits und der Untermalung des Status.

→ **Prunkkleid der Kurfürstin Magdalena Sibylla von Sachsen**
Dresden, um 1610/20

Kurfürstliche Garderobe

1547–56 erfolgte unter den Kurfürsten Moritz und August der Umbau des gotischen Markgrafenschlosses, dem in Teilen noch mittelalterlichen Burgenbau, zum Renaissanceschloss. Der Markgrafenflügel, der östliche Nordflügel des heutigen Schlosses, war seinerzeit Hauptbau der gotischen Fürstenburg Markgraf Wilhelms I., die an die stets dreigliedrige Architektur französischer Königsburgen erinnerte.

Im Anschluss an die Exponate der Prunkwaffen und des Turnierwesens wird hier die Schatztruhe kurfürstlicher Garderobe geöffnet. Zugleich erfahren wir mehr über die Familie von Kurfürst August und Anna von Dänemark, wegen ihrer Haarpracht „die rote Anna" genannt, über ihre Kinder und Nachfahren samt hochherrschaftlicher Bekleidung. Vom Zweiten Weltkrieg bis 2017 im Depot verwahrt, entfalten in vier Räumen des Markgrafenflügels 27 Herrscherkostüme, darunter sechs vollständige Kostümensembles und vier Damenkleider, ihre sinnliche Pracht. Ein Alleinstellungsmerkmal der Dresdner Schlosspräsentation. Angefangen bei den Stoffen über die Stickereien bis hin zu Verzierungen, Spitzen und Besätzen aus Gold, Silber und Seide sind diese Kleider nicht nur Haute Couture. Sie tragen persönliche Geschichten in sich, sind Zeitzeugen. In keinem anderen Museum der Welt kann eine solche Fülle gut erhaltener Gewänder aus der Mitte des 16. Jahrhunderts bewundert werden. Ausgerechnet im kriegsgebeutelten Dresden sind solche Kleider nach fast 500 Jahren perfekt erhalten, die doch sonst eher weiterverschenkt oder umgearbeitet wurden? Der Schlüssel zur Antwort, so Kuratorin Jutta Charlotte von Bloh, liegt im plötzlichen Tod des jungen Kurfürsten Moritz begründet. Ihm wollte sein Bruder August auch mit der aufbewahrten Kleidung ein Denkmal setzen.

Kurfürst August von Sachsen trägt auf dem Gemälde Lucas Cranachs d. J. (S. 102/103 Mitte), das kurz vor dem 40. Geburtstag des Herrschers entstand, ein rotes Wams mit Goldstickerei, aus dem der zarte Spitzenkragen und die gekräuselten Ärmelmanschetten des Hemdes lugen. Über dem Wams liegt der kurze weit schwingende Mantel nach dem Vorbild spanischer Hoftracht, so wie der Kurfürst auch im Fürstenzug und zu anderen Gelegenheiten dargestellt wurde. Die kurze Hose, elegante Strümpfe und geschlitzte Lederschuhe vervollständigten das Kostüm. In der Hand hält der Kurfürst ein Paar pelzgefütterte Lederhandschuhe – Luxuswaren aus Italien oder Frankreich, wie sie damals sehr in Mode waren. Ein Hutband mit den ineinander verschränkten Buchstaben AA für August und Anna, eine Hutmedaille, zwei mit Edelsteinen besetzte Mantelschließen und Fingerringe sind weitere Accessoires. Mode ist auch politisch: Die Halskette mit dem kaiserlichen Adler und der Bildnismedaille Kaiser Maximilians II. war ein Geschenk des Kaisers, der ihn 1565 am Hof in Dresden besuchte. Denkbar, so die Kuratoren, dass das Porträt Kurfürst Augusts erst fertiggestellt wurde, als das Geschenk des Kaisers – die Bildnismedaille – noch hinzugefügt werden konnte. So untermalte Kurfürst August den engen Kontakt zum Kaiserhaus.

Das Bräutigamskleid des Herzogs und späteren Kurfürsten August von Sachsen aus dem Jahr 1548 hatte wie viele der damaligen Kleider ein stattliches Gewicht. Fast 2 Kilogramm wog allein der Rock. 1,3 Kilo der Leibrock, ebenso viel die Hose; Gesamtgewicht 5 Kilogramm – hinzu kamen Waffen und Accessoires. Anna von Dänemark, seine Braut, trug Seidendamast aus der Medici-Schneiderei in Florenz, das Kleid gefertigt in Dresden. Granatapfelmuster, exotische Dekors auf exotischen Stoffen. 91 Zentimeter Schlitze mit 22 Zierknoten. Die Rockkanten ungesäumt. Die Futterhose darunter aus Ziegenleder mit Samt unterfüttert.

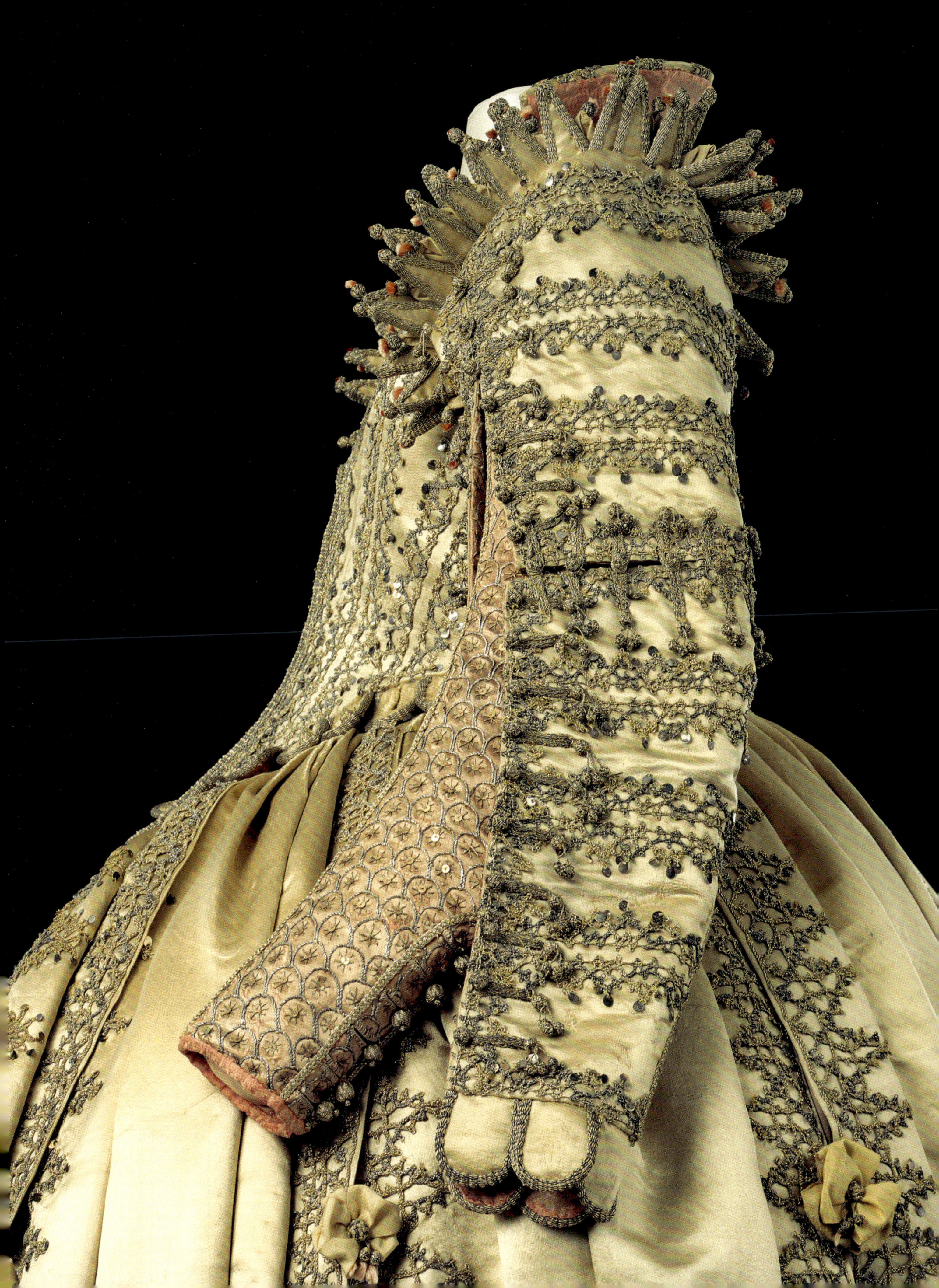

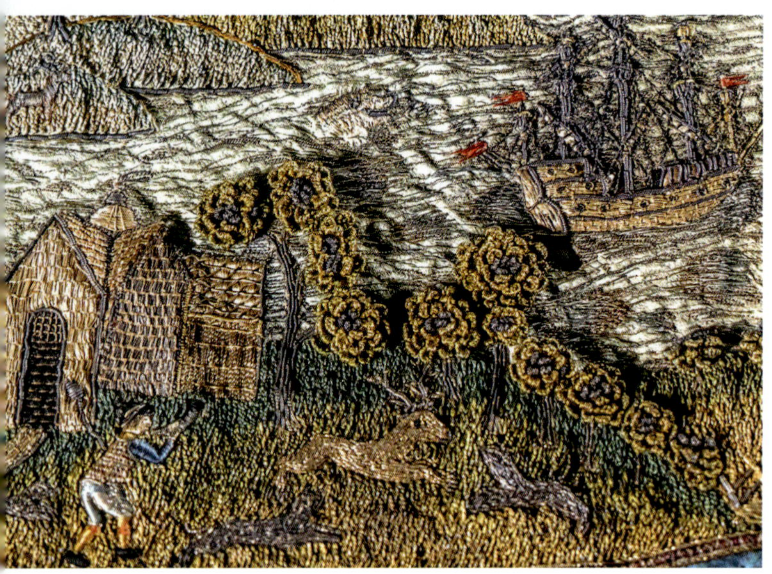

Das Detail des **Landschaftskleids des Kurfürsten** zeigt die Elblandschaft um Dresden und Meißen mit eindrucksvollen Szenen aus dem Alltag

Damenkleider wurden selten aufbewahrt, da ihre kostbaren Stoffe gut weiter verarbeitet oder verschenkt werden konnten. So ist das Prunkkleid der Kurfürstin Magdalena Sibylla von Sachsen aus der Zeit um 1610–20 eine besondere Rarität. Zugleich weist es die Kurfürstin durch die stilvollen Bezüge zur venezianischen Braut- und Festmode ihrer Zeit als ausgesprochen modeaffin aus.

Den Beuterock mit dem Lilienkreuz des spanischen Ritterordens von Calatrava brachte der ältere Bruder Augusts, Kurfürst Moritz, von seinem Feldzug gegen Kaiser Karl V. aus den Alpen mit.

Aus Moritz Privatbesitz ist weiter ein Prunkgewand mit Puffärmeln und außergewöhnlich breiten Schultern erhalten. Gestreift in leuchtendem Gelb und Schwarz.

Anrührend die winzigen *Brautpantoffeln Prinzessin Hedwigs von Dänemark zum Beilager mit Churfürst Christian II.* Das Ölgemälde daneben zeigt den 18-jährigen Gatten 1601 als noch sehr jungen Milchbart. Seine Prunkkleider in Rot und Blau; gewaltig, Gewicht 5 Kilogramm plus Rapier, sein Leibschwert. Je machtvoller und wohlhabender die Fürsten waren, desto schwerer wog die Kleidung.

Den krönenden Abschluss der kurfürstlichen Modenschau bildet ein Prunkkleid, das die Kurfürstin-Witwe Sophia ihrem jüngeren Sohn, dem zukünftigen Kurfürsten Johann Georg I., 1611 zu Weihnachten schenkte. *Landschaftskleid* wurde das modische Outfit mit Hemd und Kniehose, Hut und Mantel zutreffend genannt, zeigt es doch die Elblandschaft rund um Dresden und Meißen, bestickt mit Äckern, Menschen, Tieren, und natürlich: dem Dresdner Schloss auf dem Radmantel. So stand er mitsamt dem Kleide als Mittelpunkt in seinem Reich. Die Elbe schlängelt sich silbrig glänzend unter wolkigem Himmel an Wiesen und Äckern, Felsen und Hügeln vorbei. Alltagsszenen zeigen Bäuerinnen beim Melken, Schäfer mit Hunden und ihren Herden, Jagdszenen mit Hirschen, Rehen und Wildschweinen, exotische Riesenfische im Wasser. Wassermühlen, Flöße, Lastkähne und Fischerboote bevölkern den Flusslauf, ausgeführt in Reliefstickerei auf Seidenatlas. Auch Meißen, die alte markgräfliche Residenz mit der Albrechtsburg und der einstigen Holzbrücke, ist zu erkennen.

Zu dem Prunkkleid spanisch-italienischer Mode gehören ein weiter kreisrund geschnittener Mantel, ein kurzes Wams mit kleinen trapezförmigen Schößen, schmalem Stehkragen und Schulterflügeln, eine gebauschte Kniehose, ein hoher steifer Hut mit breiter Krempe, ein Gürtel und ein Degengehänge.

Zum Abschluss des Rundgangs blicken wir von oben in das zum Greifen nahe Schlingrippengewölbe der Schlosskapelle (siehe S. 31), in der Heinrich Schütz mehr als vier Jahrzehnte gewirkt und fast sein gesamtes Werk frühbarocker Musik uraufgeführt hatte.

→ **Landschaftskleid des Kurfürsten Johann Georg I. von Sachsen**
bestehend aus Radmantel, Wams, Hose, Hut, Wehrgehänge und Leibgurt, Hans Erich Friese, um 1609

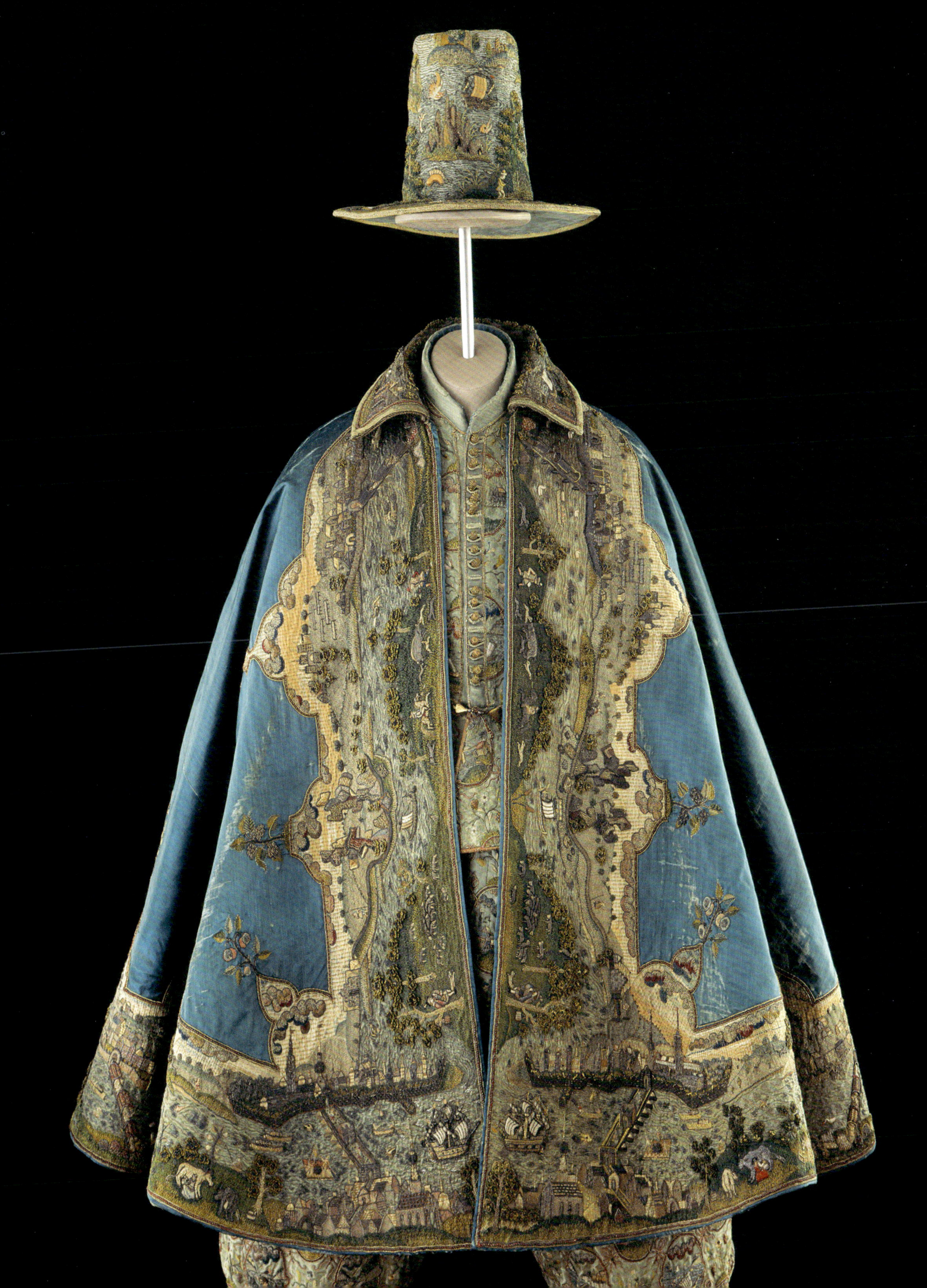

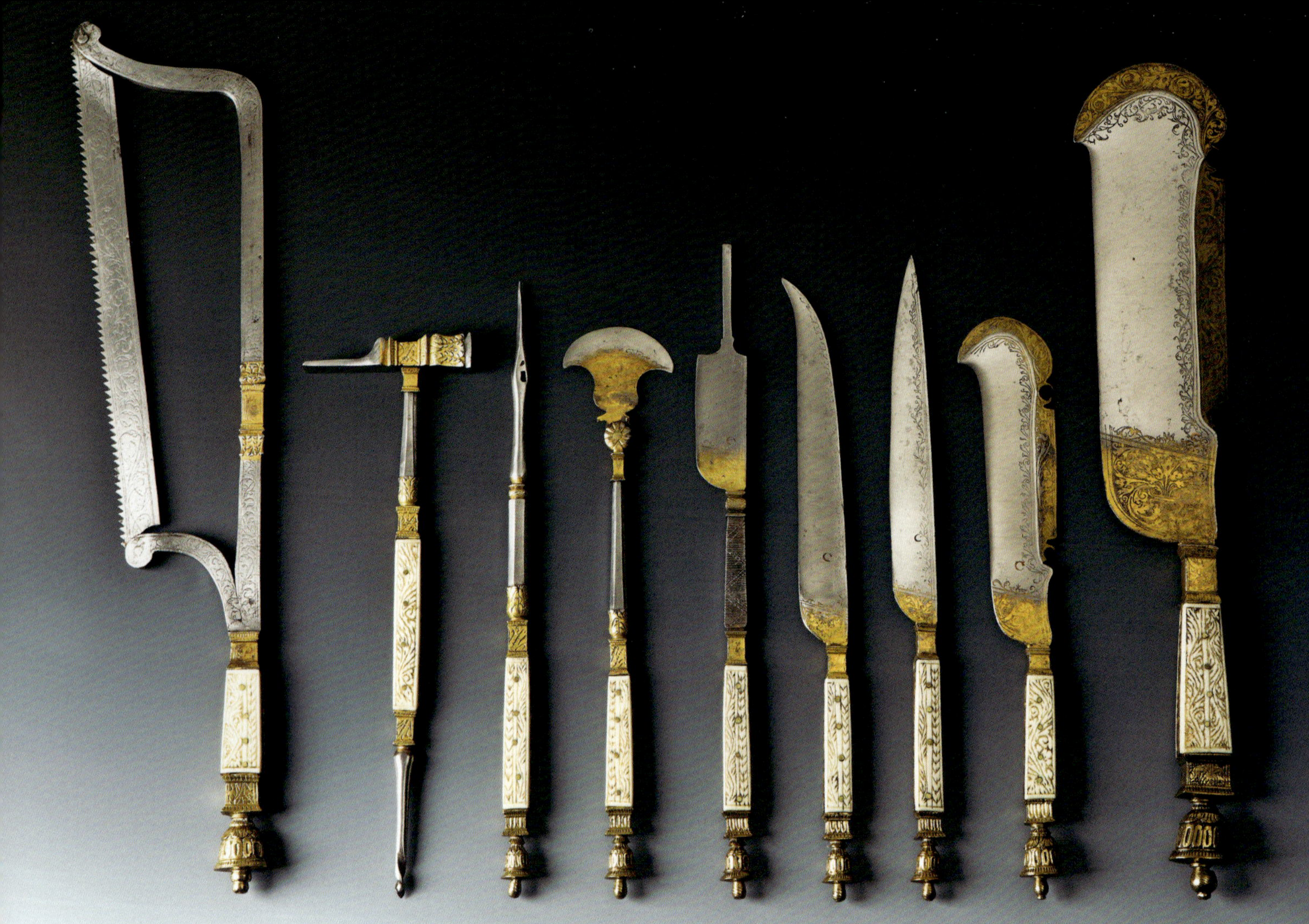

Gartengeräte des Kurfürsten August
zweite Hälfte 16. Jahrhundert

Georgenbau – Weltsicht und Wissen um 1600

Der Georgenbau war in zwei Etappen 1519 und 1533–35 unter dem namensgebenden Fürsten an Stelle des gotischen Elbtores erbaut und unter Moritz und August mit kleinen Veränderungen wie etwa dem Einbau zeittypischer Rundbogenportale zu gemütlichen Privatdomizilen eingerichtet worden. Während die Beletage den männliche Potentaten vorbehalten war, bewohnten die Damen meist die zweite Etage. Sie erfreuten sich eines der schönsten Frührenaissancebauten Europas, in dem sich ab 1719 – nach einigen Modernisierungen – auch August der Starke privat einrichtete. 1894–1901 erweitert und vergrößert im Stil der Neorenaissance, zogen König Albert und Königin Carola, Wasaprinzessin aus Schweden, hier ein.

Seit 2016 hat ein Kuratorenteam aus Kunstkammerstücken, faszinierenden Möbeln, Prunkwaffen und einigen Gemälden sowie Interieurs der Schlosskapelle unter dem Titel „Weltsicht und Wissen um 1600" eine Ausstellung geschaffen, in der der Betrachter sich fast wie „zu Hause bei Königs" fühlen kann.

Ein Rundgang durch die Zimmerfluchten ermöglicht zugleich einige der schönsten Stadtaussichten auf Augustusbrücke, Hofkirche – heute Kathedrale – Schlossplatz, Ständehaus und Fürstenzug bis zur Frauenkirche. Aus einem weiteren Erker nach Südosten eröffnet sich eine malerische Perspektive zum Stallhof mit Johanneum und Kanzleihaus.

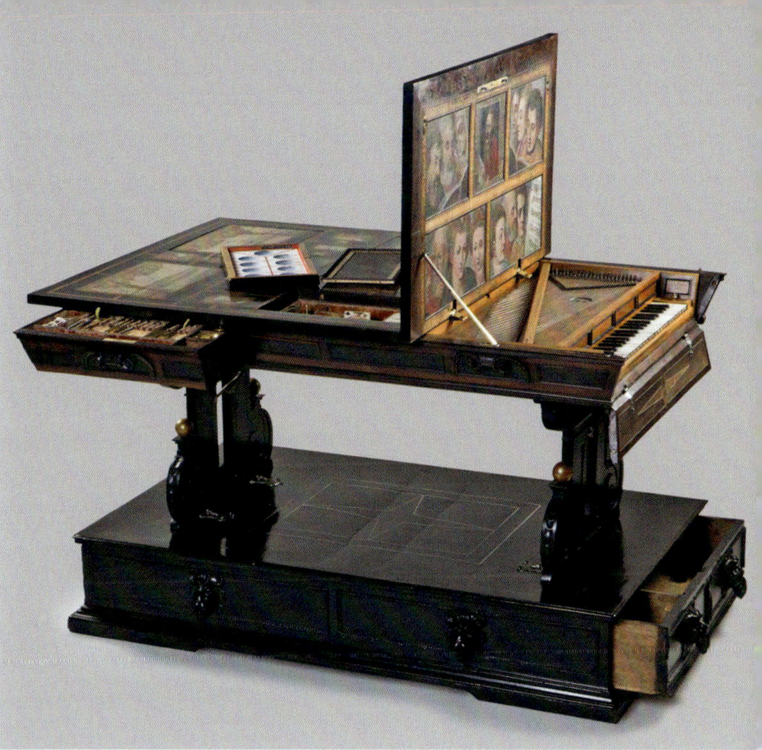

Arbeitstisch der Kurfürstin Magdalena Sibylla von Sachsen
1620–30

Der Kurfürst als Artifex und die Ordnung der Dinge, Schauwaffen und Spielwelten

Sieben Räume sind thematisch jeweils eigenen Ideen zugeordnet. Der Auftakt gilt Kurfürst August als Kunstkammerbegründer und Artifex, dem Kunstdrechsler an seiner Drehbank. Eine kongeniale Zuordnung, die dem Ideal des *uomo universale* seiner Zeit entspricht.

Augusts Persönlichkeit und zugleich die eines Kurfürsten, der seine Privilegien in Friedenszeiten schöpferisch zum Wohle seines Landes ausleben konnte, wird so gegenwärtig. Hier werden Werkzeuge präsentiert, die – so profan sie auch heute wirken – damals kostspielige Innovationen waren und so in der Dresdner Kunstkammer Platz fanden. Dazu gehörten neben einfachen Harken und Spaten andere Gartengeräte wie Kirschsetzer und Baumscheren, seinerzeit der letzte Schrei.

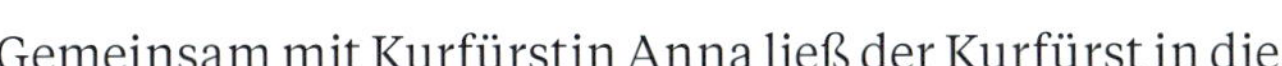

Gemeinsam mit Kurfürstin Anna ließ der Kurfürst in die Westwerke des Dresdner Festungszwingers diverse Obstbäume, aber auch noch völlig unbekannte Pflanzen wie Sonnenblumen und Mais, auch erste Pomeranzenbäume aus dem Prager Burggarten pflanzen, die ihm sein Freund Kaiser Maximilian II. schickte.

Wir können uns vorstellen, wie August am ebenfalls ausgestellten Kabinettstisch hockte und sein „Gartenbüchlein" verfasste, immerhin zehn Kapitel mit fünfteiligem Register. Goldschmiede- und Tischlerwerkzeuge sowie Werkzeuge zur Eisenbearbeitung, sogenannte Brechzeuge, sind ebenfalls ausgestellt. Ein Werkzeugkabinettsschrank lässt uns den Kurfürsten als Handwerker lebendig werden, der sich auch durchaus persönlich um das neue Badhaus im Hofgärtlein seiner Anna, dem späteren Bärengarten, das Vogelhaus und den Fischhälter kümmerte.

Anna war besonders die von ihr eingerichtete Hofapotheke ans Herz gewachsen, zu deren Kräuterbeeten sie ebenfalls eigenhändig mit dem damaligen Torgauer Hofapotheker korrespondierte. Ein Kabinettschrank mit Kupfertisch liefert dazu zeitgemäßes Ambiente. Im Schieber noch diverse Apothekengeräte wie auch ein Nähzeug.

Das Ölgemälde von Cyriakus Reder zeigt Kurfürst August von Sachsen 1586 altehrwürdig vor einem schweren Brokatvorhang in seinem Todesjahr. Als Witwer hatte er noch einmal geheiratet – die noch sehr junge Fürstin Agnes Hedwig von Anhalt; die Ehe währte nur wenige Wochen. Fast könnte man meinen, der Kurfürst stütze sich im Gemälde auf ein Gartengerät. Doch es ist eine goldverzierte Streithacke wie sie in Ungarn als Statussymbol geführt wurde. Auf dem Bild wie in den Ausstellungsräumen sorgen gediegene Fußböden, grünliche Raumtöne, Tageslicht für eine fast intime Atmosphäre.

So geht es weiter zum Thema „Ordnung der Dinge" – prachtvolle Möbel repräsentieren, helfen aber auch zu ordnen. Das gilt besonders für das Tischkabinett der Fürstin mit mehr als 200 Einzelteilen, darunter acht Schub- und Einsatzkästen für verschiedenste thematische Bereiche. Zum Vorschein kommen Apothekenfach, Schübe für Badeutensilien, Schreibgeräte, höfische Spiele, wissenschaftliche Instrumente und ein Spinett. Eine Einlage aus Pietra Paesina – Landschaftsmarmor, einem polierfähigen Schichtkalkstein – führt eine eigenständige Kunstkomponente ein: der Schreibtisch wird zur kleinen Galerie, in deren Motive man versinken kann.

Das Kabinett „Spielwelten“ eröffnet einen wundervollen Blick in den Stallhof mit seinen Sgraffito-Dekorationen, zur Turnierbahn mit den Ringrennsäulen vor dem Kanzleihaus. Davor, im Erker, der runde Tisch aus „sächsischem Kalkstein“ aus den kurfürstlichen Gemächern im Neuen Stall, dem „Johanneum“ gleich vis-á-vis. Er ist mit lateinischen Trinksprüchen und Wappen verziert. Entworfen hat ihn der 1575 aus Florenz nach Sachsen berufene Ticineser Bildhauer und Maler Giovanni Maria Nosseni.

Im Auftrag des Kurfürsten August untersuchte er, alten Walenwegen und mittelalterlichen Steinhandelsstraßen folgend, die sächsischen Edelsteinvorkommen und prüfte sie auf ihre Ergiebigkeit und Verwendbarkeit. So gelangten zahlreiche Steinproben und Gefäße aus Weißenseer Alabaster und Zöblitzer Serpentin in die kurfürstliche Kunstkammer. Serpentinstein kann man drechseln wie Holz. Dann allerdings härtet er aus (Mohshärte 7,5) und kann wundervoll poliert werden, weshalb der Stein in der Renaissance für eine Art Marmor gehalten wurde. Bis in den Merkantilismus Augusts des Starken war Serpentinstein ein gefragtes Exportgut in ganz Europa, eingesetzt als Bauschmuck, im Kunsthandwerk, für Plastiken und technische Zwecke. Gemeinsam mit einem Tisch aus Serpentinit, der sogar den Bombenangriff von 1945 überstand, werden sechs der sieben erhaltenen Stühle Nossenis ausgestellt.

In der Raummitte steht ein großer mit Perlmutt belegter Spieltisch. Brettspielkassetten aus kostbaren Materialien, Spielkarten, alte Musikinstrumente, Zister und Gitarre, Schalmai und Pochette, und Ölgemälde vervollständigen die Schau zum Thema „höfisches Spielen“. Ein prächtiger Humpen aus Glas darf nicht fehlen.

In gewissem Sinne als Spielerei galt auch der höfische Gebrauch von Waffen. Natürlich zur Repräsentation, ihre Beherrschung als Teil der Fürstenausbildung, ihre Anwendung im Turnier, bei der Jagd, aber der auch immer wieder blutige Ernst der Kriege war dann alles andere als Spiel und Vergnügen. Gezeigt werden vor allem Kombinationswaffen, die mehrere Funktionen vereinen und nicht selten waffenbautechnisch wie kunsthandwerklich hochkarätige Stücke sind.

Die Runka, auch Menschenfänger genannt, lässt erschaudern und entzückt im Detail mit ihren fein geätzten Ornamenten unter kurfürstlich-sächsischem Wappen. Streithämmer mit Springklingen, nicht weniger martialisch, aber auch Rapiere mit Uhren, technisch und historisch interessante Radschlosspistolen – dies alles leitet über in den anschließenden Langen Gang mit der Gewehrgalerie Augusts des Starken, der von hier aus und aus dem Stockwerk darüber zu erreichen ist.

Protestantische Sakralkunst und die Vernetzung der Welt

Ganz neue Handelsrouten wurden im 15. und 16. Jahrhundert erschlossen, weiteten den Blick auf die Welt – nicht zuletzt eine Ursache der Erneuerungsideen der Reformation, den Glauben betreffend, aber auch das ganze Leben und Wirtschaften der Renaissance. Im Raum, der die schönsten Ausblicke auf die katholische Hofkirche bietet, entsteht eine besondere Spannung, wenn gerade hier protestantisch intendierte Kunstwerke aus der lutherischen Schlosskapelle präsentiert werden. Der restaurierte Taufstein aus der Hofkapelle wurde jüngst neu untersucht. Kein Zweifel, er besteht aus Cottaer Bildhauersandstein und ist von Hans Walther II. erschaffen. Der weitgehend ohne Hinzufügungen präsentierte Torso lässt die ursprüngliche Pracht des Werkes bis heute erstrahlen. Der fragmentarisch erhaltene Fuß des Taufsteins ist aus Alabaster gefertigt, feinkörnigem, durchscheinendem Gips. Die erhaltene Jahreszahl 1558 zeigt, dass auch dieser Teil des Taufsteins zum originalen Bestand gehört.

Ein weiteres Kleinod dieses spannenden Ausstellungsteiles ist die Original-Holztür des Schlosskapellenportals von Hans Walther II. mit dem Relief *Christus und die Ehebrecherin*, das wohl kostbarste geschnitzte Türblatt der deutschen Renaissance. 1556 wurde es von Georg Fleischer d. Ä. aus Annaberg geschreinert und geschnitzt – der in Anlage und Figurengestaltung wohl einem Entwurf von Benedetto di Tola folgte, dessen eleganten Stil wir schon kennengelernt haben.

Christus und die Ehebrecherin ist ein ausgesprochen protestantisches Bildthema. Es bestärkte die Besucher der Hofkapelle in der Gnade Gottes, die selbst dem schlimmsten Sünder zuteilwerden kann, wenn er bereut.

Fleischer und sein Werk sind im Schloss beinahe omnipräsent. Seine Söhne Georg d. J. und Hieronymus lernten Bildschnitzer und Kunsttischler, als der Vater mit zehn Gesellen und zwei Lehrlingen an den kunstvollen Holzdecken der neuen Renaissanceausstattung arbeitete und 1560 auch die Kassettendecke im Wettinzimmer schuf. 1604 entstand die lebensgroße Skulptur eines Pferdes für die Rüstkammer und zum Ende seines über 50-jährigen Tischlerlebens im Dienste des Hofes die *Hirschenköpfe* für den Stallhof und die kurfürstlichen Jagdschlösser.

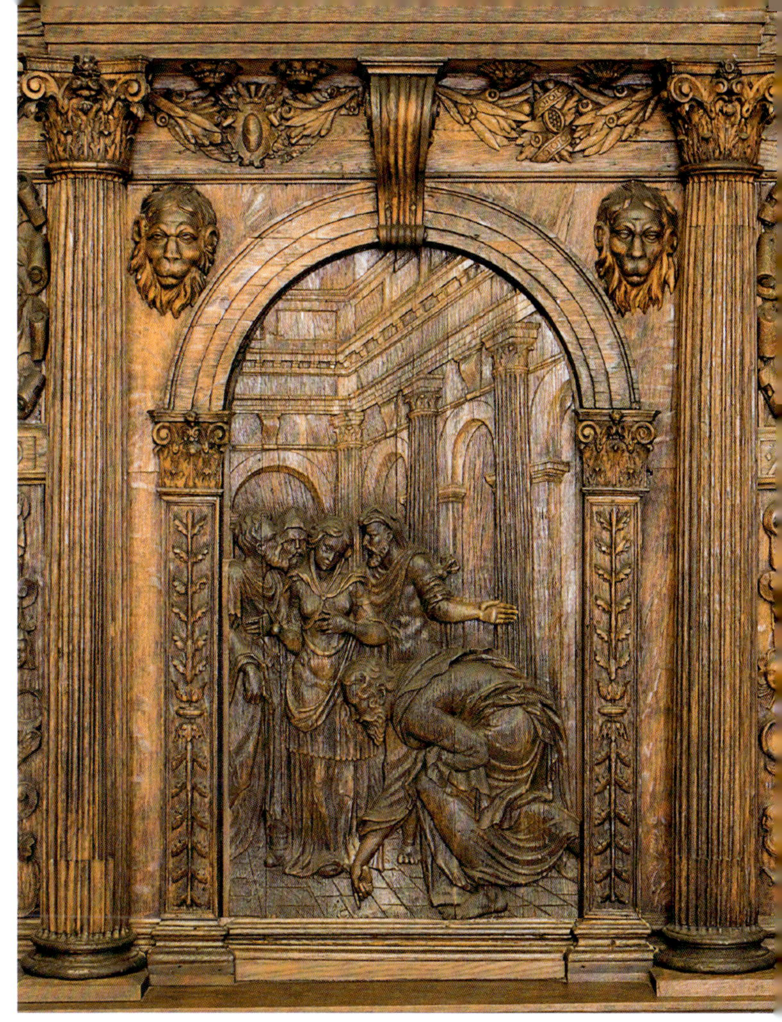

Portal der Schlosskapelle mit Relief Christus und die Ehebrecherin
Georg Fleischer d. Ä., 1556

Im Saal „Die Vernetzung der Welt" wird die Entdeckung und Erschließung bislang in Europa wenig bekannter Erdteile zum Thema gemacht. Zugleich hielten fremdartige Werkstoffe tierischer oder pflanzlicher Herkünfte Einzug in die Kunstkammern.

Zu sehen ist das *Horn des legendären Einhorns,* eines Fabelwesens, das wohl noch kaum jemand gesehen hatte. Bei genauerem Hinschauen entpuppt es sich als Zahn eines Narwals. Der meist linke Eckzahn der männlichen Tiere durchbricht schraubenförmig die Oberlippe und kann bis zu 3 Meter lang werden. Wie Elfenbein besteht der Zahn aus Dentin, ist also kein Horn, war aber dennoch in mystische Fruchtbarkeitszauber verwoben und auch als „Gegengift" bei Hofe nicht seltener Vergiftungen bekannt. So wurden Becher und Geschirre daraus gefertigt. Dänische Könige wurden auf einem Narwalthron gekrönt wie byzantinische Kaiser auf ihren Elfenbeinthronen.

Nicht minder exotisch wirkte der daneben gezeigte Kopffortsatz eines Sägezahnrochens. Gefäße aus ähnlich mystisch umfangenen Materialien wie Elfenbein und Bergkristall, aber auch Kokosnuss, Schildkrötenpanzern, Korallen, Schneckengehäusen und Straußeneiern vervollständigen diesen Sammlungsteil. Ein Studiolo bietet Raum für Sonderausstellungen zur Renaissance-Thematik.

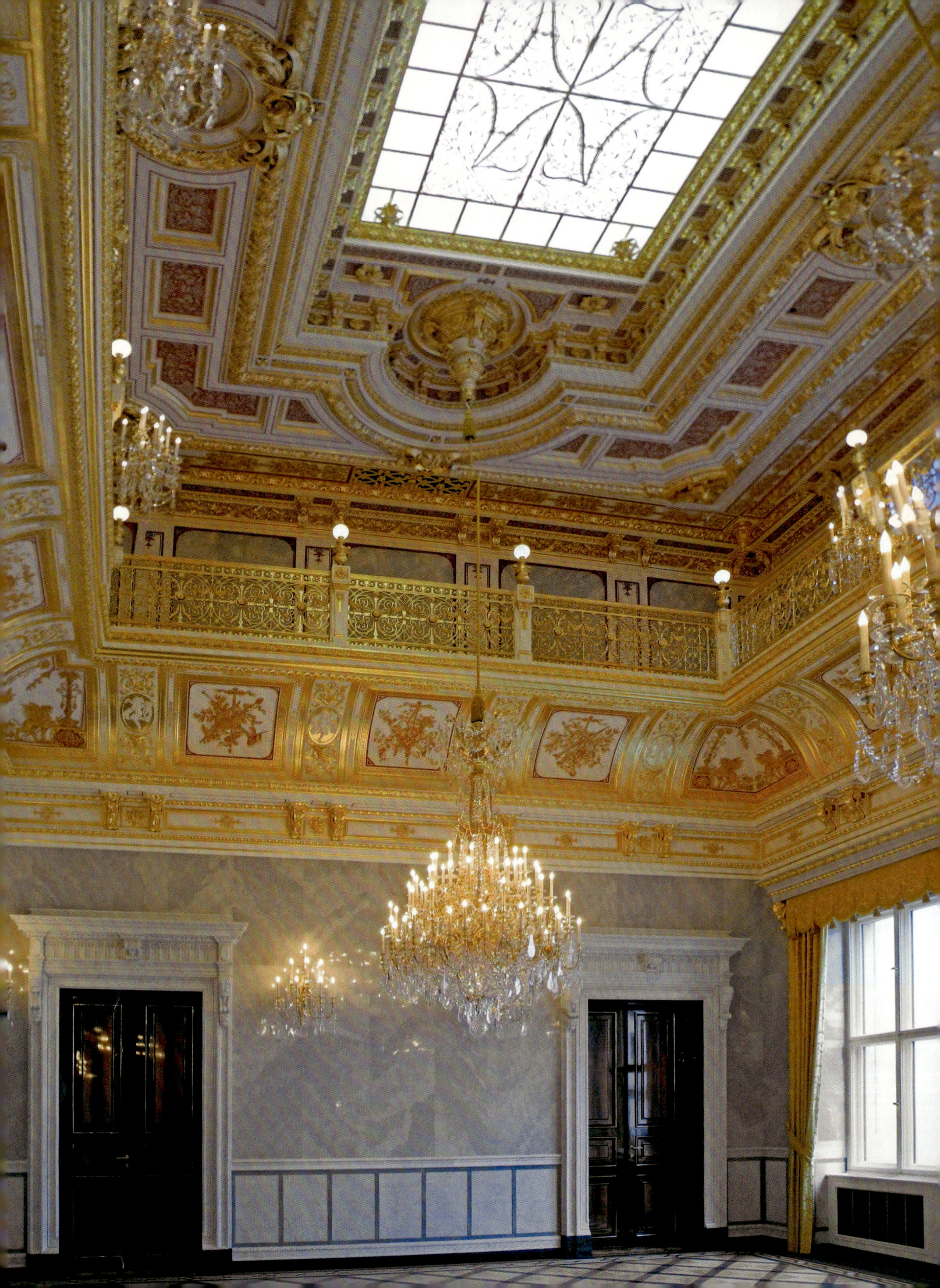

Kleiner Ballsaal, Silberwaffensaal und Münzkabinett

Kleiner Ballsaal

Im zweiten Obergeschoss des Georgenbaus erwarten uns 120 Quadratmeter Ballsaalherrlichkeit. Und es ist kein Ausflug in die Barockzeit: Der Kleine Ballsaal entstand 1865–68 nach dem Entwurf des Hofbaumeisters Bernhard Krüger – einst Mitarbeiter Gottfried Sempers. Bereits 1535 hatte der Saal in seiner Urgestalt eine „gleserne laterrn" – ein Oberlicht! Und die behielt er im 19. Jahrhundert und bekam sie mit seinem Wiederaufbau auch zurück. Der Saal ist ein großartiges Zeugnis des Historismus im Stil der Neorenaissance, ausgestattet mit viel Blattgold, Marmor, Marmorimitationen und Stuck, dem feine Ornamente, musizierende Putti und Blumenkinder eine festliche Atmosphäre verleihen. Es war die bedeutendste Bauaufgabe, die der Schriftsteller- und Historikerkönig Johann der Wahrhaftige (mit Künstlernamen Philaletes, Freund der Wahrheit) im Residenzschloss ausführen ließ.

1945 wurde der Saal fast völlig zerstört und von 2009, als der Planungsauftrag erging, bis zur festlichen Wiedereröffnung 2019 umfassend rekonstruiert. Zum Glück war er durch historische Bauunterlagen, Fotografien und Baurechnungen gut dokumentiert. Original erhaltene Flächen – in der Wandnische an der Südwand, ein Teil der Wandverkleidung und darüber Teile des originalen Stuckmarmors – wurden einbezogen und blieben gemäß der Bauidee, einen erkennbaren Wiederaufbau zu realisieren, sichtbar. Drei Leuchter auf dem Kamin sind restaurierte Originale.

König Johann, zur Bauzeit schon in seinen Sechzigern, wünschte sich eine „Localität für die am Königlichen Hofe mit beschränkter Zahl der Einladung zu gebenden Gesellschaften, namentlich Kammerbälle". Allerdings gehörte der Raum zu den Gemächern seiner Frau Amalie. Ihr Verzicht hat sich gelohnt – allein der Blick durch die funkelnden Kristallleuchter hinauf zum Oberlicht. Die Decke reich vergoldet, nur knapp 11 Meter hoch. So blieb alles intim. Amalies Lieblingsplatz war die Nische an der Südwand mit Kamin. Das Tafelparkett gut betanzbar. Die Galerie ist fast komplett vergoldet, gefügt aus 2440 Zinkguss-Teilen. Dass hier alles beinah völlig zerstört war, kann man heute kaum glauben. Für die Vergoldung der Decke und des Galeriegeländers wurden rund 78 000 Blatt (etwa 1,4 Kilogramm) Gold verarbeitet. Für die Feuervergoldung der Kronleuchter und zwei Standleuchter kamen noch einmal 3,6 Kilogramm Gold zum Einsatz: Gesamtmaterialwert des Goldes allein 300 000 Euro.

Für die Leuchten wurden 7777 Kristallteile neu hergestellt und mit 86 erhaltenen Originalteilen kombiniert. Ein Kronleuchter wiegt etwa 550 Kilogramm. Der Saal ist vertikal gegliedert durch einfach gehaltene Wandflächen aus Marmor, Stuckmarmor à la Scagliola und Marmorimitationen (Stucco lustro), wie in der Semperoper, an deren ersten Bau einiges im Kleinen Ballsaal erinnert.

Ursprünglich lag der Saal im obersten Stockwerk des Georgenbaus. Damit konnte Tageslicht durch das Oberlicht scheinen. Beim Wiederaufbau des Schlosses in den 1960er-Jahren wurde für die Zwischennutzung ein Geschoss aufgesetzt, heute Depot des Münzkabinetts. So hat das neue Oberlicht ein Geheimnis – Spezialleuchten imitieren das Tageslicht, können ihre Helligkeit der Tageszeit und dem richtigen Lichteinfall anpassen. Der Saal wurde – wie das Historische Grüne Gewölbe und die Paraderäume – in seiner ursprünglichen Fassung wiederaufgebaut. Das macht ihn zu einem besonderen Höhepunkt im Georgenbau.

Scagliola und Stucco lustro

Stucco lustro ist eine Kalkputztechnik, bei der auf einen Grundputz aus Kalk und Sand mehrere Marmorsand-/Marmormehl-Sumpfkalk-Schichten „nass in nass" (al fresco) aufgeputzt werden. Dabei wird nach oben hin immer feiner werdend gearbeitet. In die letzte Schicht wird der Grundton des Marmors zugegeben, anschließend in den feuchten Putz die Marmorierung gemalt. Zum Schluss wird die fertige Fläche mit Seife und Bienenwachs abgestrichen und einer blanken, heißen Glättkelle „abgestuckt". Stucco lustro ist verhältnismäßig preisgünstig, glänzt aber wie Marmor. Es handelt sich um ein oberflächliches Imitat, während Scagliola eine vollvolumige Nachbildung ist: gipsgebundener Kunstmarmor in Gipsintarsientechnik. Zur Herstellung wird Anhydrit mit Leimwasser aus Perl- oder Knochenleimen versetzt, mit dem Marmor entsprechenden Farbpigmenten eingefärbt und marmorartig ineinander geknetet und zum „Marmorkuchen" gepresst. In etwa 1 Zentimeter dicke Scheiben geschnitten, wird er auf die Unterlage (z. B. Mauerwerk) aufgetragen. Wenn der Anhydrit zu Gips ausgehärtet ist, wird er grob geschliffen, Fehlstellen ausgespachtelt, die Oberfläche immer feiner geschliffen und anschließend wiederholt mit dünnflüssigem Gips und Leimwasser ausgeschlämmt. Nach dem Feinstschliff wird mit einem Polierstein aus Achat verdichtend poliert.

Kleiner Ballsaal ← mit Oberlicht

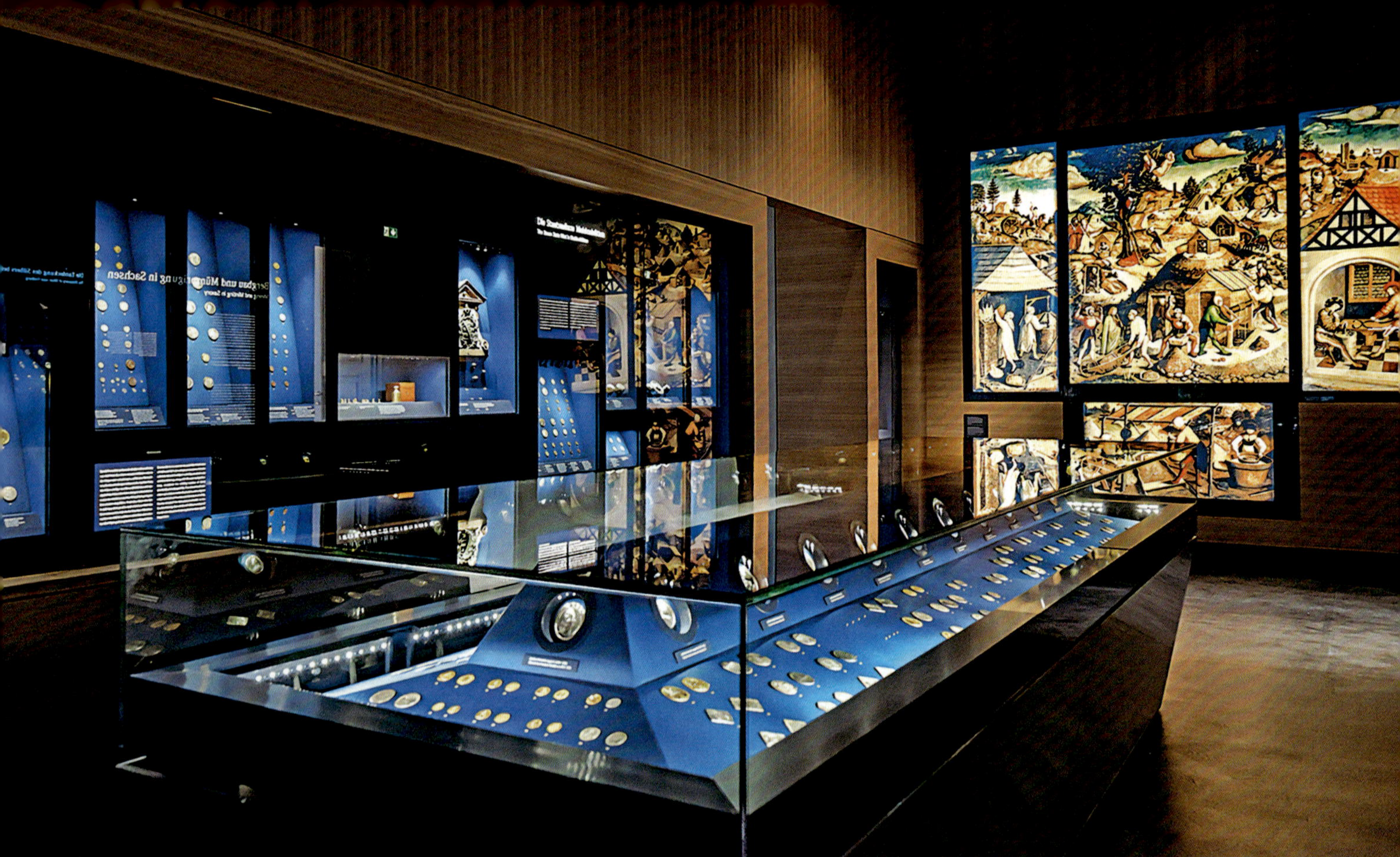

Münzkabinett mit Bergaltar im Hintergrund
(Kopie, Original in St. Annen, Annaberg-Buchholz)
Hans Hesse, 1530

Münzkabinett

Das Dresdner Münzkabinett ist neben denen in Berlin und München eine der bedeutendsten Münzsammlungen Europas. Die Fülle des Gezeigten verschlägt einem im ersten Moment den Atem – 3300 Werke von 300 000 gesammelten Einzelstücken, von antiken Münzen, Wertpapieren und Banknoten über Medaillen, Orden bis zu Stempeln und Spielgeld, münztechnischen Geräten und Bilddarstellungen. Deren moderne Präsentation führt auf eine Weise durch die Thematik, die im Spiegel monetärer Weltentwicklung alle Facetten der Regionalgeschichte und des Alltags entblättert und dabei keinen Lebensbereich auslässt.

Münzkundige haben wie Botaniker gern eine Lupe dabei – genaues Hinsehen schärft den Blick und die Sinne. Genau das ist die Stärke dieser Schau. Goethe schrieb 1790 in seinem Faust-Fragment: „Nach Golde drängt, Am Golde hängt, Doch alles! Ach wir Armen!" Gold und Geld haben ein ebenso ursächliches wie intimes Verhältnis, das erhellt nicht zuletzt die Ausstellung. Kein Ort wäre dazu besser geeignet als Sachsen, wo Silberbergbau und Münzwesen buchstäblich zwei Seiten einer Medaille prägen. Das erkannte vor 600 Jahren der Bauherr des heutigen Sammlungsdomizils, Herzog Georg der Bärtige, der nach dem frühen Tod seiner jungen Gemahlin die Münzen nicht nur zählte und umdrehte, sondern systematisch zu sammeln begann. Dazu gehörte auch Schriftliches über das Münzwesen, woraus heute eine eigene Spezialbibliothek mit nicht weniger als 30 000 Fachtiteln resultiert.

Gleich am Eingang des Münzkabinetts nimmt uns das geniale Bildgeschehen des Annaberger Bergaltars von Hans Hesse gefangen. Dort sind alle relevanten bergbaulichen Tätigkeiten im Erzgebirge des beginnenden 16. Jahrhunderts dargestellt, einschließlich des Münzprägens. Die Werkzeuge und Einrichtungen dazu finden wir in feinen Originalen in der Ausstellung. Dazu gehören der *Prozessionsschmelztigel* aus dem Jahr 1623 und die *Uhlhornsche Münzpräge-Maschine*.

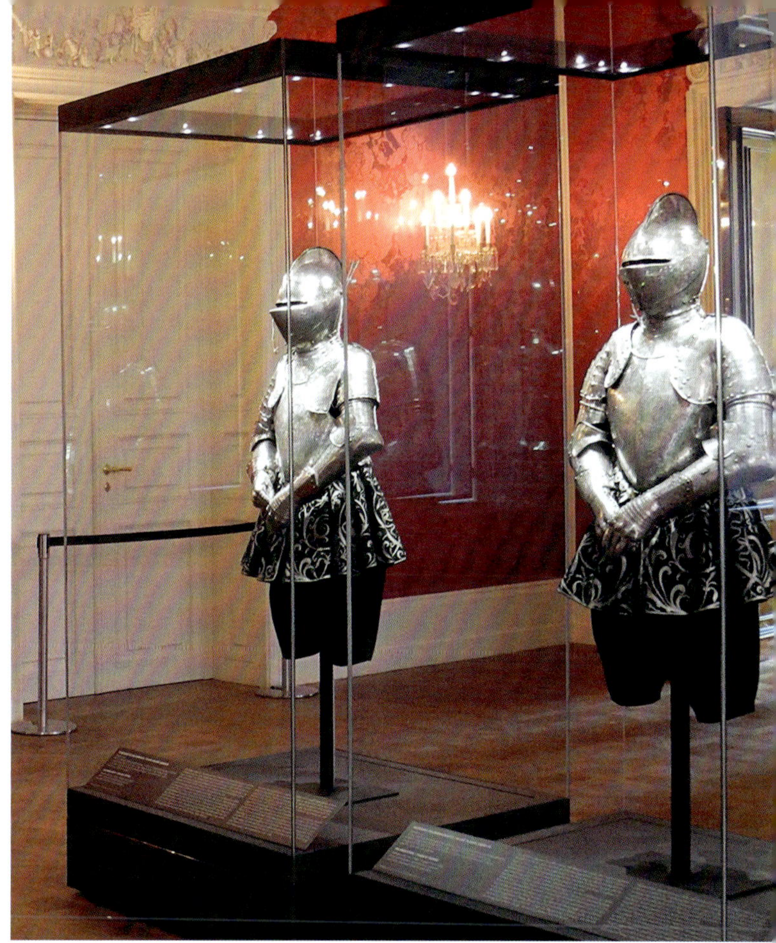

Rotseidenes Zimmer

Münzen waren oft mehr als Zahlungsmittel: Sie dienten zugleich der Kommunikation, überbrachten politische Botschaften, verifizierten Herrschaftsansprüche. Auch August der Starke ließ nach seiner Krönung zum polnischen König eine Medaille prägen, die ihn als Herkules zeigt. Vom Altertum bis zur Gegenwart geht es chronologisch durch die Münzgeschichte – von der Drachme bis zum Euro. Die älteste Münze stammt aus Lydien, einem Königreich im Westen Kleinasiens, und ist 2600 Jahre alt: ein Elektron, geprägt unter König Alyattes II. aus der Mermnaden-Dynastie. Er gilt als Erfinder der Münzprägung.

Auf der Rückseite der von den Fürsten geprägten Taler sind oft mehrere Wappen abgebildet. Wie im Stallhof des Dresdner Schlosses und am Fürstenzug – unweit der Münze Kurfürst Augusts – sind es die Wappen der Besitzungen, die zum Herrschaftsbereich des Fürsten gehören. Wegen des permanenten Wertverfalls wird ab dem 16. Jahrhundert auf den meisten Münzen auch das Prägejahr angegeben. Auch Dresden selbst ging in die Geldgeschichte ein. Im Dresdner Münzvertrag von 1838 wurde ein fester Wechselkurs zwischen Gulden- und Talerländern vereinbart; 1871 wurde aus dem Vereinstaler die Mark, benannt nach dem Gewichtsmaß Lüneburgs und anderer Hansestädte.

Kurfürst August erweiterte die Münzsammlung seiner Vorfahren. Er erwarb Bleiabgüsse fehlender Originale und stellte kunstfertige Medailleure aus Nürnberg und Breslau an.

August der Starke kaufte ganze Sammlungen auf, 1716 die von General von Birckholtz und 1718 eine Sammlung antiker Münzen aus dem Nachlass seines Verwandten, Herzog Moritz Wilhelm von Sachsen-Zeitz. Platzprobleme brachten es mit sich, dass die anwachsende Münzkollektion ins Taschenbergpalais und später ins Japanische Palais umzog. Dank des Wiederaufbaus kehrte die Sammlung ins Schloss zurück.

Neben Bergbau und Münzwesen in Sachsen wird der „Kosmos des Geldes“ von der Antike bis zur Gegenwart erforscht, dessen verschiedenste Aspekte in zwei weiteren Räumen beleuchtet werden.

Silberwaffensaal

Der *Silberwaffensaal*, auch Rotseidenes Zimmer genannt, war einst das Audienzgemach der Königin. Heute ist dort die Dresdner Goldschmiedekunst an silbernen Paradeharnischen und Paradewaffen sächsischer Kurfürsten und Hofmitglieder zwischen 1580 und 1610, der Periode des Manierismus, ausgestellt. Thematisch schlägt die Silberwaffenschau eine Brücke zwischen den im Riesensaal gezeigten Turnier- und Paradewaffen hin zum Silberschatz des Münzkabinetts.

Hans Hesse

Nach seiner Lehre in Nürnberg kam Hans Hesse wohl 1506 in seinen Dreißigern nach Annaberg. 1521 stellte die dortige Bergknappschaft seinen Altar auf, dessen Rückseite ein prächtiges Lokalkolorit bergmännischer Tätigkeiten bis hin zum Münzschlagen zeigt. Hesse zog vom albertinischen Annaberg in das benachbarte ernestinische Buchholz. Für die dortige Stadtkirche St. Wolfgang schuf er ebenso einen dem Namenspatron geweihten Altar wie mehrere Altarwerke im benachbarten Böhmen, wo er bis zu seinem Tode 1539 vorwiegend tätig war.

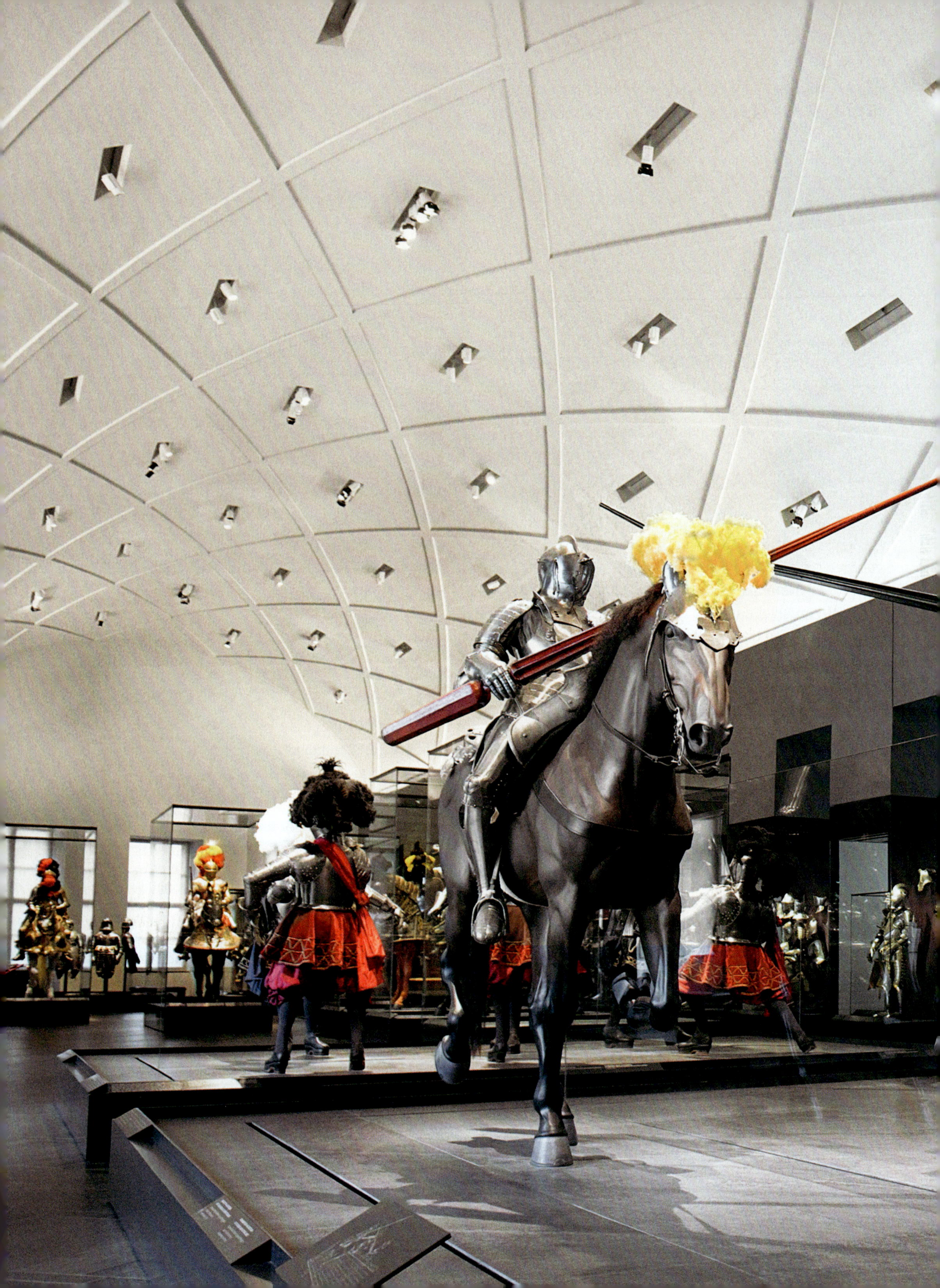

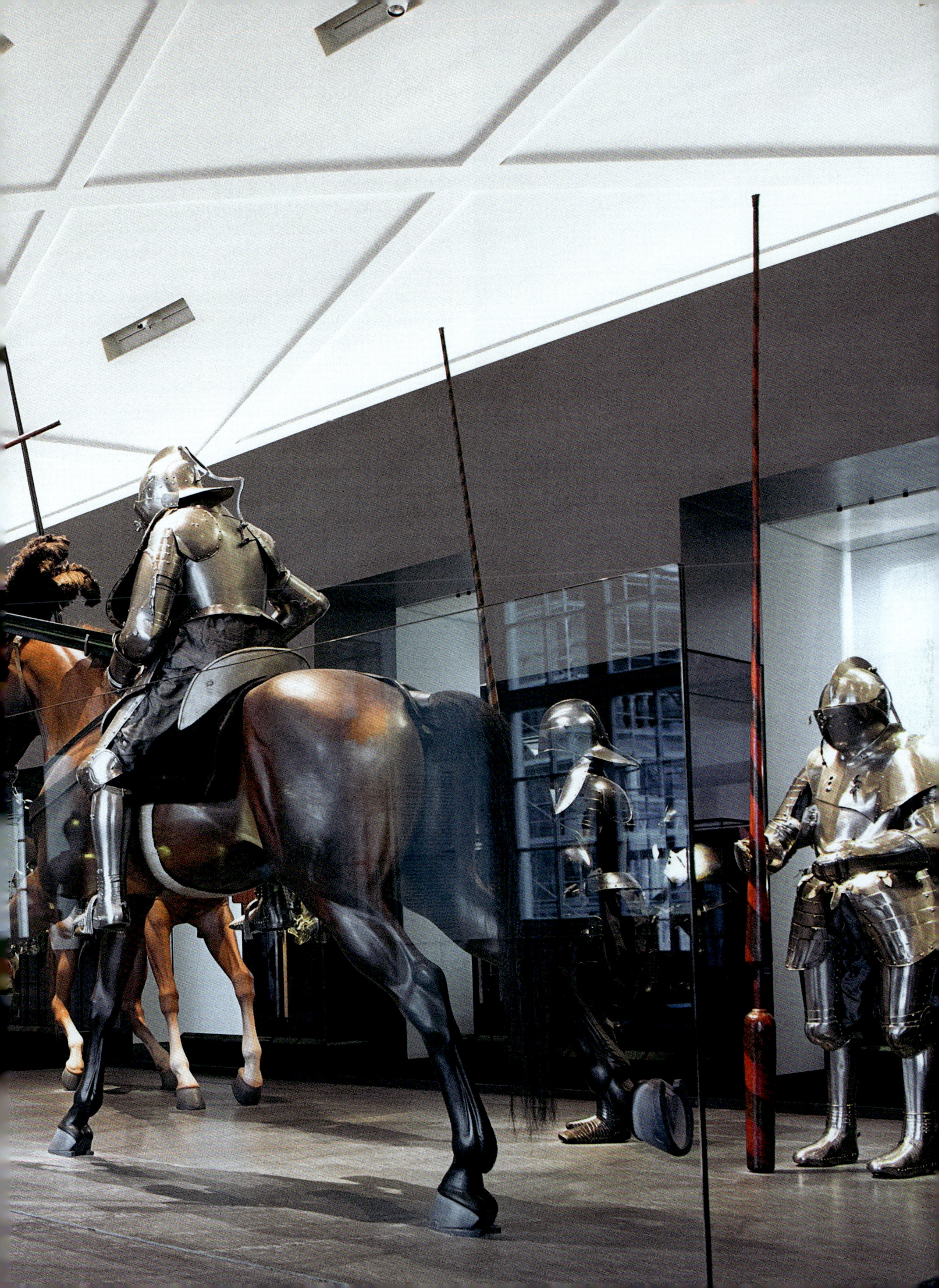

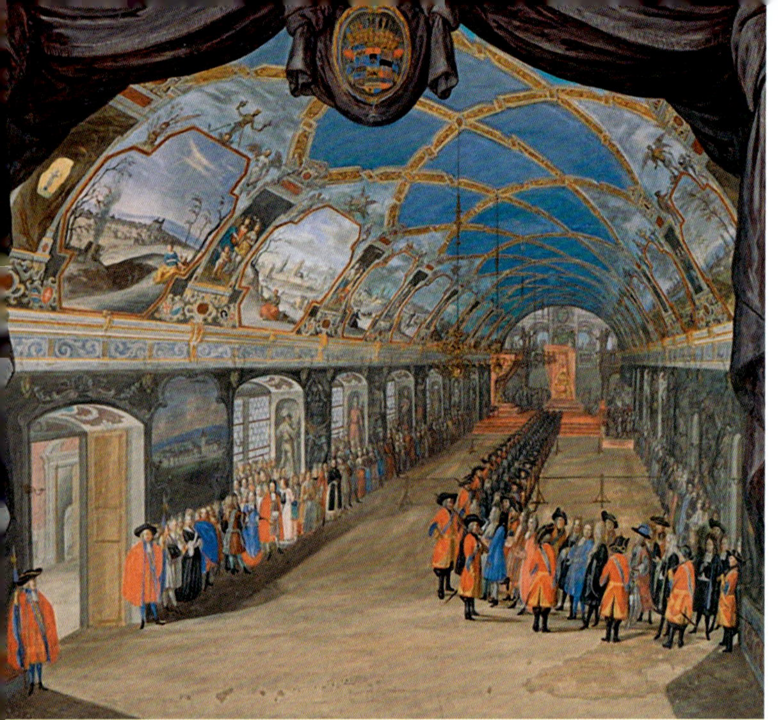

Riesensaal und Langer Gang

Der Riesensaal, einst Rittersaal, „Dantzsaal" und große Halle der gotischen Burg im Ostflügel des alten Markgrafensitzes, erhielt seinen Namen von zwölf mächtigen Kriegergestalten, die Benedetto und Gabriele di Tola Anfang der 1550er-Jahre als farbige Fresken in den Saal zauberten. Ursprünglich kaum 5 Meter hoch und mit einer Kassettendecke ausgestattet, erreichte der Riesensaal dank der Erweiterungen im 16. Jahrhundert unter Caspar Voigt von Wierandt seine heutige Dimension von 60 Metern Länge und 13 Metern Breite. Damit wurde er zum größten Raum im ganzen Schloss.

Er ist vielleicht das beste Beispiel für einen Gestaltenwechsel nahezu aller Teile des Schlosses, die beim Wiederaufbau Entscheidungen verlangten – in welcher Form sollte man welchen Teil des Schlosses wiedererstehen lassen? Manchmal führt uns ein Name zur verborgenen Geschichte seiner Herkunft – so auch beim Riesensaal, dem die Riesen schon 1627 beim Umbau von Baumeister Wilhelm Dilich abhandenkamen.

Turniere
Mit Einführung der Feuerwaffen waren Ritterturniere mit Hieb- und Stichwaffen im Prinzip obsolet. Dennoch wurden sie bis ins 18. Jahrhundert regelmäßig bei Hofe veranstaltet. Turnierkämpfe, am Dresdner Hof Florentinische Spektakel genannt, zählten weiter unabdingbar zum höfischen Festprogramm. Neben Tjosts, traditionellen Stechen Mann gegen Mann, wurden im Barock vor allem Carroussels oder Ringrennen geritten. Ringe, die heute noch im Stallhof zu sehen sind, wurden an Ringrennsäulen befestigt. Der vorbeireitende Ritter versuchte, den Ring mit einer Lanze abzustechen. War das Turnier beendet, erfolgte die Verteilung der „Stecherdanke" durch die Damen. Es waren kostbare Helme, Schwerter, Ringe, Kränze oder gewappnete Pferde. Der Empfänger durfte zudem die dankende Dame küssen und dann zum Tanz führen.

Gemäß der Idee, neben dem originalgetreuen Wiederaufbau einiger ausgewählter Räumlichkeiten ansonsten moderne Elemente einzubeziehen, griff Peter Kulka, der Architekt des Saales zu Beginn des 21. Jahrhunderts, mit der neuen Deckengestaltung die Formensprache der Wabenüberdachung des Kleinen Schlosshofs auf. Er akzentuierte so die Umwidmung des Schlosses zu einem modernen Museumsbau und gab damit, so seine eigenen Worte, dem Gebäude eine weitere Zeitschicht. Die historische Gewölbedecke wurde mit einem Metallgewebe nachgezeichnet. Die bogenförmig gewölbte Decke des neuen Riesensaals interpretiert Wilhelm Dilichs manieristisch-frühbarocke Idee auf moderne Weise. Die Raumbeleuchtung erfolgt durch das metallische offenmaschige Gewebe hindurch über indirekte Leuchten oberhalb der Deckenverkleidung.

Die Ostfassade zur Schlossstraße entspricht dem Vorbild des 19. und die Westfassade zum Großen Schlosshof dem des 16. Jahrhunderts. Die verschiedenen Fensterformen verraten es. Ein kleiner Kunstgriff macht aus dem Saal, in dem einst Johann Georg IV. seinen Hosenbandorden überreicht bekam, wo getanzt und prunkvoll getafelt wurde, eine Turnierbahn.

Dem langjährigen Schloss- und Rüstkammerdirektor Dirk Syndram gelang damit ein Geniestreich adäquat dem Wiederaufbaukonzept Peter Kulkas. Das Turniergeschehen der Schlosshöfe, die beim Blick aus dem Fenster die reale Kulisse bieten, wurde verlegt auf stehende Bühnenbilder im Saal. Die Vorlagen für die Inszenierungen lieferten Gemälde, die heute Teil der Schau sind. Im Mittelpunkt stand das Turnier in seinen verschiedenen Facetten als Bestandteil der höfischen Feste, seit neue Waffen die Ritterkämpfe von den Gefechtsfeldern verbannten und Bewaffnung und Rüstungen Schauobjekte wurden. Sechs Fußturnierkämpfer und vier Fußturnierharnische, drei Prunkharnische zu Pferde sowie Feldharnische des späten 16. und frühen 17. Jahrhunderts werden direkt nebeneinander in Szene gesetzt. Vorbild dafür war zum einen das *Scharfrennen* zwischen Kurfürst August und Fabian von Schöneich um 1550 und das *Welsche Gestech*. Bei Letzterem kam es darauf an, dass die Panzerung die Lanze besiegte – die dann zerbrach.

← **Riesensaal mit Turniergruppen**

Insgesamt zeugen 24 prachtvoll verzierte und getriebene Harnische in Gold und Silber vom einstigen Glanz der Fürsten. Gezeigt wird eine Auswahl der kostbarsten Prunkwaffen-, Harnisch- und Kostümsammlungen weltweit – neben historischen Waffen, Kleidern, Rüstungen und Gemälden des 15. bis 17. Jahrhunderts. Zu den 380 Objekten gehören fast 2 Meter lange Turnierschwerter aus Spezialeisen, kunstvoll verzierte Turnier- und Prunkharnische, Waffen und Feldharnische, mit denen ihre Träger nie in die Schlacht zogen, sowie filigran bestickte und samtbezogene Reitsättel.

1627 war der Saal nach Entwürfen von Wilhelm Dilich mit einer Holzdecke in flachem Bogen – ähnlich dem heutigen Profil – neu eingewölbt und mit Tierkreiszeichen ausgeschmückt worden. 1627–50 dekorierte Kilian Fabritius den damaligen Saal nach Vorlagen Dilichs mit 17 Städteansichten Sachsens – Pendant zu Oberitalien mit seiner Stadtkultur. Genutzt wurde die Räumlichkeit zu repräsentativen Anlässen, prunkvollen Festen und Maskenbällen.

1701 brannte auch dieser Saal im großen Schlossfeuer aus und wurde daraufhin als barocker „Heldensaal“ mit Gobelins und Kristallspiegeln ausgestattet. 1717–19 wurde das Schloss einschließlich des Saales als barocke Residenz Augusts des Starken neu ausgebaut. Der Riesensaal war Teil der Festkulisse im Herbst 1719, bei den Hochzeitsfeierlichkeiten seines Sohnes, des Kurprinzen.

Nach dem Tod Augusts des Starken 1733 ließ sein Sohn Friedrich August II. eine Zwischendecke in den Raum einziehen und mehrere kleine Zimmer für seine vielen Kinder sowie eine Hauskapelle für seine Gemahlin Maria Josepha, die tiefgläubig war, einrichten. Die Funktionen des Saales übernahmen der Große und der Kleine Ballsaal im Nordflügel und im Georgenbau beziehungsweise das Ballhaus im Schlossgarten.

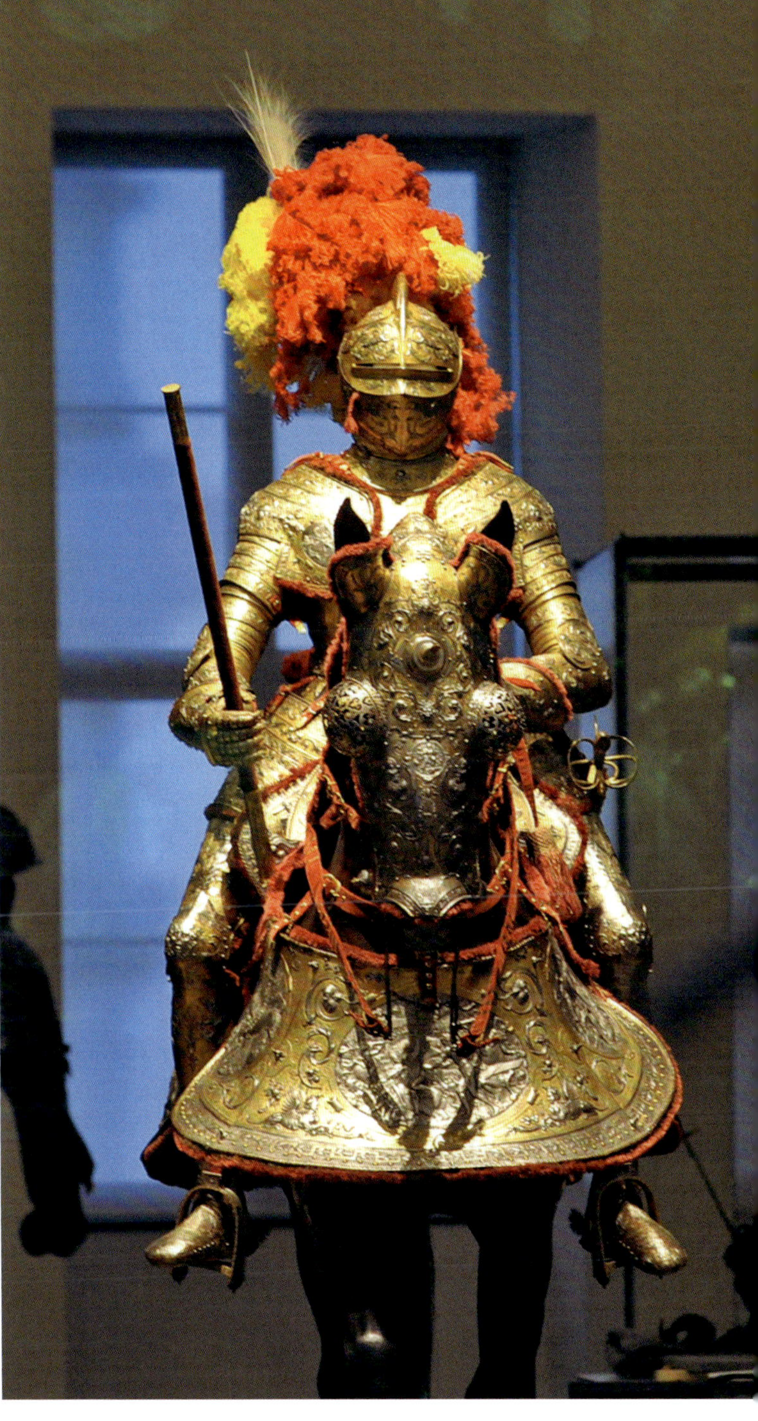

Prunkharnisch für Mann und Ross
Eliseus Libaerts, 1560–64

Langer Gang und Gewehrgalerie

Seit seiner Restaurierung von 2016 bis 2020 ist der Lange Gang über die Englische Treppe, den Riesensaal und aus dem ersten Stock des Georgenbaus zu erreichen. In der Renaissance diente der „schmale Saal“, wie er auch genannt wurde, als Zuschauerraum für die höfischen Turniere und knüpft insofern an die „Ritterthematik“ der benachbarten Rüstkammerschauen an.

Fünf Restauratoren und Theatermaler arbeiteten mit Temperafarben an den 86 Deckenkassetten. Sie waren mit Grotesken, Masken, weiblichen und männlichen Köpfen zu bemalen, an End- und Kreuzungspunkten mit vergoldeten Zapfen zu krönen.

Anstelle der historischen Gewehrschränke Augusts des Starken sind heute in 18 Einbauvitrinen 315 Gewehre und 122 Pistolen präsentiert – die interessantesten Stücke aus der größten Sammlung an königlichen Jagd- und Sportfeuerwaffen des Barock in Europa.

Der Riesensaal des Dresdener Schlosses bei der Verleihung des Hosenbandordens an Kurfürst Johann Georg IV. von Sachsen 1693 ←
Johann Samuel Mock, nach 1693

VI

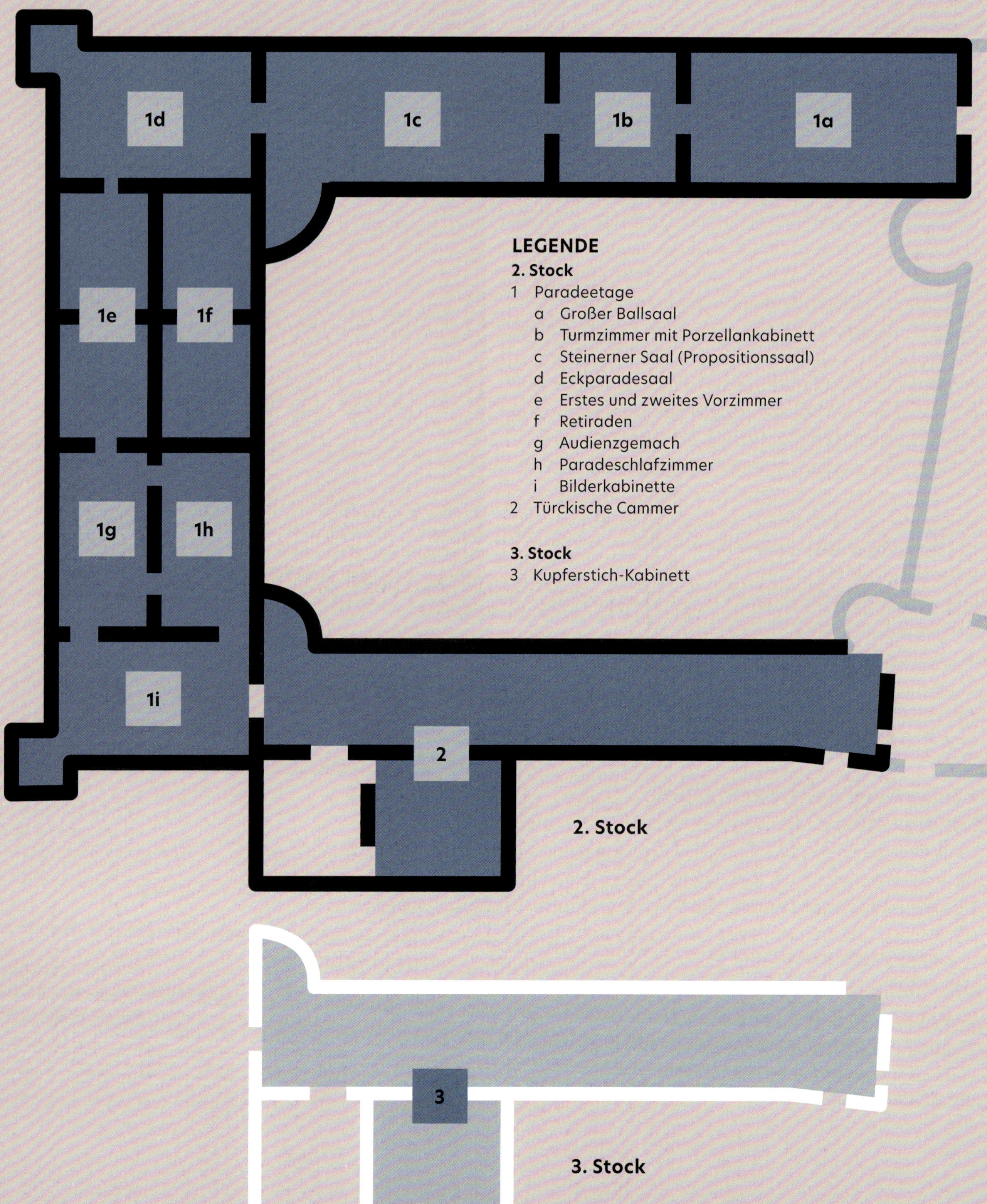
1d
1c
1b
1a
1e
1f
1g
1h
1i
2
LEGENDE
2. Stock
1 Paradeetage
a Großer Ballsaal
b Turmzimmer mit Porzellankabinett
c Steinerner Saal (Propositionssaal)
d Eckparadesaal
e Erstes und zweites Vorzimmer
f Retiraden
g Audienzgemach
h Paradeschlafzimmer
i Bilderkabinette
2 Türckische Cammer
3. Stock
3 Kupferstich-Kabinett
2. Stock
3
3. Stock

PARADERÄUME, TÜRCKISCHE CAMMER & KUPFERSTICH-KABINETT

Die große Enfilade – auf dem Weg zu den Paraderäumen

Mit einer achtspännigen Kutsche am Fuße der Englischen Treppe angekommen, nahm Maria Josepha am Abend des 2. September 1719 als frisch getraute Gemahlin des Kurprinzen Friedrich August genau diesem Weg durch das Schloss: Sie schritt die Stufen nach oben, begrüßt von einem dichten Spalier der Höflinge und Kammerfrauen, dann weiter durch den Riesensaal, wo es eine Stärkung gab, und durch die Zimmerfluchten des Nordflügels im zweiten Obergeschoss in die große Enfilade der Paraderäume.

Westlich an den Großen Ballsaal grenzt das Turmzimmer, seit Ende des 16. Jahrhunderts fester Bestandteil des Hofzeremoniells, zur Zeit Maria Josephas Silber-Bufett genannt. Darauf folgte der Steinerne Saal, im 19. Jahrhundert Propositionssaal der Ständevertretung. Die drei Räume des Nordflügels vermitteln heute zwischen dem zeitgenössisch gestalteten Riesensaal und den historisch wiedergewonnenen Paradeappartements im Westflügel. Auf diesem Weg können die Besucher den Gang der jungen Fürstin und späteren polnischen Königin nachvollziehen.

Bewusst sind Leerstellen, die an die Kriegsverluste erinnern, so belassen. Der Große Ballsaal ist im Rohbau wiederhergestellt und dient derzeit als Depot höfischer Textilien. Die Längswände an der Nord- und Südseite des Saales blieben weitgehend erhalten. Entlang der Strecke informieren historische Fotografien, Grafiken und Stiche über Schlossgeschichte und „Jahrhunderthochzeit“.

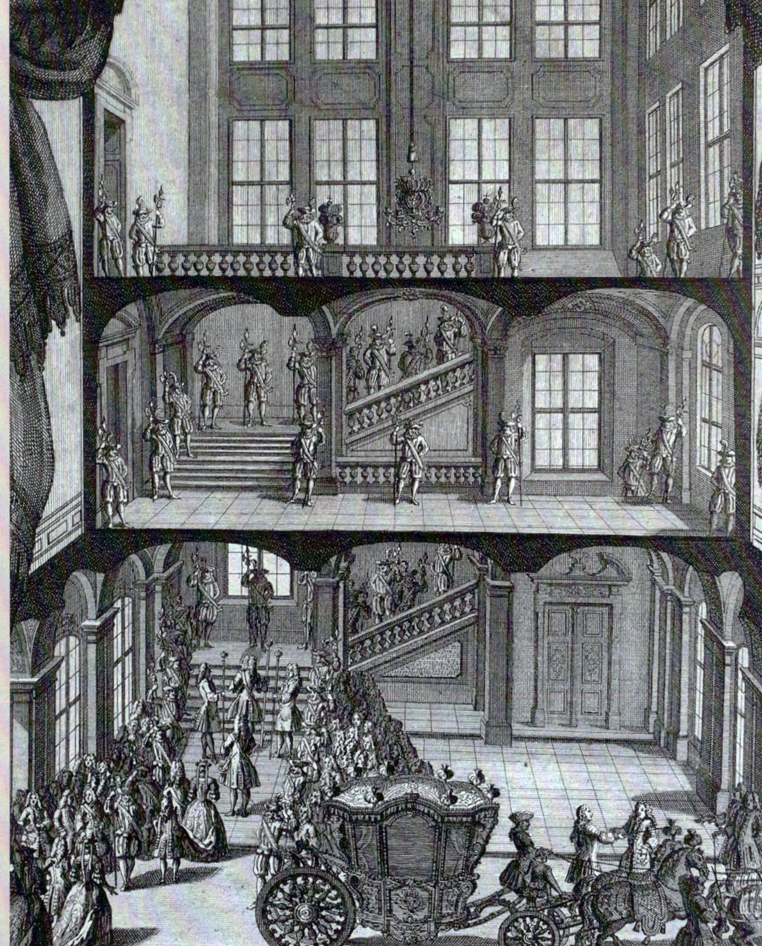

Vorfahrt Maria Josephas von Habsburg zur Jahrhunderthochzeit an der Englischen Treppe am 2. September 1719
C. Beyer

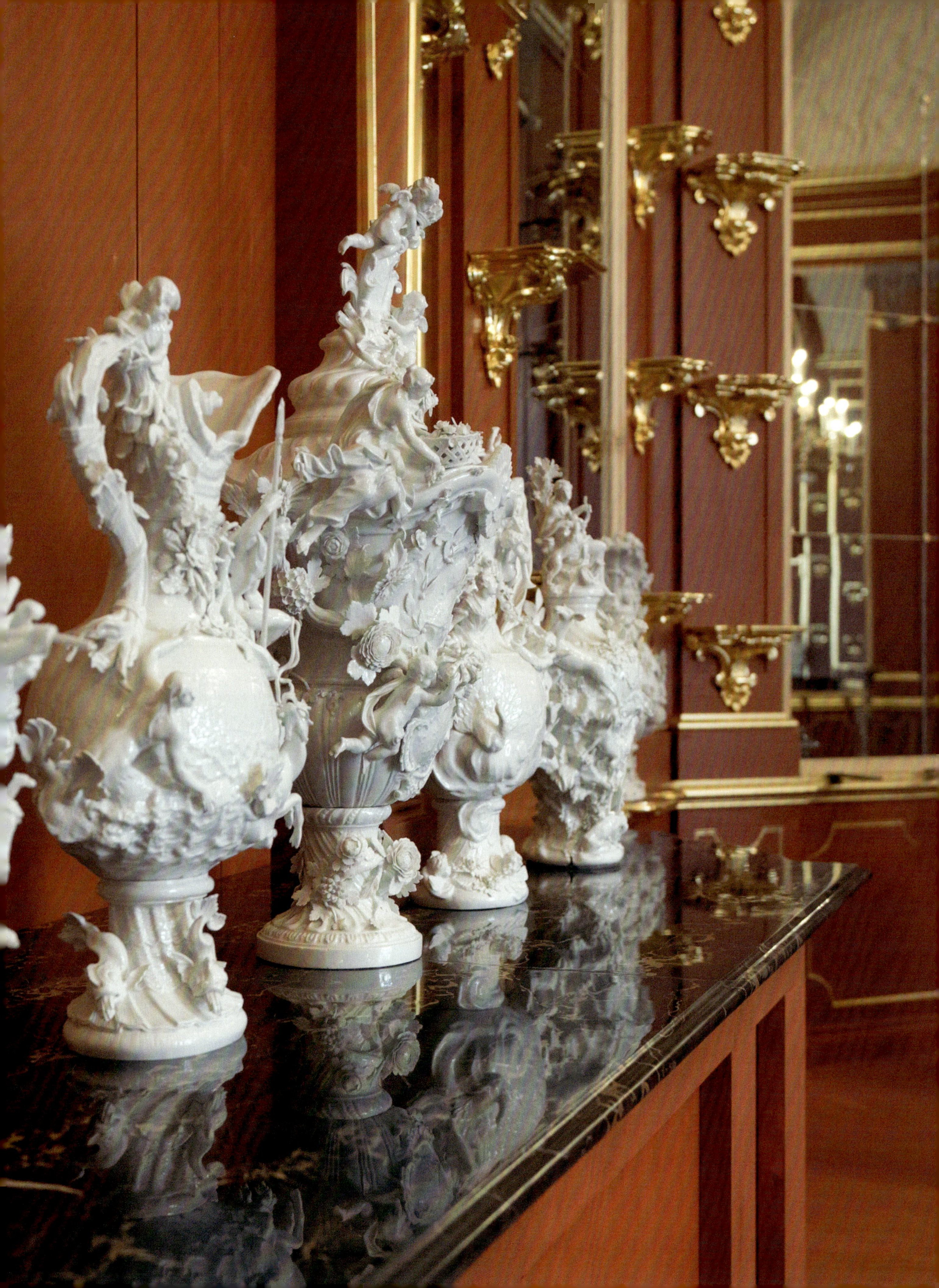

Das Turmzimmer als Porzellankabinett

Das 100 Quadratmeter große Turmzimmer kann als Nukleus der späteren Porzellansammlung im Dresdner Zwinger gesehen werden. Es ist ausgestattet mit weißen chinesischen Porzellanen im Stil des Blanc de Chine aus Dehua an der Südostküste Chinas. Darunter die einzigartigen *Elementvasen* von Johann Joachim Kaendler, die einst als Geschenk für den französischen König Ludwig XV. bestimmt waren, dann aber doch in Dresden blieben.

Kaendler – bevor er nach Meißen ging und als Modelleur den Stil der Porzellanmanufaktur mit prägte – begriff Vasen als Skulpturen. Er war zuvor Bildhauer, was seine Werkauffassung beeinflusste. Das beliebte Sujet der vier Elemente – hier ein fünfteiliges Ensemble der Allegorien für Feuer, Wasser, Luft und Erde, ergänzt um eine Allegorie des prosperierenden Frankreichs – war auf diese Weise noch nie dargestellt worden. Es interpretierte höfische Jagden zu Land, zu Wasser und in der Luft sowie das wahrhaft elementare Ereignis des Krieges. Davon berichtet drastisch die Feuervase. Auch zwei der berühmten Dragonervasen, die August der Starke bei Friedrich Wilhelm I. von Preußen gegen 782 „Lange Kerls" aus Sachsen eintauschte, kann man bewundern.

Silber-Guéridons
„Träger", Leuchter im Stil kleiner Beistelltische, erinnern an die Funktion des Raumes als Silber-Bufett mit dem berühmten Tafelservice als Bestandteil des Hofzeremoniells. Guéridon war übrigens der Name eines jungen Sklaven in einer französischen Komödie des 17. Jahrhunderts, der einen Kandelaber trug und die Damenwelt so beeindruckte, dass Lichter- und Lampenträger, Leuchter und Abstelltische hinfort nach ihm bezeichnet wurden.

Das geliebte Porzellankabinett Augusts des Starken ist historisch wiederhergestellt und zeigt – Leerstellen verlorener Porzellane offen lassend – seine alte Pracht. Bereits mit dem Schlossumbau Mitte des 16. Jahrhunderts war in das Turmzimmer ein Spiegelgewölbe eingezogen worden, das den Raum stützenfrei überspannte. Diese Fläche eignet sich für Stuckaturen und Plafondmalereien, wie sie in der Hoch- und Spätrenaissance gern ausgeführt wurden. Die Stuckierung des Deckengewölbes ist Antonio Brocco aus Campione zuzuschreiben. Seine Handschrift ist uns aus dem Pretiosensaal im Grünen Gewölbe bekannt. Ebenso wie dort blieb auch im Turmzimmer die wertvolle Gewölbedekoration aus dem 16. Jahrhundert im Barock erhalten; anders als im Erdgeschoss fiel sie aber bis auf wenige Reste der Kriegszerstörung zum Opfer und wurde wiederhergestellt.

Im Turmzimmer hatte Brocco jedoch kein umfassendes Bildprogramm verwirklicht, sondern mehr dekorativ – floral wie figural – gearbeitet. Die Wände des Turmzimmers sollen mit acht großen Tapisserien bespannt gewesen sein, die „Wilde Männer" zeigten. Vom Schlossbrand im Jahr 1701 war der Raum offensichtlich verschont geblieben, wurde aber in Vorbereitung der Hochzeitsfeierlichkeiten von 1719 modernisiert, Decken und Fenster erhöht, neue Türdurchbrüche geschaffen und mit kostbaren Textilien, Spiegeln und Möbeln ausgestattet. Die Fensterlaibungen waren beide mit 25 Konsolen ausgestattet, die axial zu den Spiegeln angeordnet waren. Die Eckspiegel versah Johann Benjamin Thomae – passend zu den Stuckaturen – mit grotesken Maskenmotiven, wie sie schon aus der Antike bekannt und im Barock wieder Mode waren. Als Fußbodenbelag wurden weiße und serpentingrüne Marmorplatten schachbrettartig verlegt.

Die Einrichtung der Paraderäume wurde von August dem Starken selbst bis ins Detail begleitet, wobei er dem Rat des Generalintendanten der Militär- und Zivilbauten August Christoph Graf von Wackerbarth weitgehend folgte. Wackerbarth oblag die Oberbauleitung, während Baumeister Matthäus Daniel Pöppelmann und Innenarchitekt Raymond Le Plat als die eigentlichen Schöpfer der Raumarchitektur anzusehen sind.

Die Arbeiten standen unter ständigem Zeitdruck und die zur Verfügung stehenden Geldmittel für die Ausstattung waren immer knapp, wie aus dem Briefwechsel zwischen Wackerbarth und August, der meist in Warschau weilte, hervorgeht.

Porzellankabinett ← im Turmzimmer

Königliche Paraderäume

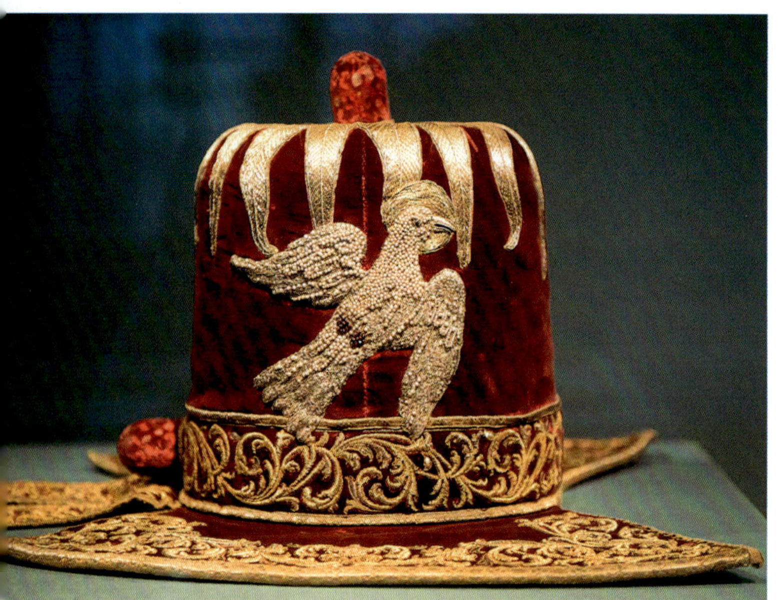

Geweihter **Hut** mit Futteral in den Königlichen Paraderäumen

Paraderäume waren der repräsentative Kernbereich eines Residenzschlosses, belebt durch das höfische Zeremoniell und die Inszenierung von Macht und Rang des Potentaten. In Dresden ließ August der Starke als polnisch-litauischer König und Kurfürst von Sachsen anlässlich der Hochzeit seines Sohnes und Thronfolgers mit Maria Josepha, kaiserliche Tochter aus dem Hause Habsburg, 1719 eine über den Anlass hinaus dauerhaft angelegte Fest-, Staats- und Paradeetage erschaffen.

Paradeappartements bestanden aus mehreren zusammenhängenden Räumen. Die Herrscher statteten sie mit prächtigen Gegenständen und kostbaren Materialien aus, wobei man Vorbildern wie Versailles nacheiferte, zugleich aber eigene Akzente setzte. August der Starke entschied sich für einen vergoldeten Audienzstuhl, Möbel aus Silber, französische Spiegel und Uhren. Überhaupt hatte es ihm, was Interieurs und Gärten betraf, Versailles angetan, wo er auf seiner Prinzenreise von Sonnenkönig Ludwig XIV. empfangen worden war. In Madrid war es der Escorial. In Turin der Palazzo Reale mit seinen Gärten, in London White Hall – überall fand August Anleihen von Versailles!

Eckparadesaal

Der Eckparadesaal führt zu den Paradeappartements im Westflügel, der eigentlichen Enfilade. Von hier blickt man durch das erste und zweite Vorzimmer bis ins Audienzgemach.

Das Ecktafelgemach, wie der Raum auch genannt wurde, ist der größte Raum der Paradeappartements – hier fand zur Jahrhunderthochzeit am 3. September, am Tag nach der Ankunft von Maria Josepha, das große öffentliche Schauessen statt. An solchen Suppés konnte man mit einem Billett teilnehmen, auch wenn man nicht zur Hofgesellschaft gehörte. Ob es dann weiterging ins erste oder zweite Vorzimmer oder gar ins Audienzgemach, entschied die Einladung, wenn man denn eine bekam. Familiär-intim wurde es im Paradeschlafzimmer, delikater als in Versailles, wo ein Billett zum Lever im Schlafgemach nicht schwer zu bekommen war. Also doch Unterschiede!

In Dresden, Wien oder Versailles konnten im 18. Jahrhundert Besucher daran, wie weit sie vorgelassen wurden, ersehen, wie hoch sie in der Gunst des jeweiligen Herrschers standen. Zugleich steigerte sich die Pracht der Ausstattung bis zu den Paradegemächern. Aber schon im Ecktafelgemach empfangen den Besucher kostbare Bildwirkereien, barocke Möbel, silberverziert, kunstvolle Spiegelrahmen, goldhinterlegt – überwiegend Originale der ursprünglichen Ausstattung.

Dort steht der Besucher auch dem Hausherrn in Gestalt des Ganzfigurenporträts Louis de Silvestres „persönlich" gegenüber. Venezianische Kunstwerke verweisen auf die Prinzenreise Augusts des Starken, die ihn nach Venedig, Paris, Madrid, Lissabon, London, Wien und Prag führte.

Es gehörte zu den vornehmsten Aufgaben des Wiederaufbaus des Dresdner Schlosses, gerade diese Paraderäume im Zustand von 1719 historisch getreu und mit der Einrichtung augusteischer Zeit wiederzugewinnen. Anders als bei den weiteren Paraderäumen orientiert sich die Rekonstruktion im Eckparadesalon am Zustand von 1767 mit den monumentalen Öfen. Hier gelang die Wiederherstellung des größten Bestandes an Originalsubstanz. Chefrestaurator Hans-Christoph Walther glückte es, eine originale Ofentür von einem der beiden Fayanceöfen im Bergungsbestand zu finden – wie auch historische Fotografien, die wichtige Details zur Rekonstruktion lieferten.

Erstes und zweites Vorzimmer

Einstimmung auf den Höhepunkt – über den Türen die Supraporten, rekonstruiert nach frühen Fotografien, französische Spiegelrahmen mit weitgehend vollständig erhaltenen Aufsätzen, ein vergoldeter Wandtisch, ebensolche Guéridons, Tabourets und eine Pendule, stilecht auf hohem Piedestal; an der Wand Schäferszene und Ruinenlandschaft als romantischer Vorgriff. Die beiden nahezu baugleichen Spiegel französischer Herkunft im ersten Vorzimmer hingen von 1719 bis zur Auslagerung im Zweiten Weltkrieg an diesem Platz. Beide Spiegelaufsätze waren nach 1945 aus dem Depot verschwunden, wurden aber von einem Münchner Kunsthändler in London entdeckt, von wo sie mithilfe einer Mäzenatin wieder angekauft werden konnten. Ihre Spiegelflächen sind in barocker Zinnamalgamtechnik rekonstruiert und in originaler Rahmung mit Goldradierungen wiederhergestellt. Ihre fein ziselierten Messingbeschläge sind original feuervergoldet.

Zwei Gemälde, der *Empfang des Kurprinzen Friedrich Augusts bei Louis XIV. in Fontainebleau 1714* und der *Abschied von seinem Vater* vor der Reise nach Wien, deuten auf die mit der Hochzeit eingeleitete dynastische Nachfolge hin. Auch sie hängen in den Originalrahmen an derselben Stelle wie 1719 beidseits des Ostwandkamins. Die Wand ist bekleidet mit rotem Seidensamt, Farbton Rot in Gold.

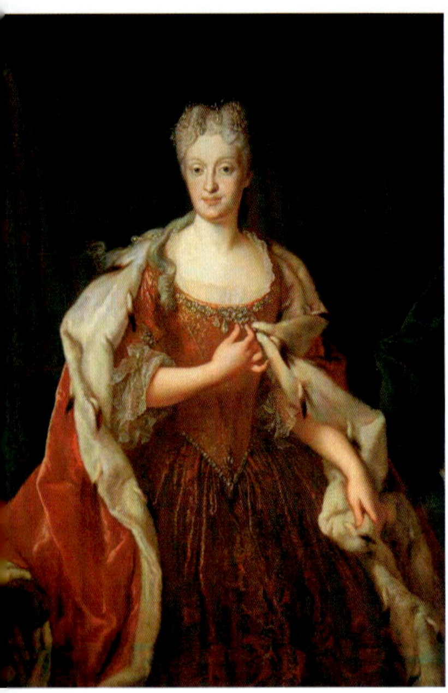

Maria Josepha von Österreich
Louis de Silvestre, nach 1719

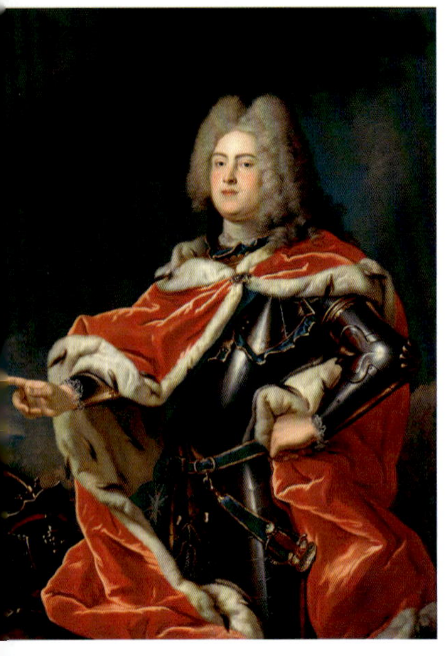

König August III. von Polen
Louis de Silvestre, nach 1716

→ **Galakleid Augusts II. von Polen mit dem Stern vom Königlich-Polnischen Weißen Adlerorden**

Retiraden

In die Retiraden pflegten sich Beteiligte eines Hofzeremoniells kurz zurückzuziehen, um sich zu erfrischen und umzukleiden. Maria Josepha konnte sich vor ihrer Begegnung mit den Schwiegereltern in die erste, ihre Begleitung in die zweite Retirade verfügen. Heute präsentieren diese Rückzugsräume neben Gemälden auch die königlichen Gewänder aus der Garderobe Augusts des Starken.

Für sein Rheingrafenkleid sollen die Entwürfe direkt vom Hof Ludwig XIV. kopiert und aus französischen Stoffen in Dresden nachgebaut worden sein, um stilgerecht auf dem französischen Hochzeitsball erscheinen zu können.

Seinem *Goldenen Staatskleid*, in dem er 1697 in Krakau nach seiner Krönung dinierte, waren am Krönungstag der Ordensstern zum königlich-dänischen Elefantenorden sowie eine Knopfgarnitur mit Diamantrosen angelegt worden. Das Kleid besteht aus Rock, Weste, Kniehose und Strümpfen. Seine Kostbarkeit übertrifft alles, was je an Kleidern im Besitz der sächsischen Kurfürsten war. Die Stickerei in Silber steht für die Farbe Weiß, wie sie für das polnische Krönungszeremoniell als christlichem Weiheakt bindend war. Der goldene Oberstoff wurde aus Frankreich nach Dresden gebracht und dort unter Verwendung silbervergoldeten Lahns mit Seidenseele und aufgebrachten Silberstickereien verarbeitet. Der viel zitierte königliche Glanz wird mit dem als *glacé drap d´or* gewebten Goldstoff des Kleides sinnlich begreifbar. Futter und Weste bestehen aus mohnblumenroter Seide. Das Gewicht der Robe kam auf fast 4 Kilogramm.

Das *Blausilberne Gewand* mit dem Stern vom Königlich-Polnischen Weißen Adlerorden war ein Galakleid Augusts II. von Polen. Sein Hauskleid ist ausgestattet mit einer Nachtmütze. Insgesamt acht weitere königliche Gewänder stammen aus verschiedenen Lebensphasen Augusts des Starken. Wie schon für die kurfürstliche Garderobe im Renaissanceflügel gilt auch für diese außergewöhnlichen und vollständig erhaltenen Barockgewänder – solch eine Qualität und Fülle davon gibt es nur in Dresden.

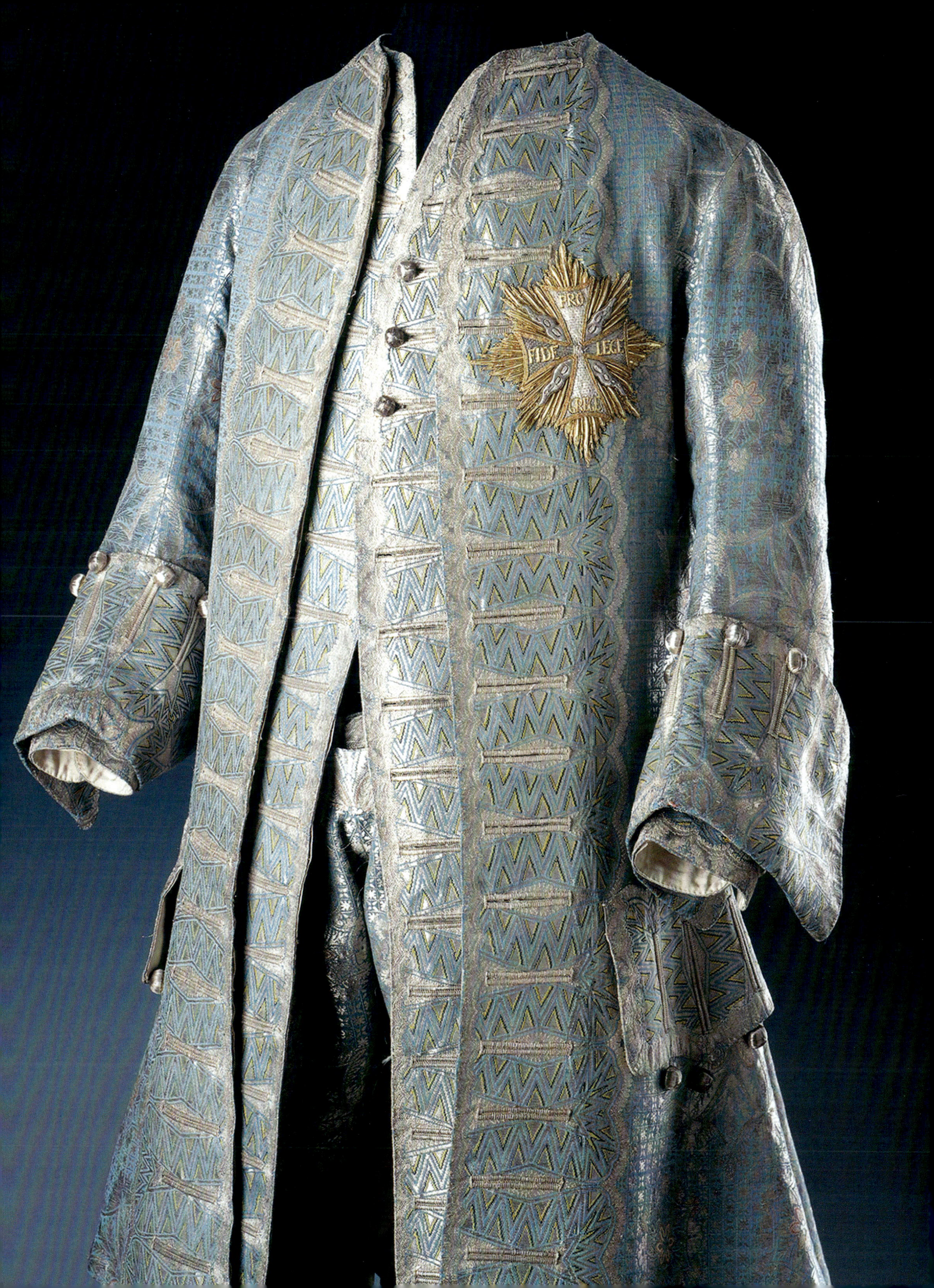
PRO
FIDE
LEGE

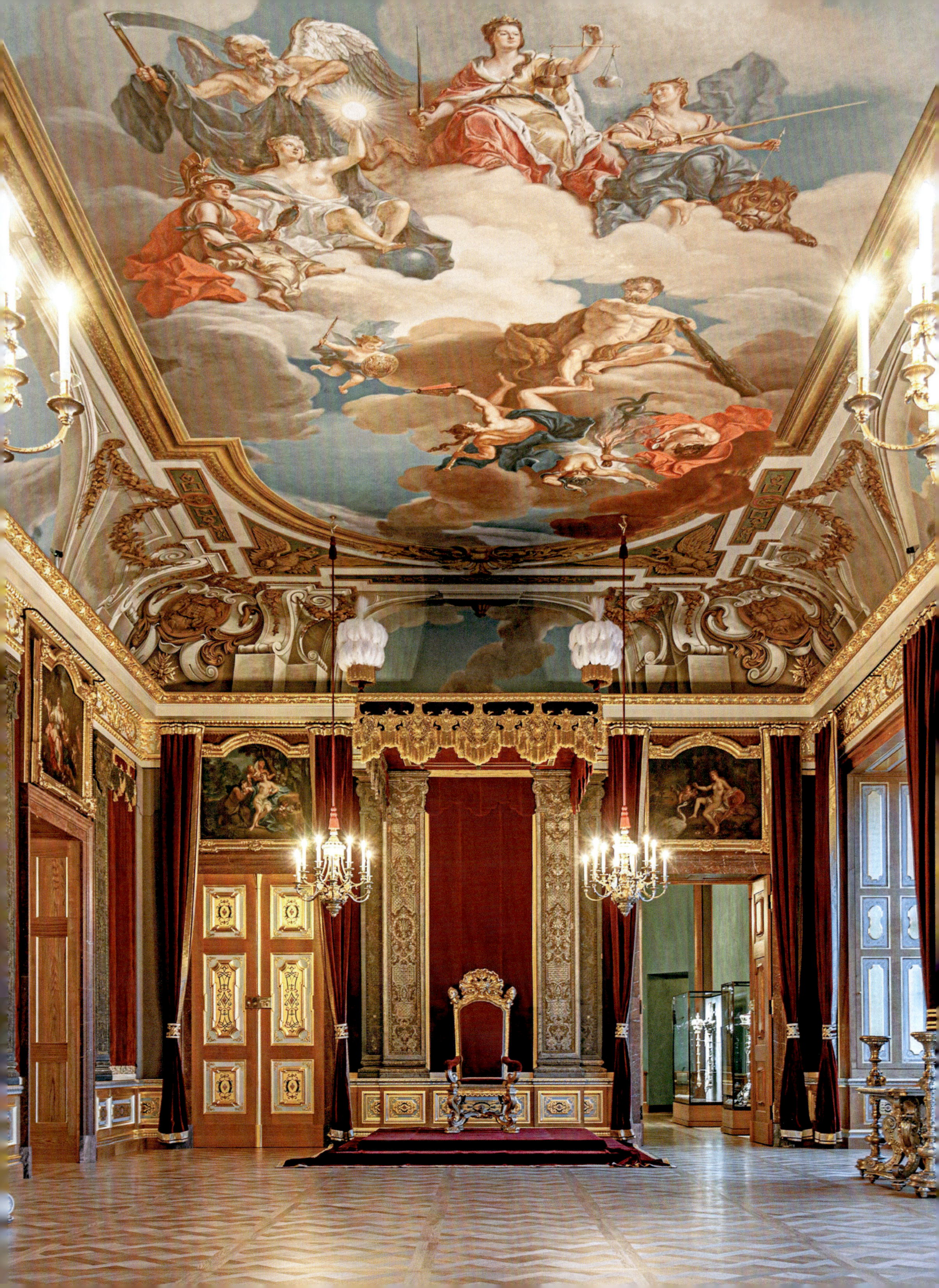

Audienzgemach

Nur Könige und Kaiser thronen – daher hatte August der Starke in Warschau einen Thronsaal, in Dresden aber einen Audienzstuhl. Nur wenige Menschen wurden seinerzeit zu einer kurfürstlichen Audienz vorgelassen.

Famose europäische Möbelkunstwerke, wie sie in keiner anderen Sammlung weltweit zu finden sind, gerade auch in Bezug auf ihren Erhaltungszustand, zeugen bis heute von diesem besonderen Ort. Ein Beispiel: der virtuos in Silberblech getriebene Kaminschirm der bekannten Augsburger Goldschmiede Albrecht und Lorenz II. Biller. Wohl nur drei silberne Kaminschirme haben sich aus dieser Zeit weltweit erhalten.

Im Audienzgemach trifft das für den überwiegenden Bestand des 1709–11 in Paris gefertigten textilen Luxusmobiliars zu. Es verleiht dem Raum Würde und Authentizität: Der Audienzstuhl selbst, drei restaurierte venezianische Spiegel, das Silbermobiliar, die schon zu ihrer Entstehungszeit außergewöhnlich kostbaren Goldpilaster, zwei Tische, vier Guéridons, der genannte Kaminschirm und zwei Spiegelhalter.

Hier wurde keine Neuanfertigung oder Rekonstruktion geduldet. Fehlende Elemente sind visualisiert. Das Deckengemälde macht die Ausnahme es wurde sehr wohl rekonstruiert. Wie auch das im Paradeschlafzimmer: 163 respektive 180 Quadratmeter barocke Malerei. Grundlage waren Schwarz-Weiß-Aufnahmen sowie 34 Farbdias aus den 1940er-Jahren. Zwölf Malerinnen und Maler mussten sich durch intensive Studien und 1 : 1-Malproben der Stilistik Louis de Silvestres von 1719 nähern.

Dargestellt ist eine „Allegorie auf die weise Regierung des Hauses Wettin“, gemäß ausdrücklichem Wunsch des Königs auf Leinwand gemalt, damit man, falls die großen Neubaupläne für das Schloss verwirklicht würden, das Bild mitnehmen konnte. Dazu ist es nie gekommen. Eine Allegorie der Zeit – männlich, geflügelt, mit der Sense des Todes, wird begleitet von den vier weiblichen Tugenden: Gerechtigkeit mit Waage und Schwert, Stärke mit Spatha und Löwen, Weisheit mit Spiegel und Helm und der nackten Wahrheit mit gespiegeltem Sonnenreflex. Über dieser, auf einer Wolke surfenden Figurengruppe schweben der Genius des Ruhmes und der Ewigkeit. Im Vordergrund bekämpft Herkules – Anspielung auf August den Starken, der gleichsam vergöttlicht wird – die Verleumdung, den Neid und die Wut, die ins Bodenlose fallen, und wird dabei von einem Genius mit Zepter und polnisch-sächsischem Wappenschild geleitet. Auf dem Attribut der Verleumdung, einem Blasebalg, hat der Maler signiert: „1719. Silvestre pinxit.“

Die fünf Supraportgemälde des Audienzsaales stellen mythologische Liebespaare dar, Rinaldo im Zaubergarten der Armida, Vertumnus und Pomona, Venus und Adonis und Leda mit dem (Zeus-)Schwan. Restauratorenglück: als am schlechtesten erhaltenes Bild war dieses Motiv fotografisch am besten dokumentiert und konnte so „wiederbelebt“ werden.

Audienzgemach mit Deckengemälde „Die Apotheose der weisen Regierung des Hauses Wettin“ ←
Louis de Silvestres, 1719

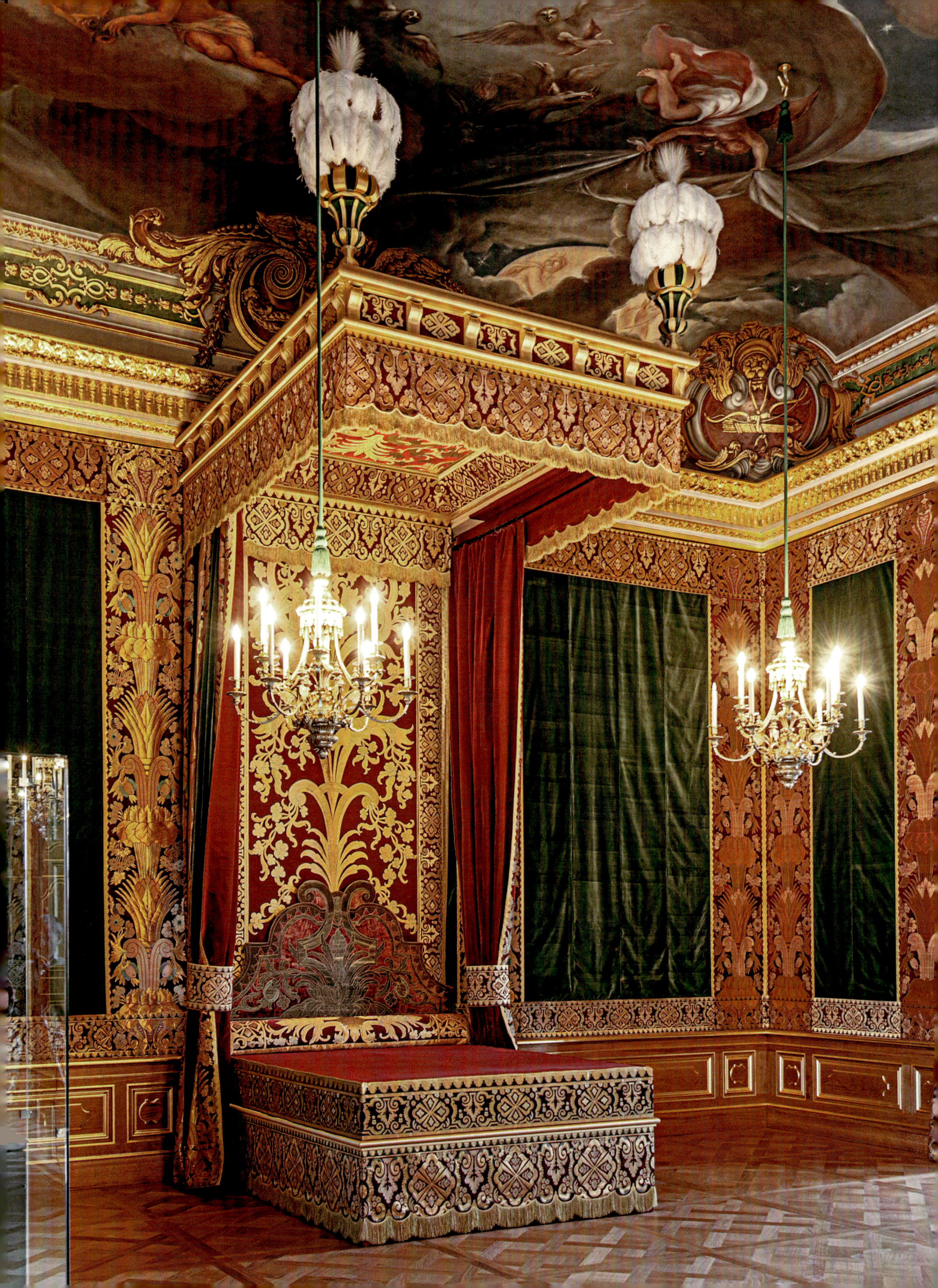

Paradeschlafzimmer

Das Paradeschlafzimmer hatte eine besondere Aufgabe: Es war nicht zum Schlafen bestimmt, sondern „geheimes Hofkabinett", in das sich der Herrscher mit ausgewählten Besuchern zurückzog – was sich in anderer Ausstattung widerspiegelt als erwartet: Wie sonst wäre der große Schreibtisch zu erklären. Hier wurde regiert und nicht geschlafen. Dazu passten die gepolsterten Fauteuils (Armlehnstühle), Tabourets (Hocker) und das Mobiliar des französischen Möbelkreateurs André Charles Boulles, von dem fünf prägende Stücke erhalten sind, darunter die Toilette-Koffer auf tischartigem Untersatz. Boulles wurde von Nicolas Foucet entdeckt. Der Connaisseur und Finanzminister Ludwigs XIV. ließ sich sein Schloss Vaux-le-Vicomte von Boulles ausstatten. Ludwig, vor Neid erblasst, ließ Foucet später völlig unmöbliert einkerkern und holte Boulles nach Paris.

Stoffe spielten im Barock eine viel größere Rolle als heute – und waren vergleichsweise auch um vieles kostspieliger. Seidentapeten nicht aus Paris, sondern aus der Apel'schen Manufaktur in Leipzig – von Hand gewebt – waren angesagt, Möbel wie Wände mit Seidensamt bespannt, worauf Verzierungen aus purem Gold genäht waren. Ein erhaltenes Stofffragment diente als Vorlage für die Rekonstruktion der textilen Ausstattung mit Seidensamt – natürlich auch in Handarbeit. Etwa 80 Prozent der originalen Pariser Silberpilaster und Goldposamenten aus der Apel'schen Werkstatt in Leipzig konnten wieder an ihren angestammten Platz zurückgeführt werden.

Einzig beim Bett handelt es sich um eine Rekonstruktion. Erhalten war die komplette Bespannung des Betthauptes, sogar auf dem originalen Trägerholz. Dies und ein Zierknopf vom Baldachin mit sämtlichen verwendeten Materialien ermöglichte die „fadengenaue" (Hans-Christoph Walther) Rekonstruktion des Zustandes von 1719. Textilrestauratoren und Denkmalpfleger konnten die Goldstickereien auf karmesinrotem Seidensamt bewahren und zum Teil wiederherstellen. Die Grüntöne der Wandgestaltung hinter dem Paradebett wurden aus dem grünen Samt der „Apel'schen Banden" auf dem Bekrönungskörper des Bettpfostens rekonstruiert. Der frei schwebende Baldachin über dem Prunkbett war – wie die Polsterbespannung des Audienzstuhles und der darüber gewölbte Baldachin – nicht in Paris, sondern auch in der Leipziger Manufaktur für Samt-, Seiden-, Damast- und Atlasstoffe Andreas Dietrich Apels bestellt worden, fast schon ein Freund Augusts des Starken zu nennen.

Während das Audienzgemach ausschließlich von Rot- und Goldtönen dominiert ist, beruhigt das samtige Grün im Paradeschlafzimmer und lässt den Raum dadurch intimer wirken und dezent an zweite Stelle treten. So stellt die vollständige Rekonstruktion der textilen Wandbehänge und des Paradebettes einen qualitativen Höhepunkt bei der Wiedergewinnung der verlorenen Raumausstattung des Schlosses dar.

Im Paradeschlafzimmer fand anlässlich der Jahrhunderthochzeit der Empfang des Brautpaares durch die Mutter des Prinzgemahls, Christiane Eberhardine, und Friedrich August I. statt – unter Ausschluss der Hofgesellschaft und weiterer Öffentlichkeit. Dazu standen vier Lehnsessel vor dem Paradebett, auf denen die beiden Paare Platz nahmen. Anschließend ging es in die damalige Hofkapelle (im umgebauten Klengel'schen Opernhaus) zum Willkommenssegen. Die neue Pöppelmann'sche Oper am Zwinger war gerade fertiggestellt und wartete schon mit den Aufführungen für das 40-tägige Festprogramm.

André Charles Boulles

Der Kunsttischler André Charles Boulles stattete den Louvre und später Versailles aus, dekorierte auch Fußböden und schuf Pendeluhren, begründete eine nach ihm benannte Möbelbauschule mit damals 40 Gesellen. Seine Arbeiten beeinflussten die Luxusmöbelsparte in ganz Europa. Typisch für seine Kreationen sind reiche Einlegearbeiten und Furniere aus Schildpatt in Kombination mit Messing und Zinn auf Ebenholz. In Partien, die aus Metallen bestehen, sind oft weitere Motive eingraviert.

Andreas Dietrich Apel

Apel gehörte damals das „Königshaus" am Leipziger Markt, wo Friedrich August während der Messen logierte. Er liebte darüber hinaus die vor den Leipziger Burg- und Festungswällen geschaffenen Gärten ebenso wie Apels Gattin Dorothea Elisabeth. Für die Großzügigkeiten seiner Leipziger Gastgeber revanchierte sich August mit einem gediegenen Grundstücksgeschenk, das Apels Gartenreich beträchtlich vergrößerte.

Prunkbett ←
Paradeschlafzimmer

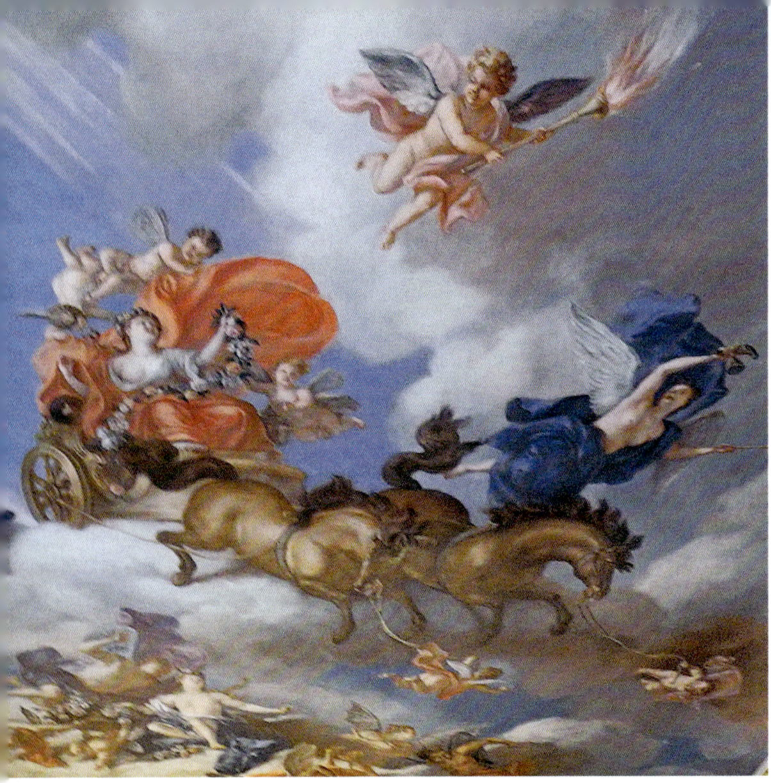

Paradeschlafzimmer, Deckengemälde „Aurora, die Welt erweckend“
Louis de Silvestre, 1715

Das Deckengemälde des Paradeschlafzimmers hatte wie das des Audienzgemachs Hofmaler Louis de Silvestre noch 1715 in Paris auf Leinwand gemalt – hier mit einer Geschichte für seinen König, dessen Frau und das prinzliche Hochzeitspaar: „Aurora, die Welt erweckend“.

Durch die Bildmitte rast Aurora kometenartig in zweispänniger Kutsche, gezogen von galoppierenden Pferden, umschwirrt von Putti, freizügig und voller Tatendrang, in den Händen eine Blütengirlande – eine Anspielung auf die Braut. Begleitet wird sie von den vier Tageszeiten – der Morgen schwebt auf Wolke sieben und gießt Tautropfen in den anbrechenden Tag. Der Mittag mit Fanfare läutet eine kleine Glocke. Links von Aurora fliegt ein Genius mit Fackel, der die Dunkelheit der Nacht vertreibt. Unterhalb Auroras ist Chloris zu sehen, auch Flora genannt. Direkt daneben sitzt Windgott Zephir, ihr Gemahl. Ostwindgott Euros, Südwindgott Noros und Boreas, der kalte Nordwind, blasen dunkle Wolken davon. Phosphoros, der Morgenstern, sitzt auf einem kurbettierenden Ross, ganz so wie August der Starke als Goldener Reiter. Nach Osten, in Richtung Schlosshof, ist die aufgehende Sonne selbst mit vier heranstürmenden Pferden zu sehen. Sie ziehen den Wagen des Sonnengottes Apoll, mit dem August der Starke – wenn nicht gerade mit Herkules – gern verglichen wurde. Am Ende des Saals, wo sich das Bett befindet, ist der Nachthimmel mit dunklen Wolken, umherziehenden Eulen und Fledermäusen dargestellt, auch albtraumhafte Fabelwesen kommen hervor. Der schlafende Morpheus ist der Sohn der Nyx, der mit einem großen Tuch dargestellten Personifikation der Nacht, das sie ausbreitet und dabei Sterne über den Himmel ausschüttet. Den bedrohlichen Nachtwesen sind zwei hell leuchtende Paradiesvögel gegenübergestellt. Südlich davon erscheint Mondgöttin Luna mit ihren beiden Hirschkühen. Links an der Ostseite des Raumes gewahrt man einen absteigenden Reiter – vielleicht Kriegsgott Mars mit rotem Umhang, Schild, Helm und Speer, der sich jetzt zurückzieht – bei dieser Liaison! Er ist gleichsam Gegenstück zum aufsteigenden Reiter des Nordens, der den Polarstern verkörpert. Dieser weist bekanntlich den Weg wie ein regierender Fürst.

Umgeben sind die Darstellungen von einem großen gemalten Bilderrahmen mit geflügelten Sphingen, Löwenkopf-Ornamenten und Blattwerk in den vier Ecken. Eine illusionistische Architekturfortsetzung aus Ornamenten ist in spezieller Maltechnik prächtig vergoldet. Das Bild stellt die Zukunft des jungen Paares mit allerlei Fährnissen und Freuden dar. Unter so einem Himmel kann man schon in eine fürstliche Ehe ziehen. Die Sujets der Supraportengemälde lassen auf die Delikatesse und Intimität, aber auch Philosophie geheimer Unterredungen, den wahren Zweck des Raumes, schließen.

Eckturmzimmer

In einem weiteren Erkerzimmer finden wir das Hufeisen, das August der Starke am 15. Februar 1711 bei der feierlichen Taufe seines indianischen Hofzwergs Hante eigenhändig zerbrach. Dies bestätigt jedenfalls danebenliegende Urkunde. Kurzweiliger Rat, Hoftaschenspieler und eben auch ein „Hofzwerg“ durften nicht fehlen – wie an vielen anderen europäischen Höfen Brauch.

Bilderkabinette – Königliche Insignien

Den Abschluss der Paradesuite markieren die Bilderkabinette mit den königlichen Insignien Augusts des Starken. Das große Bilderkabinett stellt die Verbindung zum gedanklichen römischen Erbe her, an das nicht zuletzt das goldene Reiterstandbild Augusts als römischer Kaiser wie auch die Statua im Römischen Krönungsornat anknüpfen. Auch der edelsteinbesetzte Säbel zum Krönungsornat Augusts ist römisch. Krone, Zepter, Reichsapfel und Krönungshabit sind Objekte, die auf die Krönung Augusts II. Mocny (des Starken) 1697 in Krakau verweisen. Ein letzter Höhepunkt der Paraderäume ist die Begegnung mit der Lebendmaske des Kurfürst-Königs und seinen Funeralinsignien.

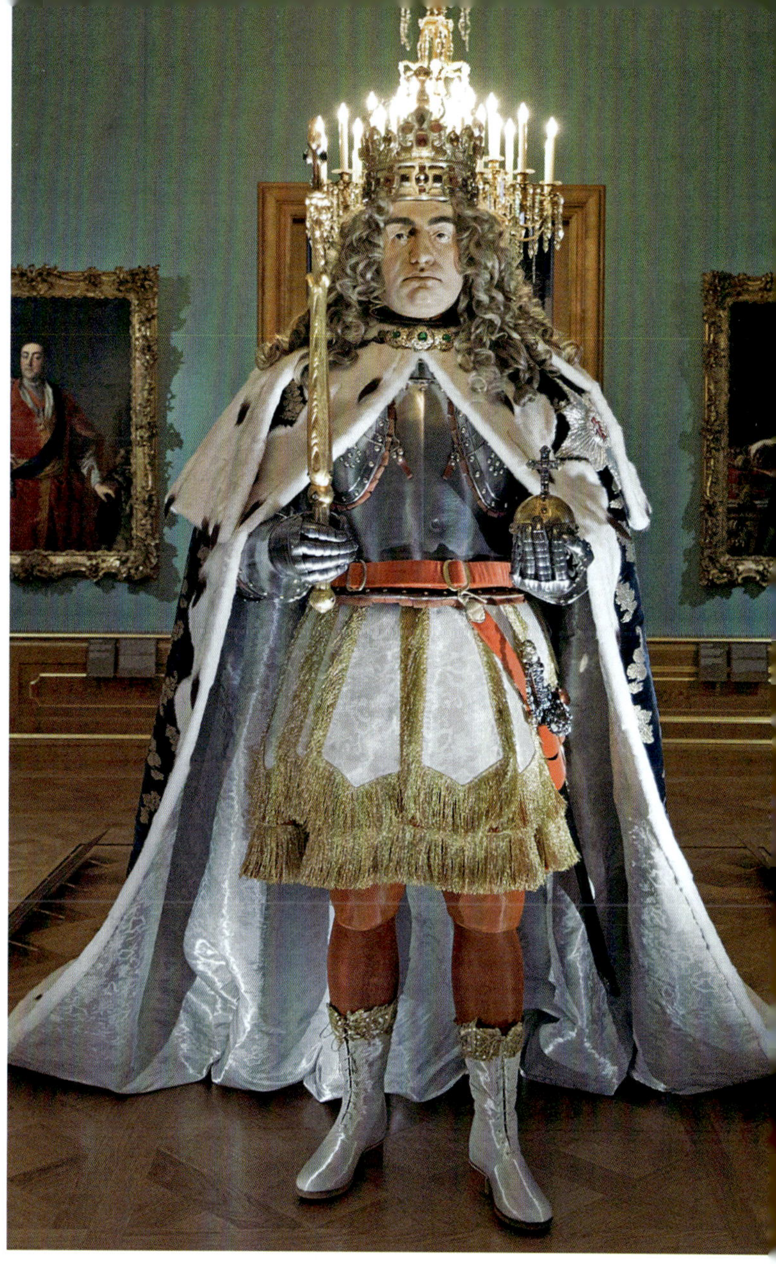

Augusts des Starken königliche Statua im Römischen Krönungsornat

Den Krönungsmantel trug August der Starke, als er am 15. September 1697 in der Wawel-Kathedrale zu Krakau zum König August II. von Polen gekrönt wurde. Zur Erinnerung an dieses Ereignis ließ er eine „königliche Statua“ errichten, eine Figurine mit lebensechtem Antlitz, auf der zeitgenössische Kopien der Krönungsinsignien, des Krönungsornats und der Krönungsmantel ausgestellt wurden. Der Originalmantel wurde restauriert und archiviert. Neben Kurhut, Gardewaffen, Wappen und Heroldsstäben werden die originalen Bestandteile des Krönungsornats von August dem Starken präsentiert, zudem die Kronfahnen und Kronschwerter Polens und Litauens zur Krönung seines Sohnes Augusts III. 1734.

Kein Krönungsmantel eines europäischen Fürsten ohne Hermelinfell: Auch Augusts Fürstenmantel aus Samt ist mit Hermelin verbrämt. Hinzu kamen der pelzbesetzte Umhang, rote Seidenstrümpfe, ein zweiteiliger römischer Waffenrock und weiße Schnürstiefel. Sein Krönungsornat hatte August selbst entworfen. Zu den Krönungsinsignien gehörten die polnische Königskrone, das Zepter und der Reichsapfel. Außerdem ein versilberter Säbel mit Adlerknauf und Steinbesatz. Auf der Figurine trägt August unter dem Umhang einen eisernen Brustkürass. Dieser Panzer war ursprünglich geschwärzt und wurde von August während seines Ungarnfeldzugs 1695/96 getragen. Für die Krönung wurde das Eisen blank geputzt.

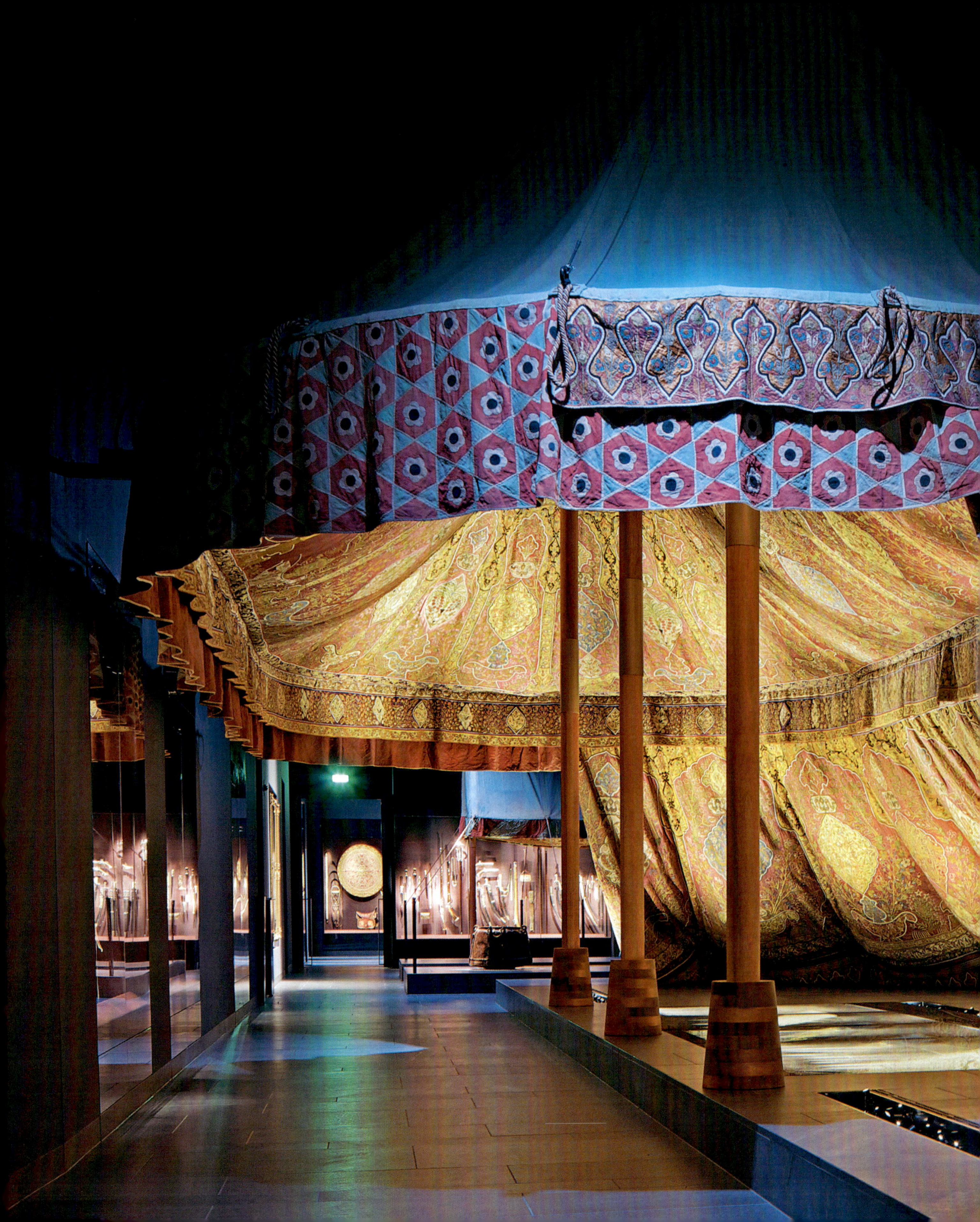

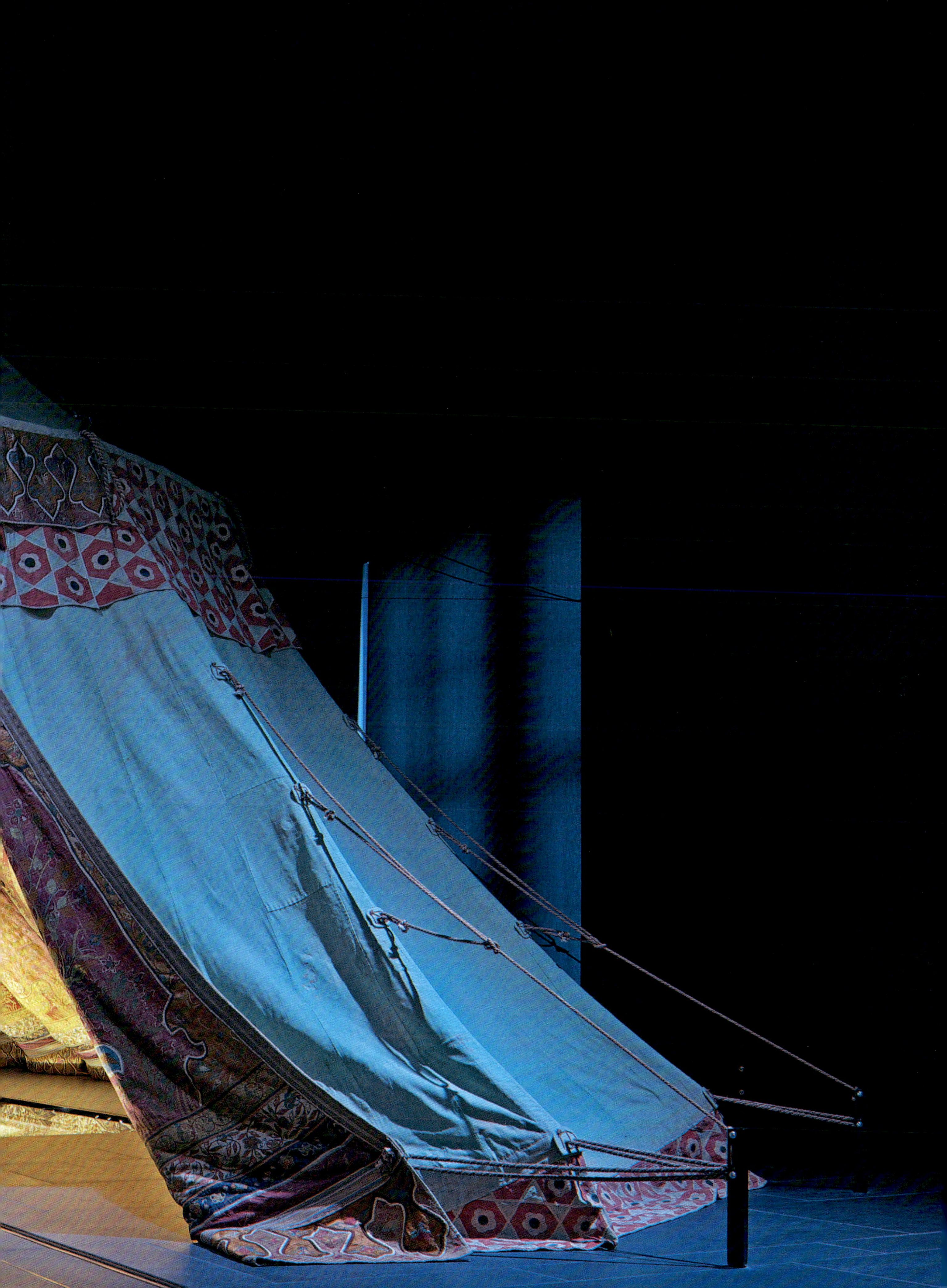

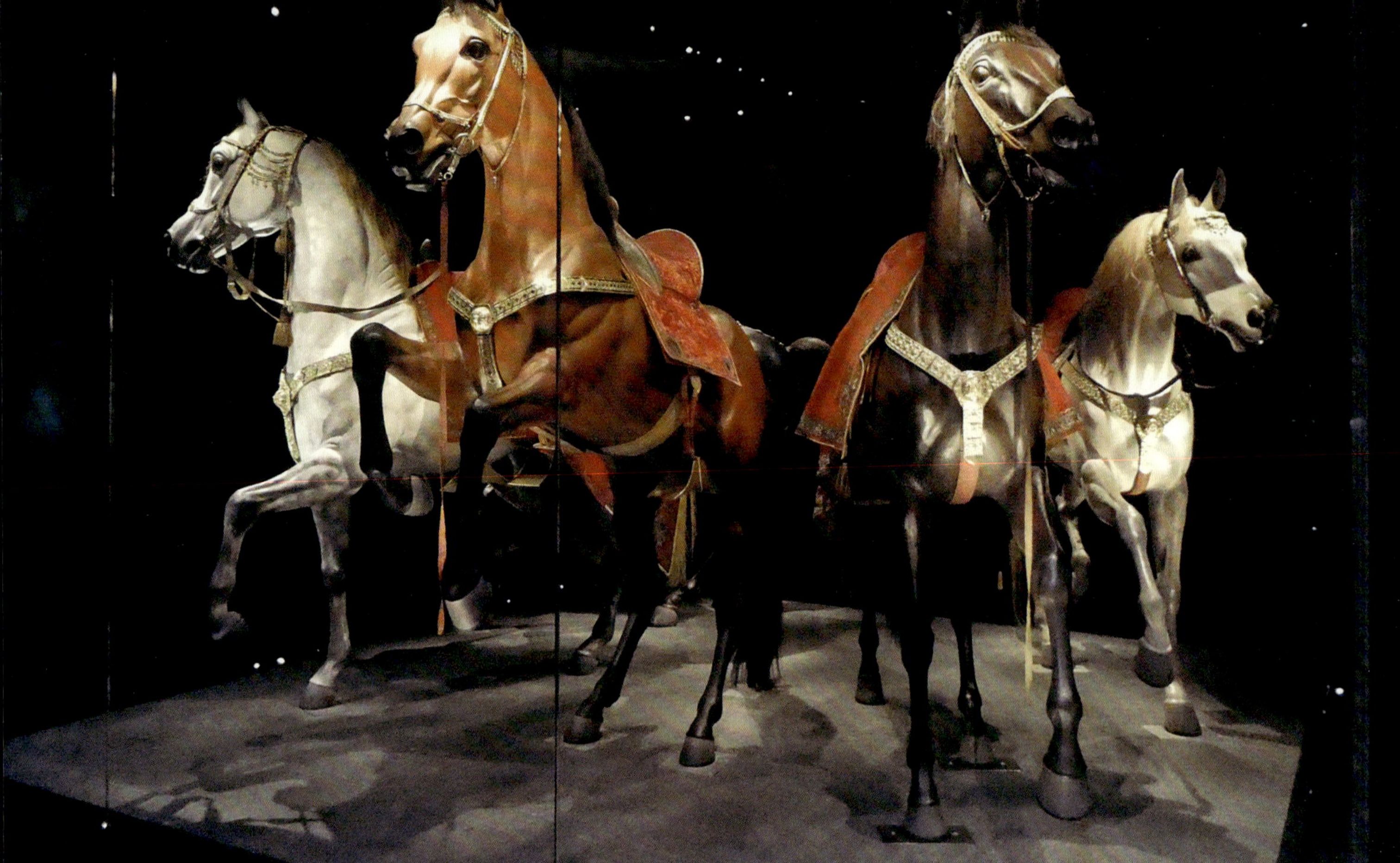

Pferdegruppe, geschmückt mit prächtigem Reitzeug

Türckische Cammer

Dann tritt man in das Dunkel der Türckischen Cammer mit ihrer orientalischen Stimmung. 20 Meter lang, 6 hoch und 8 breit spannt sich ein Prunkzelt wie ein zweiter Himmel über die Betrachter. Blütenranken, blütengefüllte Medaillons und goldene Wolkenbänder nehmen Bezug auf die Gärten des Paradieses. Applikationen aus verschiedenfarbigem Atlas, aus Baumwolle und aus vergoldetem Leder sind verarbeitet. Das Dreimastzelt des Großwesirs wurde 1730 während der Truppenschau in der Nähe von Zeithain (etwa 40 Kilometer von Dresden) aufgestellt. Dort fand das Manöver statt, das den krönenden Abschluss der Heeresreform Augusts des Starken bildete und die 27 000 Mann starke sächsische Armee und ihre Traditionen vor aller Welt und illustrem Publikum präsentierte.

Das Zeithainer Lager war aber zugleich auch ein großes barockes Fest mit exotischer Färbung, da osmanische Prunkwaffen und Wesirzelte präsentiert und osmanische Bräuche zelebriert wurden. Zeithain wurde so zum „Spektakel des Jahrhunderts", das wegen seiner Pracht und Üppigkeit bis heute zum Inbegriff barocker Lebensart wurde.

← **Dreimastzelt, osmanisch**
17. Jahrhundert

Die Wurzeln der Türckischen Cammer reichen bis in das 16. Jahrhundert zurück, als erste Stücke der heutigen Sammlung nach Dresden gelangten. Bereits Christian I. zeigte sie in seiner Schausammlung im Stallgebäude. Dabei handelte es sich weniger um Kriegsbeute als vielmehr um diplomatische Geschenke befreundeter Herrscher wie Rudolfs I., Rudolfs II. und Ferdinands II. aus Italien. Schon früh war in Dresden Weltkultur als Hofkultur eingebürgert worden.

Die Schreibweise Türckische Cammer geht auf das Jahr 1615 zurück. Das erste eigenständige Sammlungsinventar wurde im Auftrag des sächsischen Kurfürsten Johann Georg II. erstellt, des ersten Wettiner Barockfürsten und Großvaters Augusts des Starken, der ihn schon als Jugendlicher an den Glanz von Festlichkeiten und Paraden heranführte. Es verzeichnete bereits 385 einschlägige Gegenstände.

Die Sammlung wurde ergänzt durch Gebrauchswaffen, die auch durch die Entsatzung von Wien und andere Kämpfe mit osmanischer Beteiligung erbeutet worden waren – wie auch Waffen und Ausrüstungen europäischer Fürstentümer durch die anrückenden Osmanen. Diese Feldwaffen sind leicht von den prächtig ausgestatteten Prunkstücken der Sammlung zu unterscheiden.

Ihren Kulminationspunkt erreichten die Bestände in der Turkerie oder Türkenmode, die wie die Chinoiserie bereits in die Hoch- und Spätzeit des Barock unter August dem Starken und seines Sohnes fiel. Danach waren es wiederum meist diplomatische Geschenke und in der Türkei eingekaufte Sammlungsgegenstände, die die Kollektion auf heutige Größe anwachsen ließen. Besonders für die Aufzüge, Paraden, Fest- und Operninszenierungen wurde angeschafft. Zugleich gab es dadurch Gebrauchsverluste. Einzelne Stücke wurden als Rüstkammerbestände bereits im Johanneum und im Dresdner Zwinger gezeigt. Erst in den 1920er-Jahren, nach Ende der sächsischen Monarchie, wurde die kunstgeschichtliche Bedeutung der Sammlung erkannt.

Seit dem 6. März 2010 ist die Türckische Cammer eine eigenständige Schau auf 750 Quadratmetern im Schloss, in der mehr als 600 Ausstellungsstücke lebendig und sachkundig inszeniert werden. Damit ist sie eine der ältesten, flächenmäßig größten und weltweit bedeutendsten Sammlungen osmanischer Kunst außerhalb der Türkei. Der ungewöhnlich reiche Bestand an türkischen Waffen, Zelten, Sätteln, Decken, Zaumzeug, Panzerhemden, Helmen und reich mit Gold und Edelsteinen verzierten Kunstwerken stammt aus Istanbuler Hofwerkstätten oder von siebenbürgischen Meistern. Darunter sind osmanische und orientalisierende Waffen des 16. und 17. Jahrhunderts. Aus dem späten 15. Jahrhundert stammen ein einzigartiger Rossharnisch und ein Panzerhemd. Aus Prag kommt um 1612 das Reitzeug der Johann-Michael-Garnitur. Während seines Aufenthalts 1610 in Prag orderte Kurfürst Christian II. von Sachsen bei dem in der kaiserlichen Residenz tätigen Goldschmied Johann Michael eine umfangreiche Prunkwaffengarnitur, die bis heute zu den bedeutendsten orientalisierenden Werken der Türkenmode in Sachsen gehört. Durch seinen frühen Tod war es dem Kurfürsten jedoch nicht möglich, die fertige Garnitur zu übernehmen. 1612 kaufte sie sein jüngerer Bruder und Nachfolger, Kurfürst Johann Georg I. von Sachsen, allerdings zunächst nur die Ausstattung für das Pferd. Davon überzeugt, erwarb er 1613 auch die dazu gehörigen Waffen. Sämtliche Teile der Garnitur sind vollständig mit farbigem Drahtemail in Blütenform, emaillierten Beschlägen in Gestalt von Halbmonden, Sternen und Rosetten sowie mit böhmischen Granaten, Topasen und anderen edlen Steinen besetzt. Sowohl Schabracke als auch Sattel und Reitzeugteile waren ursprünglich mit blauem Samt überzogen. Die mit kostbaren Stickereien verzierten Stoffe und mit Edelsteinen besetzten Prunkreitzeuge zeugen von der handwerklichen Brillanz der Arbeiten. Ihre kostbaren Stoffe, Materialien und liebevollen Details erheben die Sättel, Decken und Zaumzeuge über ihren Gebrauchswert hinaus zu faszinierenden Kunstwerken.

Schlacht am Kahlenberg

Das Gefecht kam für die Belagerer unter dem osmanischen Oberbefehlshaber Kara Mustafa nicht unerwartet. Auf die Einnahme von Wien konzentriert, hatte der Großwesir des Sultans es verabsäumt, das Donauufer besser überwachen zu lassen. So konnten es die heranziehenden paneuropäischen Verteidiger leicht überqueren. Die Höhen des Wienerwalds blieben von den Belagerern ungesichert. So trafen sich die verbündeten polnisch-sächsischen Fußtruppen zwischen Kahlenberg und Leopoldsberg im Rücken der Osmanen, die Wien umzingelten. König Johann III. Sobieski, unterstützt von Johann Georg III. von Sachsen, führte am frühen Abend seine Hussaria genannte berittene Elitetruppe über das „Gebirg" in die hügelige Ebene vor der Stadt und drang durch die Linien der Janitscharen und Sipahi mitten ins Lager der Angreifer vor. Wien war gerettet. Die Osmanen flohen bis in Höhe des heutigen Flugfelds von Schwechat. Die Verluste der Entsatzarmeen lagen bei rund 2000 Toten und 2500 Verwundeten. Türkischerseits waren es rund 10 000 Tote, 5000 Verwundete; 5000 Gefangene verblieben in und um Wien. Sachsen beteiligte sich unter Johann Georg III. mit über 7000 Infanteristen, 2000 Kavalleristen und Geschützruppen mit 16 schweren Geschützen sowie leichten Waffen.

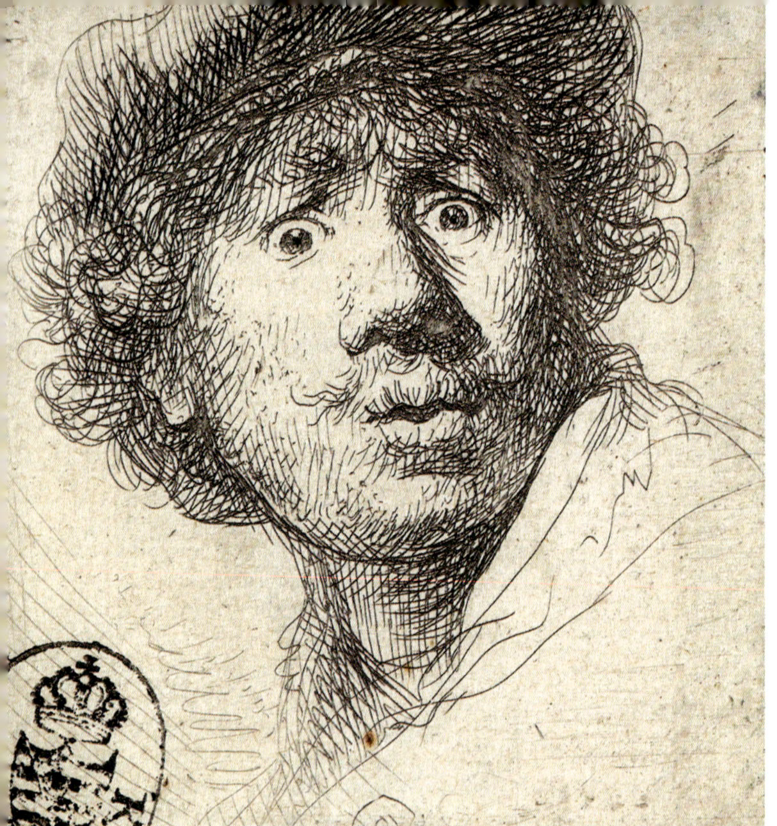

Selbstbildnis mit aufgerissenen Augen
Rembrandt Harmensz. van Rijn, 1630

Kupferstich-Kabinett

2020 feierte das Kupferstich-Kabinett seinen 300. Geburtstag. „Die ganze Welt in Bildern", schaffte nicht nur Rückblicke auf die Grundlagen der Kunstgeschichte, sondern auch Ausblicke bis in die Gegenwart. Das Kleinod des modernen Schlosses findet sich seit Frühjahr 2004 im dritten Obergeschoss.

Über eine halbe Million Zeichnungen, Druckgrafiken und Fotografien vom Mittelalter bis heute werden hier bewahrt. Die Namen sind Programm: Albrecht Dürer, Jan van Eyck, Hans Holbein d. J., Lucas Cranach d. Ä., Rembrandt van Rijn, Francisco de Goya, Michelangelo Buonarroti, Peter Paul Ruben, Giovanni Battista Piranesi, Caspar David Friedrich bis hin zu Toulouse-Lautrec, Kotzsch, Glöckner, Baselitz und Tillmans. Das sehr spezielle und umfangreiche Sammlungskonvolut in Spitzenqualität macht das Dresdner Kupferstich-Kabinett zu einer der weltweit wichtigsten Kollektionen ihrer Art. 1898 wurde von Max Lehrs, dem damaligen Direktor des Kupferstich-Kabinetts, mit dem Erwerb erster Arbeiten von Käthe Kollwitz der Grundstein für die umfassende Sammlung ihres zeichnerischen und grafischen Gesamtwerks gelegt, welche inzwischen etwa 200 ihrer Arbeiten umfasst.

Dank digitaler Formate teilt sich die Sammlung auch fast unbegrenzt in alle Welt mit. Die Kunst und der Austausch darüber ist das Anliegen des Sammlungsteams, das die Meisterwerke genau dort vorhält, wo 1560 unter Kurfürst August mit seiner ersten Kunstkammer alles begann. Als eine der traditionsreichsten und ältesten weltweit ging 1720 daraus die grafische Sammlung hervor. Seither werden neben den Kupferstichen Zeichnungen, Aquarelle, Radierungen und andere Druckgrafiken gesammelt, seit dem späten 19. Jahrhundert zudem Fotografien. Auch illustrierte Bücher und Plakate gehören zum Repertoire.

Ein Beispiel für den Erwerb direkt vom Künstler sind die Arbeiten des in Dresden wirkenden Schweizers Adrian Zingg. Gegen Ende des 19. Jahrhunderts förderte Max Lehrs Kunstschaffende auch unmittelbar, etwa Max Klinger oder Käthe Kollwitz. Im Kunsthandel erwarb Lehrs auch zeitgenössische französische Grafik, darunter heute unschätzbare Werke von Henri de Toulouse-Lautrec.

Diese Offenheit für die zeitgenössische Kunst prägt den Bestand bis heute und bildet die Grundlage für das Selbstverständnis des Kupferstich-Kabinetts als einer nicht nur bewahrenden, sondern auch der Gegenwart verpflichteten Institution.

Nach der Einrichtung der Kunstkammer 1560 durch Kurfürst August zog das Kabinett 1728 in den Deutschen Pavillon des Dresdner Zwingers ein. Daraus wurde ein Zeitraum von 128 Jahren. 1746 wendete sich Friedrich August II. bildlichen Darstellungen mit besonderer Aufmerksamkeit zu. Sein neuer Erster Minister und Kunstintendant Graf Heinrich von Brühl setzte Karl Heinrich von Heinecken aus Lübeck zum Direktor des Kupferstich-Kabinetts ein. Gegenüber dem Eingang vom Deutschen Pavillon, zu dem vom Zwingerhof eine Freitreppe führte, hatte Heinecken eine Tür zu seiner Wohnung durchbrechen lassen, um auch nachts in der Sammlung arbeiten zu können.

Während des Siebenjährigen Krieges missbrauchten die preußischen Militärs den Zwinger als Holzstapelplatz und Proviantmagazin. Auch die wertvollen Kunstsammlungen waren gefährdet. Christian Ludwig von Hagedorn übernahm das Kabinett und ließ es regelmäßig an zwei Wochentagen für die Allgemeinheit öffnen. Unter Graf Vitzthum von Eckstädt wurde die Sammlung neu eingerichtet. 1764 wurde bis zum letzten Augenblick gearbeitet, um alles neu einzuräumen und das letzte Bild aufzuhängen. Obgleich der Eröffnungstermin in der Presse publik gemacht war, erschien am 19. Juni 1764 zur Eröffnung nur ein Besucher: Graf Einsiedel, der neue Innenminister. Tage später wurde es vor allem von den Professoren und Studenten der neu gegründeten Kunstakademie gut angenommen.

Die Zerstörung der Stadt im Februar 1945 bedeutete auch für das Kupferstich-Kabinett Dresden einen schweren Einschnitt. Trotz Auslagerung waren die Verluste sehr hoch.

Seit 1988 gehört auch das Josef-Hegenbarth-Archiv zum Kupferstich-Kabinett. Für das moderne Selbstverständnis des Kupferstich-Kabinetts ist der Studiensaal ein zeitgemäßer zentraler Ort, an dem man den Schätzen am direktesten begegnen kann. Es liegt nahe, dass eine so umfangreiche Sammlung nur zu einem Bruchteil in einer Ausstellung gezeigt werden kann. Daher können sich Besucher zu den Öffnungszeiten im Studiensaal Originale vorlegen lassen. Ganz nah und mit weißen Handschuhen. Zudem erfolgt auch weiterhin Forschungsarbeit.

Trotz hervorragender Sonderausstellungen bleibt die Sammlung der Öffentlichkeit bisweilen eher verborgen. Denn gerade Werke auf Papier benötigen einen besonderen Schutz und können aufgrund ihrer extremen Lichtempfindlichkeit und Fragilität nur von Zeit zu Zeit ihre sichere Geborgenheit im Depot verlassen.

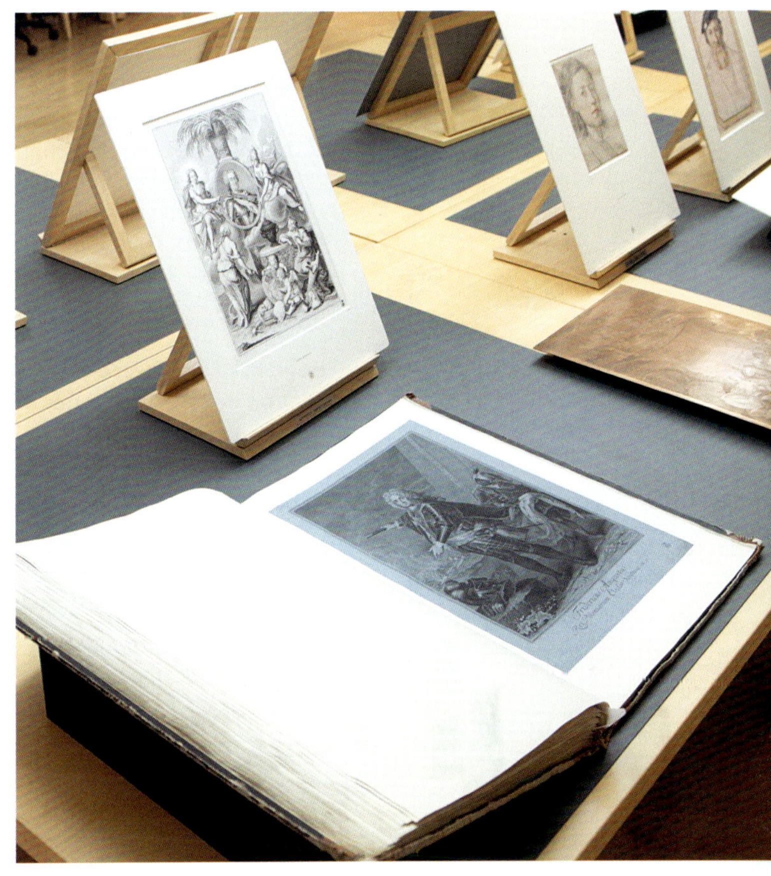

300 Jahre Kupferstichkabinett – die Jubiläumsausstellung (Ausschnitt)

LITERATUR

Alvensleben, Udo von: Dresden und das Augusteische Zeitalter: Pillnitz, Moritzburg. In: Besuche vor dem Untergang, Adelssitze zwischen Altmark und Masuren. Aus Tagebuchaufzeichnungen von Udo von Alvensleben, zusammengestellt und herausgegeben von Harald von Koenigswald, Frankfurt am Main und Berlin, 1968

Bahr, Eckhard: Dresdner Miniaturen, Geschichte und Geschichten Dresdner Kunstwerke, Heidenau, 1997

Bahr, Eckhard: Dresden. Mit Meißen, Radebeul und Sächsischer Schweiz, Berlin, 2021

Bahr, Eckhard: Felszeichnungen und Megalithkulturen. Von den Anfängen der Künste, Berlin, 2014

Balfour, Ian: Famous Diamonds, o. O., 2009

Czok, Karl: Jahrbuch Regionalgeschichte Sachsens, o. O., 1981

Dehio, Georg: Handbuch der Deutschen Kunstdenkmäler. Dresden, bearbeitet von Barbara Bechter, München und Berlin, 2005

Dolfin, Giovanni: Dankschreiben vom 6.5.1577 des venezianischen Nuntius am päpstlichen Hof an den abwesenden Kurfürst von Sachsen, August. In: Sächsisches Haupt-Staats-Archiv, Loc. 8517.6.

Donath, Günter: Die Erneuerung der Brücke zwischen dem Residenzschloss und der Katholischen Hofkirche in Dresden. In: Bennert-Denkmalpflege-Kalender 7 (2001), Naumburg, 2000

Donath, Günter: Der Übergang zwischen dem Schloss und der Hofkirche in Dresden. In: Sächsische Heimatblätter, Bd. 66, Nr. 3/2020, S. 237–249

Gonschor, Brunhilde: Bilddarstellungen des 16. Jahrhunderts im Großen Hof des Dresdner Schlosses. In: Denkmalpflege in Sachsen 1894–1994, Teil 2, Halle an der Saale, 1998, S. 333–376

Gurlitt, Cornelius: Das Königliche Schloss zu Dresden und seine Erbauer. In: Mitteilungen des Königlich Sächsischen Alterthumsvereins, 28, 1878, S. 1–58

Gurlitt, Cornelius: Beschreibende Darstellung der Bau- und Kunstdenkmäler des Königreich Sachsen, Heft 22, Dresden, 1901, S. 355–358

Heckmann, Hermann (Hg.): Historische Landeskunde Mitteldeutschlands. Sachsen, Würzburg, 1991

Heckner, Ulrike: Im Dienst von Fürsten und Reformation. Fassadenmalerei an den Schlössern in Dresden und Neuburg an der Donau im 16. Jahrhundert (= Kunstwissenschaftliche Studien, Bd. 64), München, 1995

Heckner, Ulrike: Die Fassadendekoration des Dresdner Schlosses. In: „Kurfürst Moritz und die Renaissance“. Dresdner Hefte. Beiträge zur Kulturgeschichte, herausgegeben vom Dresdner Geschichtsverein e. V., Bd. 52, November 1997, S. 36–43

Kane, Robert E., Shane F. McClure und Joachim Menzhausen: The Legendary Dresden Green Diamond. In: Gems & Gemology, Bd. 26, 4/1990, S. 248–266

Löffler, Fritz: Das alte Dresden. Geschichte seiner Bauten, Leipzig, 2012

Magirius, Heinrich und André Fester (Hg.): Das Residenzschloss zu Dresden, Bde. 1-3, Petersberg, 2018–2020

Magirius, Heinrich: Die Schlosskapelle in Dresden. Ein Denkmal der Reformation im albertinischen Sachsen. In: Sächsische Heimatblätter, Bd. 63, 2/2017, S. 130–134

Nedon, Wolfgang, Olaf Zywitzki und Torsten Kopte: Rekonstruktion von Barockspiegeln des Historischen Grünen Gewölbes im Dresdner Schloss. In: Vakuum in Forschung und Praxis, Bd. 19 5/2007, S. 6–13

Schneider, Sabine: Rückkehr eines textilen Monuments für August den Starken. In: Sächsische Heimatblätter, Bd. 66, 3/2020, S. 274–282

Schuckelt, Holger: Die Türckische Cammer. Sammlung orientalischer Kunst in der kurfürstlich-sächsischen Rüstkammer Dresden, Dresden, 2010

Spehr, Reinhard und Herbert Boswank: Dresden. Stadtgründung im Dunkel der Geschichte, Dresden, 2000

Spehr, Reinhard: Archäologie im Dresdner Schloss. Die Ausgrabungen 1982 bis 1990 (= Veröffentlichungen des Landesamtes für Archäologie mit Landesmuseum für Vorgeschichte, Bd. 50), Dresden, 2006

Spehr, Reinhard: Rätsel um Schloß Osterlant. Ein archäologisches Bilderbuch, Dresden, 2012

Sponsel, Jean Louis: Führer durch das Grüne Gewölbe zu Dresden, kommentiert und herausgegeben von Ulli Arnold, Dresden, 2002

Sponsel, Jean Louis: Der Zwinger, die Hoffeste und die Schlossbaupläne zu Dresden, 2 Bde., Dresden, 1924

Sponsel, Jean Louis: Das Grüne Gewölbe, eine Auswahl von Meisterwerken der Goldschmiedekunst in vier Bänden, Leipzig, 1925–1932

Syndram, Dirk: Das Schloss zu Dresden, Leipzig, 2015

Syndram, Dirk: Die Juwelen der Könige, Berlin, 2015

Syndram, Dirk: Die Schatzkammer Augusts des Starken, Leipzig, 1999

Syndram, Dirk und Ulrike Weinhold (Hg.): Der Dresdner Hofjuwelier Johann Heinrich Köhler. Dinglingers schärfster Konkurrent, Dresden, 2019

Walther, Hans-Christoph: Die Wiedergewinnung historischer Innenräume des Dresdner Residenzschlosses am Beispiel der Paradeappartements. In: Sächsische Heimatblätter, Bd. 66, 3/2020, S. 261–273

Watzdorf, Erna von: Johann Melchior Dinglinger. Der Goldschmied des deutschen Barock, 2 Bde., Berlin, 1962

Watzdorf, Erna von: Der Dresdner Edelsteinschneider Johann Christoph Hübner. Um 1665 bis 1739. In: Zeitschrift des Deutschen Vereins für Kunstwissenschaft 24, 1972

REGISTER

BILDNACHWEIS

Cover: o. li.: bpk/Staatliche Kunstsammlungen Dresden/Paul Kuchel • o. Mi. li., o. Mi. re., o. re.: bpk/Staatliche Kunstsammlungen Dresden/Jürgen Karpinski • o. Mi.: bpk/Staatliche Kunstsammlungen Dresden/Hans Christian Krass • u.: mauritius images/ Bernhard Klar/Alamy/Alamy Stock Photos

7, 9 Mi., 9 u., 22, 34 re., 42, 46 u., 89, 118, 132: Wikimedia Commons • 9T.: Reinhard Spehr • 10 o.: SLUB Dresden, Public Domain 1.0, http://digital.slub-dresden.de/id118749846 • 10 u., 20/21, 27 u., 112, 115: SchiDD via Wikimedia Commons, CC BY-SA 4.0 • 11: Landesamt für Denkmalpflege Sachsen, Foto: Waltraud Rabich • 12: Jörg Blobelt via Wikimedia Commons, CC BY-SA 4.0 • 14: Erich Braun via Wikimedia Commons, CC BY-SA 3.0 • 15, 17, 18, 19, 25 re., 27 o., 28, 34 li., 36, 38 o., 38 u., 39: Eckhard Bahr • 23: Freistaat Sachsen, https://www.youtube.com/watch?v=5ddRiGMyd8M • 24 o., 35: SLUB/Deutsche Fotothek • 26, 100, 133, 139: picture alliance/dpa/dpa-Zentralbild|Sebastian Kahnert • 30: Derbrauni via Wikimedia Commons, CC BY-SA 3.0 • 31: Martin Morgenstern via Wikimedia Commons, CC BY-SA 3.0 • 32/33: Christoph Münch via Wikimedia Commons, CC BY-SA 3.0 • 37: Kolossos via Wikimedia Commons, CC BY-SA 3.0 (Detail) • 44 o., 44 u. li., 44 u. re., 47, 50, 53, 60, 61, 64, 65, 68, 70, 71, 74, 76, 77, 81, 82, 83, 90, 92, 105, 107: bpk/Staatliche Kunstsammlungen Dresden/Jürgen Karpinski • 46 o.: picture alliance/dpa|Arno Burgi • 48, 101, 102/103, 114, 116/117, 122, 124, 127, 128, 130: bpk/Staatliche Kunstsammlungen Dresden/Hans Christian Krass • 51: bpk/Staatliche Kunstsammlungen Dresden/Peter Müller • 52: picture alliance/ dpa|Matthias Hiekel • 54, 80: bpk/Staatliche Kunstsammlungen Dresden/Paul Kuchel • 56/57, 134/135: bpk/Staatliche Kunstsammlungen Dresden/David Brandt • 59: picture alliance/Artcolor|Bildarchiv Hansmann • 62: picture alliance/ZB/ Ronald Bonß • 69, 72, 88: Paul Hermans via Wikimedia Commons, CC BY-SA 4.0 • 78: bpk/Staatliche Kunstsammlungen Dresden/Carlo Böttger • 84: Hajotthu via Wikimedia Commons, CC BY-SA 3.0 (Detail) • 86/87: Andraszy via Wikimedia Commons, CC BY-SA 4.0 • 93: Eduard Gübelin via Wikimedia Commons, CC BY-SA 4.0 • 96/97: picture alliance/dpa/ dpa-Zentralbild|Matthias Rietschel • 99: Ricardalovesmonuments via Wikimedia Commons, CC BY-SA 4.0 • 106: © Ulrich van Stipriaan via flickr • 108, 109, 111: bpk/Staatliche Kunstsammlungen Dresden/Jürgen Lösel • 119: picture alliance/ dpa|Matthias Hiekel • 121: bpk/Staatliche Kunstsammlungen Dresden/Boswank • 126 o., 126 u.: bpk/Staatliche Kunstsammlungen Dresden/Elke Estel/Hans-Peter Klut • 136: akg-images/Alfons Rath • 138: bpk/Staatliche Kunstsammlungen Dresden/Andreas Diesend

IMPRESSUM

Projektmanagement: Caroline Keller, Kirsten Witte-Hofmann
Lektorat: Kirsten Witte-Hofmann
Bildredaktion: Kirsten Witte-Hofmann, Nora Schröder, Cara Metzger, Julia Held
Gestaltung, Satz und Pläne: Andreas Schröder, Flamboyant Books
Cover: Maria Raika, Flamboyant Books
Lithografie: Bild1Druck GmbH, Berlin
Druck und Bindung: Belvédère Print & Packaging b.v., Oosterbeek, Niederlande

seemann-henschel.de
instagram.com/seemann_henschel_verlagsgruppe
facebook.com/seemann.henschel
twitter.com/seemannhenschel

ISBN 978-3-86502-455-8

Bibliografische Information der Deutschen Nationalbibliothek
Die Deutsche Nationalbibliothek verzeichnet diese Publikation in der Deutschen Nationalbibliografie; detaillierte bibliografische Daten sind im Internet über http://dnb.dnb.de abrufbar.

ECKHARD BAHR ist Kunsthistoriker, Wissenschaftspublizist, Regisseur und Moderator. In zahlreichen Büchern, Radiosendungen und Dokumentarfilmen hat er sich mit der Geschichte und der Kunst in Dresden auseinandergesetzt. Er lebt in Dresden, bei Berlin und im Alpenraum.

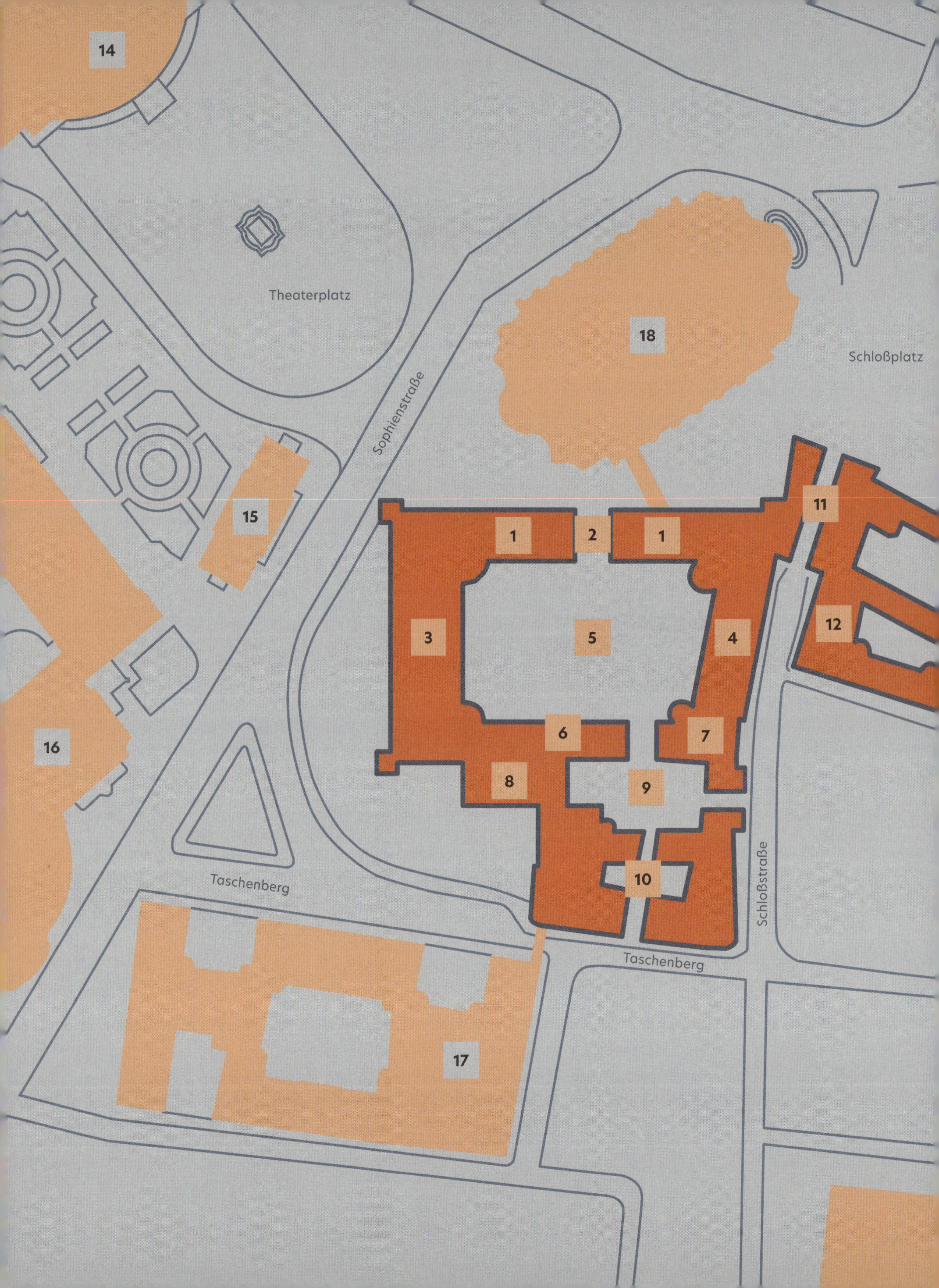
14
Theaterplatz
18
Schloßplatz
Sophienstraße
15
1
2
1
11
3
5
4
12
16
6
7
8
9
10
Taschenberg
Schloßstraße
Taschenberg
17